Georg Plank

Pastoralinnovation

Georg Plank

Pastoralinnovation

Mit Kreativität,
Inspiration und Kompetenz
Kirche erneuern

FREIBURG · BASEL · WIEN

© Verlag Herder GmbH, Freiburg im Breisgau 2023
Alle Rechte vorbehalten
www.herder.de
Umschlaggestaltung: Verlag Herder
Satz: SatzWeise, Bad Wünnenberg
Herstellung: GGP Media GmbH, Pößneck
Printed in Germany
ISBN Print 978-3-451-39436-2
ISBN E-Book (PDF) 978-3-451-83436-3

Inhalt

Geleitwort 9

Vorwort 11

Kapitel 1 Zu viel, zu schnell und zu laut:
  Und dann auch noch innovativ sein?! . . . 19
Prophetisch-kritischer Zugang:
„busy", aber kaum fruchtbar 22
Biblische Perspektive:
Kirchen, die vorrangig reden, verlieren 27
Biographisch-persönlicher Zugang:
Ohne Stille kann ich nicht aktiv sein 31

Kapitel 2 Pastoralinnovation:
  Fachlich – theologisch – geistlich 33
Prophetisch-kritischer Zugang:
Wir wollen dein Feuer! 38
Biblische Perspektive:
Von der Wüste über die Versuchung zur Innovation . 42
Biographisch-persönlicher Zugang:
Von der Gründung einer Schauspielgruppe bis zu
Pastoralinnovation 46

Kapitel 3 Oft tabuisiert, aber heiß ersehnt:
  Mehr Erfolg! 50
Prophetisch-kritischer Zugang:
Erfolg macht verdächtig 57

Inhalt

Biblische Perspektive:
Erfolg ist einer der Namen Gottes 61
Biographisch-persönlicher Zugang:
Bei Fresh X gelernt 64

Kapitel 4 Besser werden! 67
Prophetisch-kritischer Zugang:
Disruptiver Jesus 74
Biblische Perspektive:
Ist das Gute der Feind des Besseren? 77
Biographisch-persönlicher Zugang:
Chorleiter Mr. Best 80

Kapitel 5 Innovationen nur durch Innovator:innen? . 84
Prophetisch-kritischer Zugang:
Sünde wider den Heiligen Geist 94
Biblische Perspektive:
Welcher Typ war Jesus? 98
Biographisch-persönlicher Zugang:
Verhüllen – enthüllen – entdecken bei der
„Aktion Glaube" 104

Kapitel 6 Über die Bedeutung von Teams,
Individualität und Einheit 107
Prophetisch-kritischer Zugang:
Silodenken, Gruppenegoismus und Neidkultur 116
Biblische Perspektive:
Dreiklang von Einheit, Glaube und Früchten 119
Biographisch-persönlicher Zugang:
Vier Brüder – vier Innovationstypen 124

Inhalt

Kapitel 7 Warum es ohne konstruktive Vereinfachungen nicht geht 127
Prophetisch-kritischer Zugang:
Wer zu spät kommt, den bestraft das Leben 135
Biblische Perspektive:
Liebe – und tu, was du willst! 139
Biographisch-persönlicher Zugang:
Frechheit siegt! 144

Kapitel 8 Begeisterung ist der Schlüssel 148
Prophetisch-kritischer Zugang:
Oft zu verkopft! 154
Biblische Perspektive:
Lebensverwandelnde Freude 166
Biographisch-persönlicher Zugang:
Im Deep South der USA 172

Kapitel 9 Voneinander lernen:
Werdet wie die Kinder 175
Prophetisch-kritischer Zugang:
Naiv, unrealistisch, erfolglos! 184
Biblische Perspektive:
Auch Jesus lernte durch das Leben 193
Biographisch-persönlicher Zugang:
Kriegstraumatisiert 197

Kapitel 10 Scheitern, Krisen und Widerstände 201
Prophetisch-kritischer Zugang:
Die brutale Wahrheit anerkennen 213
Biblische Perspektive:
Spirituelle Muskeln trainieren 221

Inhalt

Biographisch-persönlicher Zugang:
Oh selige Vergesslichkeit! 225

Kapitel 11 Organisationale Körpersprache 228
Prophetisch-kritischer Zugang:
Evolutionäre Organisationen 235
Biblische Perspektive:
Leib werden und sein 242
Biographisch-persönlicher Zugang:
Draußen warten Überraschungen! 247

Nachwort 252

Verwendete Literatur 254

Dem Geist Neues zutrauen –
Ein Geleitwort

Der Kulturphilosoph Boris Groys hat im Jahr 2007 mit dem Buch „Über das Neue" Aufsehen erregt. Das Streben nach dem Neuen hat er als den eigentlichen Motor menschlicher Kultur identifiziert. Das Neue ist das Authentische, das Lebendige. Neues fasziniert. Oder doch nicht – nicht mehr? In Zeiten extremer Verunsicherung überwiegt die Skepsis. Neues macht Angst. Angesichts bedrohlicher Krisencluster und einer vielfach beschädigten Zuversicht überwiegen die Vorbehalte. Ist es nicht Zeit, die Tradition zu hüten, für Stabilität und Sicherheit zu sorgen? Das hier vorliegende Buch trifft den Nerv dieser Debatte und plädiert für eine „Entängstigung", für eine echte Alternative zwischen einer gefährlichen „Traditionsvergoldung" (Reinhold Stecher) und einem galoppierenden Stress zu permanenten Veränderungen. Geistvolle Innovation ist möglich – auch wenn sie viel Herzblut erfordert und die Bereitschaft zum Voneinander-Lernen voraussetzt.

Mein Vater hat Mitte der 60er-Jahre einen Bergbauernhof übernommen. Um ihn zukunftsfit zu machen, musste er gegen den Willen des Schwiegervaters mäh- und befahrbare Wiesen anlegen sowie die Stall- und Wirtschaftsgebäude neugestalten. Mein Vater war auch überzeugt, dass eine zeitgemäße Landwirtschaft eine am Tierwohl orientierte Viehhaltung braucht – und ebenso neue Modelle der Kooperation. 20 Jahre lang hatten wir am abgelegenen Hof die Aufzucht von Kalbinnen und ein Partnerbetrieb, verkehrstechnisch in besserer Lage, führte die Milchwirtschaft. Die nächste innovative Weiterentwicklung war die Umstellung auf Mutterkuhhaltung und die Erzeugung von

Dem Geist Neues zutrauen – Ein Geleitwort

Biofleisch. Was lässt sich davon lernen? Erstens: Innovation ist eine kreative Antwort auf neue Herausforderungen, niemals ein Selbstzweck. Zweitens: Für eine nachhaltige Erneuerung muss man Komfortzonen verlassen. Theologisch gesprochen: Wirkliche Innovation ist die Antwort auf einen konkreten (An)Ruf Gottes, der meist in den Verwundungen der Zeit zu uns spricht.

Georg Plank, dessen Arbeit ich seit vielen Jahren dankbar begleite, legt mit diesem Buch die wesentlichen Lernerträge seines Projektes *Pastoralinnovation* vor. Weder der aktuelle Mitgliederverlust der christlichen Kirchen, noch die vielfach propagierte Säkularisierungsthese veranlassen ihn, einen „Notstand der Seelsorge" auszurufen. Ganz im Gegenteil. Mit geistvoller Widerständigkeit und tiefer spiritueller Verwurzelung traut er dem Geist Gottes Neues zu. Aus Erfahrung. Seine Intention entspricht dem Herzensanliegen von Papst Franziskus, der uns dazu drängt, jede Form der Selbstbezogenheit aufzubrechen und in eine ehrliche, dienende Kommunikation mit der Welt einzutreten. Das vorliegende Lern- und Lehrbuch wirkt wie ein überraschendes Antidepressivum inmitten krankhaft zelebrierter Kirchenkrisen. Präzise Diagnosen und weltkirchliche Vergleiche, wissenschaftliche Erkenntnisse aus der aktuellen Innovationsforschung, sowie biblische Basistexte machen den heilsamen Mix der motivierenden Texte aus. Wer sich inspirieren lässt, wird selbst konkrete Schritte pastoraler Innovation wagen.

Bischof Hermann Glettler

Vorwort

Willkommen in meinem Buch! Ich freue mich, dass Sie sich Zeit dafür nehmen, meine Thesen, Erfahrungen und Konzepte zum Thema Innovation in, mit und durch Kirchen kennenzulernen. Dafür habe ich den Begriff Pastoralinnovation geschaffen.

Natürlich weiß ich nicht, mit welcher Motivation Sie zu diesem Buch gegriffen haben. Runzeln Sie skeptisch die Stirn oder schauen Sie erwartungsvoll und gespannt drein? Wie auch immer, ich freue mich, Sie und Ihre Gedanken, Impulse und Erfahrungen kennenzulernen!

Was in der Regel am Ende eines Buches steht, formuliere ich daher gleich am Anfang: Fühlen Sie sich eingeladen, ins Gespräch zu kommen, egal, ob Sie mit meinen Thesen übereinstimmen oder eine andere Sichtweise haben; egal, ob es mir gelingt, Sie zu begeistern, oder ob ich Sie irritiere; egal, an welchem Zipfel dieser pluralen Welt Sie persönlich zu Hause sind und egal, ob Sie in einer kirchlichen Organisation, Konfession, einem Orden, einer Fakultät oder einer lokalen Kirchengemeinde tätig sind oder einfach Interesse am Thema Kirche und Innovation haben. Es ist auch nicht entscheidend, ob Sie haupt- oder ehrenamtlich wirken oder welches Amt oder welchen Dienst Sie ausüben. Ich lade Sie herzlich ein, mit mir in Kontakt zu kommen und durch Austausch weitere Erkenntnisse zu erlangen. Schauen Sie doch einfach auf www.pastoralinnovation.org vorbei, hier gibt es verschiedene Möglichkeiten zur Kontaktaufnahme.

Warum habe ich dieses Buch geschrieben? Seit meiner frühen Jugend habe ich mich auf unterschiedliche Weise und auf vielen Ebenen für die Kirche engagiert. Nach über vierzig Jahren blicke ich dankbar auf viele wundervolle Erlebnisse und fruchtbare Initiativen zurück. Zugleich ist mir der Niedergang vieler traditioneller Formen von Kirche-Sein intensiv bewusst, schmerz- und hoffnungsvoll zugleich. Denn mancher Rückgang bedeutet auch, dass heutige junge Menschen nicht mehr die Möglichkeit haben, ähnliche Erfahrungen zu machen, wie sie mir geschenkt wurden. Bei manchen Traditionen bin ich aber froh, dass sie endgültig zu Ende gehen, weil sie zutiefst dem Menschen- und Gottesbild Jesu Christi widersprechen.

Dass Kirchen in der westlichen Welt und vor allem auch im deutschsprachigen Raum eine fundamentale Krise durchmachen, ist wohl unbestritten. Dieses Buch ist daher allen Menschen gewidmet, die sich mitten in dieser Krise für eine lebensnahe und lebendige Kirche engagieren. Ich möchte aber auch alle ansprechen, die sich entschieden haben, nicht mehr in kirchlichen Kontexten aktiv zu sein, sei es aus Enttäuschung, Wut, Frustration oder einem anderen persönlichen Motiv. Und schließlich hoffe ich, den einen oder die andere neugierig zu machen, die den institutionellen Kirchen skeptisch oder fern gegenüberstehen, denen aber die Werte und Haltungen wichtig sind, die biblisch mit „Froher Botschaft" verbunden werden. Vielleicht ahnen Sie alle, dass ohne Form auch der Inhalt verlorenzugehen droht, dass also ohne strukturierte Sozialformen von Gläubigen auch der Glaube an sich und damit die gesellschaftsprägende Kraft des Evangeliums auszudünnen drohen.

Immer wieder durfte ich erfahren, wie die Kombination von tiefem Gottvertrauen, theologischer Reflexion und fachspezifischer Erkenntnisse anderer Wissenschaften mehr Wirkung zeitigen kann als einer dieser Bereiche allein – Wirkungen im Sinne biblischer Früchte. Der von mir geschaffene Begriff Pastoralinnovation erschien mir gut dafür geeignet, diese Kombination zu beschreiben.

Um das Konzept und die Praxisrelevanz dieser Kombination und dieses Begriffs allgemein verfügbar zu machen, habe ich 2014 die gleichlautende Unternehmensberatung gegründet. Seit fast zehn Jahren lerne ich gemeinsam mit einem wachsenden Kreis an Frauen und Männern ständig dazu, wie bzw. unter welchen Bedingungen pastorales Handeln immer innovativer werden kann.

Der Name Pastoralinnovation steht von Anfang an für das Programm. In diesem Buch thematisiere ich daher, was mit Pastoralinnovation gemeint ist und was daraus noch werden könnte. Ich bin überzeugt, dass viele Wirkungen auf vielen Ebenen entstehen und sich eigenständig weiterentwickeln können. Vom Typ her bin ich immer ein Geburtshelfer gewesen. Ich habe mit Freude und Leidenschaft dazu beigetragen, dass Neues das Licht der Welt erblickt und lebensfähig ist. Viele dieser meiner „Babys", Projekte, Vereine und Aktionen hatten eine kurze Lebensdauer, andere wiederum sind inzwischen groß geworden und haben sich auf ihre spezifische Weise positioniert. Die meisten, die sich für diese Projekte, Vereine und Aktionen engagieren, haben keine Ahnung, wer während der Schwangerschaft und Geburt mitgeholfen hat, so wie sich auch die wenigsten Kinder an den Namen ihrer Hebamme erinnern können.

Mit diesem Buch möchte ich nun in elf thematischen Kapiteln darlegen, was ich mit Pastoralinnovation meine. Ich hätte das 2014 noch nicht tun können, weil ich zwar intuitiv spürte, dass dieser Begriff für mein Vorhaben gut passte, aber ich noch zu diffuse Vorstellungen davon hatte, was konkret damit zum Ausdruck gebracht werden soll. Auch jetzt kann ich keine endgültige Definition oder Beschreibung liefern, aber die Erfahrungen der letzten

Jahre ermöglichen es mir, mit diesem Buch zu einem Diskurs einzuladen, der die Erneuerung des „Zeichens und Werkzeugs" Kirche in der Welt von heute inspiriert und befeuert. „Die Kirche ist ja in Christus gleichsam das Sakrament, das heißt Zeichen und Werkzeug für die innigste Vereinigung mit Gott wie für die Einheit der ganzen Menschheit", lautet ja die Selbstdefinition beim Zweiten Vatikanischen Konzil, gleich im ersten Artikel der dogmatischen Konstitution *Lumen Gentium*. Mir ist klar, dass ich Teil einer großen Gemeinschaft von vielen Menschen, Bewegungen und Institutionen bin, die ähnliche Versuche unternehmen, und erhebe daher klarerweise kein Alleinstellungsmerkmal. Im Gegenteil: Der auf das gemeinsame Ziel der Erneuerung (ich verwende dafür eben gerne den Begriff Innovation) ausgerichtete Diskurs ist die beste Voraussetzung, dass tatsächlich mehr entstehen und auch mehr gelingen kann. Oder – biblisch gesprochen –, dass mehr Früchte wachsen.

„Dadurch wird mein Vater verherrlicht, dass ihr viel Frucht bringt und meine Jünger seid.", heißt es zusammenfassend bei Johannes 15,8.

Was meine ich mit Früchten, was meine ich mit innovativ? Welche Kriterien nutze ich für diese Beurteilung? Wie begründe ich diese Einschätzung? Genau darum soll es in diesem Buch gehen, und zwar auf eine Art und Weise, die bei den Leser:innen eigene Gedanken, Gefühle und Erfahrungen zum Schwingen bringt, die Lust zum Austausch, zum Diskurs und zum Vertiefen dieses Themas macht und die dazu führt, dass wir uns letztlich gegenseitig bereichern und so „dem heiligen Geist Landeplätze bereiten" – so lautet das Motto von Pastoralinnovation. Dieser Begriff und auch das dahinter liegende Konzept werden mittlerweile vielfältig und in diversen Variationen verwendet, vor allem im deutschsprachigen Raum, aber auch darüber hinaus.

Lassen Sie mich zum Charakter dieses Buches einleitend noch Folgendes sagen:

1. Das Buch hat einen starken biografischen Zugang. Immer wieder werde ich mit Beispielen aus meinem beruflichen und privaten Leben Themen einleiten, erläutern oder vertiefen. Ich hoffe, dass dieser narrative Stil die Lektüre erleichtert und Sie ermutigt, die jeweiligen Themen auch in Ihrem persönlichen Leben zu verorten. Sie werden dabei entdecken, wie viele Potentiale für Innovation bereits vorhanden und damit verfügbar sind und durch Erinnerung und Reflexion Wirkmächtigkeit gewinnen können.
2. Die biografische Perspektive ist aber nur eine von mehreren. Sie können bei jedem Kapitel unter mehreren Zugängen wählen. Zuerst werden Sie immer einen fachlichen Zugang finden, dann einen prophetisch-kritischen Zugang, eine biblische Perspektive und abschließend auch einen biografischen Zugang mit persönlichen Erfahrungen aus meinem vierzigjährigen Engagement in und mit der Kirche. Es bleibt Ihnen überlassen, welchen Zugang Sie sich jeweils zu Gemüte führen wollen oder ob Sie alle interessieren. Ich hoffe, durch diese Multiperspektivität das Gespräch mit Menschen unterschiedlicher Bereiche und Herkünfte zu erleichtern.
3. Das Buch fächert das Generalthema Pastoralinnovation in elf Unterthemen auf. Ich habe versucht, dabei einen roten Faden zu entwickeln. Dennoch ist es möglich, sich auf ausgewählte Themen zu konzentrieren. Um zu vermeiden, dass Sie dabei die Orientierung ver-

lieren, gibt es immer wieder Querverweise zu anderen Kapiteln.
4. ⌥ Wo Sie dieses Zeichen sehen, finden Sie weitere Ausführungen und praktische Beispiele auf www.pastoralinnovation.org/bonustexte – quasi als vertiefendes Bonusmaterial.
5. Vom Grundcharakter handelt es sich um einen persönlichen Erfahrungsbericht und kein wissenschaftliches Fachbuch. Ich erzähle, stelle Fragen, versuche, Sie als Leser:in abzuholen. Natürlich fließen aber darüber hinaus meine fachlichen Qualifikationen mit ein. Ich bin Theologe, habe bei Rainer Bucher in Pastoraltheologie promoviert, Ausbildungen in Sozialmanagement, Personal- und Organisationsentwicklung absolviert, mich intensiv mit erfahrungs- und handlungsorientierten Bildungsmodellen befasst (Outdoor-Aktivitäten, Alternativpädagogik etc.) und natürlich intensive Studien zu Innovationsmanagement betrieben.
6. Ich bitte um Verständnis, dass ich um einer besseren Lesbarkeit willen keine Fußnoten gemacht habe. Immer wieder benenne ich an den entsprechenden Stellen aber meine Quellen. Im Anhang finden Sie eine Liste aller erwähnten Bücher.
7. Zum Charakter meines Buches gehört auch, dass ich mich zu einer möglichst inklusiven Schreibweise entschlossen habe. Soweit es den Lesefluss nicht zu sehr stört, geschieht dies durch den mittlerweile häufig dafür verwendeten Doppelpunkt. Ich will auch dadurch deutlich machen, dass ich mit vielen noch immer auf dem Weg bin, immer tiefer zu verstehen, was es heißt, dass Gott den Menschen wunderbar und in großer Vielfalt geschaffen hat. Und dass jeder Mensch von Gott ohne irgendeine Vorbedingung oder irgendein Kriterium mit einer für uns unvorstellbaren Liebe geliebt

und gesegnet ist. Mir ist bewusst, dass dies manche Leser:innen begrüßen werden, während es andere irritieren wird und mir sogar Anpassung an den Zeitgeist vorgeworfen werden könnte. Bitte lassen Sie sich auf jeden Fall nicht von der Lektüre abhalten und bleiben wir so im Gespräch über das Anliegen dieses Buches.

Nochmals herzlich willkommen in diesem Buch! Gestalten Sie nun Ihren eigenen Weg durch die angebotene Themenwelt. Als Orientierung und Wegweiser nutzen Sie das Inhaltsverzeichnis.

Ich konnte dieses Buch nur schreiben, weil viele Menschen mich immer wieder mit ihren Gedanken und Taten inspiriert oder meinen Weg mit ihrem Feedback begleitet haben. Dafür bin ich sehr dankbar! Mein besonderer Dank gilt meinem Wegbegleiter Florian Mittl für seine kritischen und hilfreichen Rückmeldungen zu meinen Texten sowie Maria Steiger vom Herder Verlag für die hervorragende und wertschätzende Zusammenarbeit.

Ich freue mich über jegliche Rückmeldungen, ob zustimmend, ergänzend oder kritisch, und wünsche Ihnen bei allem, was Sie bewegt und Sie bewegen wollen, den lebendigen Geist, der weht, wo er will!

Georg Plank

Kapitel 1
Zu viel, zu schnell und zu laut:
Und dann auch noch innovativ sein?!

Glauben Sie auch, dass Innovation (noch) mehr Arbeit, ja Stress macht? Und lässt Sie allein dieser Gedanke vor innovativen Ideen oder Prozessen zurückschrecken? Das wäre verständlich, denn viele leiden bereits jetzt unter Überforderung, unter dem „Zu-viel-zu-schnell-und-zu-laut", wie ich es gerne ausdrücke. Sind das Zeichen der Zeit, denen man sich kaum entziehen kann?

Jedenfalls kann ich sie beruhigen: Innovative Menschen haben oft ein ruhigeres Leben. Innovation macht Arbeit, ja. Aber eine innovationsfreundliche Grundhaltung hilft tatsächlich, aus dem ständigen „Zu-viel-zu-schnell-und-zu-laut" herauszukommen. Innovativen Menschen fällt es leichter, bisherige Arbeiten und Schwerpunkte kritisch auf ihre Wirksamkeit zu hinterfragen. Sie haben keine Probleme damit, etwas zu beenden, wenn es kaum mehr Früchte zeigt. Und sie sind offen für neue Wege, um die angestrebten Ziele besser zu erreichen. Dabei achten sie konsequent auf das Verhältnis von Input und Output. Im marktwirtschaftlichen Kontext erscheint das logisch, weil sonst die Wettbewerbsfähigkeit verloren ginge. Wir wissen dabei um die Probleme ungeregelter globaler Märkte, wo Ergebnisse verabsolutiert werden. Dann heiligt der Zweck der Gewinnmaximierung oder der Produktionsziele alle Mittel, auch die mit sozial oder ökologisch zerstörerischen Wirkungen. Diese Übertreibung bedroht die gesamte Menschheit.

Auch in kirchlichen Kontexten muss eine gewisse Verhältnismäßigkeit zwischen den eingesetzten Mitteln zu den tatsächlich erzielten Ergebnissen herrschen. Es ist wohl sinnvoll, zu lernen, wie das auf konstruktive Weise geschehen kann, ohne in die negative Übertreibung totaler Ergebnis- und Erfolgsorientierung zu kippen. Angenommen, Innovationen führten dazu, dass mit weniger Arbeitszeit, Geld und sonstigem Aufwand mehr erreicht werden kann, würde dann Ihre Bereitschaft steigen, innovativ tätig zu werden und in Ihrem Arbeitsbereich konsequent eine wirkungsvolle Innovationskultur voranzutreiben?

Ich kenne zum Beispiel Pfarrer:innen, denen es gelingt, aus dem ständigen Zuviel herauszukommen, indem sie dysfunktional gewordene Prozesse und Projekte einfach beenden. Das ist möglich, weil sie eine klare Vision für jeden pastoralen Bereich entwickeln, immer gemeinsam mit den jeweils Engagierten. Sie verfolgen aber auch eine realistische Strategie, wie man diese Vision erreichen kann und nutzen dafür einfache, wirkungsvolle Werkzeuge und überprüfbare Kriterien. Diese Arbeitsweise treibt einen Kreislauf des Lernens an, der die Augen öffnet für eine ehrliche Analyse, welche Aktivitäten fruchtlos geworden sind und was die Vision und Ziele besser erreichen lässt.

In einer Pfarrgemeinde entschloss man sich zum Beispiel, das bisherige Pfarrblatt, das vier Mal jährlich in gedruckter Form an alle Haushalte verteilt wurde, abzuschaffen. Grund war die Entwicklung einer klaren Vision: Mit allen Mitgliedern in gutem Kontakt sein! Als Weg zu dieser Vision verfolgte man eine klar online basierte Strategie. Attraktive Inhalte zum kirchlichen Leben, ob Texte, Fotos, Veranstaltungen oder Projekte, werden nun laufend gesammelt, redaktionell für unterschiedliche Zielgruppen bearbeitet und dann auf vielfältige Weise an die Menschen kommuniziert. Das reicht von einer Social Media-Gruppe über einen Newsletter bis zum Newsfeed für Abonnent:innen. Die Zustimmung der Mitglieder wird aktiv eingeholt. Mindestens einmal im Monat gibt es einen Kontakt. In der Regel wird dialogisch kommuniziert, also Fragen gestellt, Rückmeldungen erbeten oder thematische Fotos hochgeladen. In Summe ist der Aufwand zwar etwas höher als beim Pfarrblatt, dafür sind die messbaren Wirkungen deutlich gestiegen.

 Praktisches Beispiel: Firmung (katholisch) bzw. Konfirmation (evangelisch)

Ich bin überzeugt: Pastorale Innovationen helfen, dass Christ:innen und Gemeinden wieder zu leuchtenden Vorbildern werden, nicht nur im religiösen und kirchlichen Sinn, sondern im Umgang mit dem pandemisch um sich greifenden „Zu-viel-zu-schnell-und-zu-laut". Dieses verhindert nämlich immer mehr, dass „die Seele zur Ruhe kommt" (Psalm 62) – sowohl die Seele individueller Menschen aller Milieus als auch die Seele von Organisationen aller Art und letztlich die Seele unserer gemeinsamen Mutter Erde.

Carey Nieuwhof

Der kanadische Pastor Carey Nieuwhof musste sich gezwungenermaßen intensiv mit dieser Thematik beschäftigen. Sein Arbeitsethos, sein Ehrgeiz und die schiere Arbeitsmenge hatten ihn in einen Burnout getrieben, der nicht nur ihn persönlich und seine berufliche Tätigkeit bedrohte, sondern auch seine Ehe und seine Familie. In seinem Podcast und seinem Buch „At Your Best" teilt er seine Erkenntnisse und formuliert darin die Gründe, die zum „Zu-viel-zu-schnell-und-zu-laut" führen. Denn es gibt keine Sucht in der westlichen Welt, die so belohnt wird wie

„Workaholimus". Und Kirchen sind vielleicht noch anfälliger dafür, weil viele – Gott sei Dank – ihre Arbeit als Berufung und Dienst an Gott und den Menschen betrachten. Aber weder heißt das, dass unser Dienst uns und unsere Beziehungen krank machen darf, noch, dass viel Arbeit per se zu vielen Früchten führt. Im Gegenteil: Wer lernt, der Versuchung des „Zu-viel-zu-schnell-und-zu-laut" zu widerstehen und eine gläubig-gesunde Balance aus Gelassenheit und Ehrgeiz zu leben, wird am Ende des Tages wesentlich produktiver sein als es mit noch so vielen Arbeitsstunden möglich wäre.

Nach Jahren harter innerer Arbeit, Therapie und alltäglichem Üben konnte Carey Nieuwhof sagen: „Seltsamerweise wurde ich ein besserer Ehemann und habe im kirchlichen Dienst, sowohl vor Ort als auch darüber hinaus, viel mehr erreicht als zu der Zeit, als die Arbeit die meiste Zeit in Anspruch nahm. Tatsächlich habe ich seit dem Ende meiner ungesunden Arbeitsweise, die für mich mit einem Burnout endete, vier Bücher veröffentlicht, einen Podcast gestartet, mit Tausenden von Leitern pro Jahr gesprochen und gesehen, wie unsere lokale Kirche auf mehr als das Doppelte ihrer Größe angewachsen ist im Vergleich zu der Zeit, als ich mehr Stunden arbeitete. Außerdem habe ich eine Beratungsfirma für Leadership gegründet. Und ich habe mehr Zeit mit meiner Familie verbracht!"

Prophetisch-kritischer Zugang: „busy", aber kaum fruchtbar

Ehrlich: Hat das „Zu-viel-zu-schnell-und-zu-laut" nicht auch in den meisten Kirchen Einzug gehalten und sie so immer unattraktiver gemacht? Viele ehren- und hauptamtliche Mitarbeiter:innen beantworten die Frage, wie es ihnen

Prophetisch-kritischer Zugang

gehe, mit: „Derzeit ist sehr viel los!" Gemeint ist oft, dass ihnen alles einfach zu viel ist. Solche Aussagen sind oft mit einem hörbaren Seufzen verbunden sowie mit einer Mimik, die Überforderung, Überlastung und Übermüdung ausdrückt. Wie sollen Gemeinden und andere kirchliche Orte für Menschen attraktiv werden, die unter dem „Zu-viel-zu-schnell-und-zu-laut" leiden, wenn sie selbst diesem letztlich zerstörerischen Trend nicht entkommen?

Jesus war kein „Gschaftlhuber" (österreichisch für „vielbeschäftigt"). Gemeint sind Leute, die fast unangenehm betriebsam sind und sich und ihren Aktivismus übertrieben wichtig nehmen. Wehe, man wagt sie zu kritisieren! „Was willst du denn, ich arbeite eh so viel!", kommt dann meistens als Reaktion. „Sei froh, dass ich so fleißig bin!"

Im Kontrast dazu war Jesus wie „ein Baum, gepflanzt am lebendigen Wasser" (vgl. Psalm 1). Sein und Tun haben bei ihm gute, ja göttliche Früchte getragen – Früchte, nach denen die heutige Welt zum Himmel schreit.

Warum sind wir im Gegensatz dazu oft so „busy", so geschäftig, und gleichzeitig so unfruchtbar? Merken wir nicht, wie das „Zu-viel-zu-schnell-und-zu-laut" unsere Kultur und unsere „organisationale Körpersprache" (vgl. Kapitel 11) vergiftet? Das macht uns gerade für Menschen abstoßend, die sich nach Ruhe, Stille und Fokus sehnen.

Viele wissenschaftliche Disziplinen untersuchen diese Phänomene aus unterschiedlichen Blickwinkeln. Unsere Alltagswahrnehmung bestätigt es Tag für Tag: Das Leben hat sich enorm beschleunigt. Die digitalisierte Informationsgesellschaft bewirkt eine historisch einmalige Reizüberflutung. Viele Menschen erleben das ambivalent. Sie genießen viele unleugbare Vorteile gegenüber der Lebensweise früherer Generationen, leiden aber auch unter offensichtlichen Nebenwirkungen im persönlichen, beruflichen, sozialen und spirituellen Leben.

1 · Zu viel, zu schnell und zu laut

Zu viel

Das „Zu-viel" bringt auf den Punkt, dass in vielen Bereichen Quantitäten so zugenommen haben, dass sie zusehends zur Belastung werden. Ein Blick in den Kleiderschrank, in das elektronische Postfach oder auf den Terminkalender beweist das. Statistiken über Wirtschaft, Bevölkerungsentwicklung, Energieverbrauch, Mobilitätsverhalten und vor allem Medienkonsum zeigen Zuwächse seit dem Beginn der Industrialisierung und nahezu exponentiell durch die Digitalisierung, unterbrochen nur durch Weltkriege, Wirtschaftskrisen oder Pandemien.

Viele ältere Leute kommentieren das mit den Worten: „Als ich ein Kind beziehungsweise ein Jugendlicher war, besaßen wir viel weniger. Wir fühlten uns aber nicht arm. Wir waren glücklicher als es viele junge Leute heute sind. Wir waren zufrieden mit dem Wenigen, was wir besaßen und konnten uns über Kleinigkeiten freuen!" Ein differenzierter Umgang mit dem „Zu-viel" scheint also ein wesentlicher Faktor für ein erfülltes, glückliches und vor allem zufriedenes Leben zu sein.

Zu schnell

Die enorme Beschleunigung erleben viele als ein „Zu-schnell". Ich schaue ab und zu gerne alte Filme an und bin jedes Mal überrascht, wie langsam dabei viele Handlungen verlaufen (und nicht nur beim Klassiker „Spiel mir das Lied vom Tod"). Dadurch wird mir das hohe Tempo moderner Blockbuster bewusst. Wer mit Kindern oder mit älteren Menschen zu tun hat, merkt, wie dieses hohe Tempo zu Überforderung und Überlastung führen kann. Schuhe anziehen, essen, ankleiden, waschen: Das braucht seine

Zeit und lässt sich nicht beschleunigen. Natürlich bin auch ich dankbar für viele technische Möglichkeiten, die mir in meiner beruflichen Tätigkeit eine enorme Effizienzsteigerung ermöglicht haben. Dennoch ahnen wir alle, dass viele menschliche Vollzüge einer inneren Uhr folgen und nur durch die richtige Geschwindigkeit auch als gute, qualitätsvolle Zeit genossen werden können: ein Mahl halten, ein Gespräch führen, zärtlich sein, Sexualität leben, trösten, beten, eine Geschichte erzählen, Musik machen oder hören usw. Worauf könnten sich Kirchen konzentrieren und wofür mehr Zeit nehmen, wenn sie „vom Leben der Menschen ausgehen", wie es in vielen Pastoralplänen heißt?

Zu laut

Das „Zu-laut" ist im wörtlichen Sinn akustisch gemeint. Etwa zwei Drittel der Bevölkerung leiden unter zu viel Lärm. Die vielfachen negativen Auswirkungen dieser Situation werden immer intensiver erforscht. Immobilienmakler:innen wissen um den monetären Wert einer ruhigen Lage. Mir ist schleierhaft, warum viele Lärm erzeugende Maschinen, Werkzeuge und Fahrzeuge noch immer verkauft und verwendet werden dürfen, obwohl es mittlerweile leisere Alternativen gibt. Individueller Lärm kostet vielen Menschen die Ruhe. Bei meinem ersten Besuch in China wunderte ich mich, warum es in den Megastädten trotz vieler Motorräder so leise war, bis ich entdeckte, dass 90 Prozent der einspurigen Fahrzeuge elektrisch betrieben wurden und daher kaum Lärm und Abgase emittierten. Zu laut meint im übertragenen Sinn aber auch den Alarmismus, der heute viele Medien und die Alltagswelt dominiert.

Ich erinnere mich an einen Studientag, wo wir zur Frage arbeiteten: Wie könnte eine Minute Stille die Liturgie revolutionieren? Spontaner Auslöser waren zwei Aspekte: Zum einen wurde beim vom Dechant gestalteten Gebet konsequent die liturgische Rubrik „kurze Stille" einfach ignoriert. Zum anderen bejahten über 90 Prozent der Teilnehmer:innen meine Eingangsfrage „Ich habe eine anstrengende Woche hinter mir!"

Ergebnis der folgenden 15-minütigen Kreativarbeit war nicht nur eine starke Vision, dass gemeinsame Stille auch für „Seltenkommer:innen" ein Pull-Faktor werden könnte, sondern auch konkrete Ideen, wie diese Vision konkret und qualitätsvoll umgesetzt werden könnte. Betont wurde, dass Zeiten der Stille gut erklärt und eingeführt werden müssen, sonst stiftet man Verwirrung oder Unsicherheit. Eine Minute gemeinsames Schweigen kann am Beginn oder am Ende eines Gottesdienstes wirkungsvoll sein, aber auch nach der Predigt oder bei den Fürbitten, um persönliche Anliegen im Herzen auftauchen zu lassen. Bewährt haben sich auch angeleitete Körper- und Atemübungen, vor allem solche, die auch im Sitzen geübt werden können.

Die Aktion „Stille Schenken" der Akademie für Evangelisation in Wien ist ein Beispiel, wie solche Initiativen nicht nur in der Liturgie, sondern auch im digitalen Raum auf positive Resonanz stoßen.

Fakt ist, dass Kirchen und ihre Engagierten von diesem Trend des „Zu-viel-zu-schnell-und-zu-laut" ebenfalls erfasst wurden. Es gibt aber viele gute Möglichkeiten, mit diesen geänderten Rahmenbedingungen unserer globalen Gesellschaft besser umgehen zu lernen. Denn Menschen sind evolutionär und sozial gesehen unglaublich anpassungsfähig, können ihrem privaten und beruflichen Leben mehr Struktur geben und sich so vor dem ständigen „Zu-viel-zu-schnell-und-zu-laut" schützen. Sollten spirituelle Menschen und gläubige Beter:innen dafür nicht Vorbilder sein?

Expert:innen sprechen in diesem Zusammenhang von Resilienz. Ich habe selbst von Erkenntnissen der Resilienzforschung und darauf aufbauenden Trainings profitiert und dabei entdeckt, welcher Schatz an Resilienz fördernden Praktiken auch innerhalb vieler christlicher Traditionen zu finden ist. Gemeinden könnten Orte sein, wo resilienzstärkende Erfahrungen gemacht werden können.

Biblische Perspektive:
Kirchen, die vorrangig reden, verlieren

Was lässt Menschen weggehen und was zieht sie an? Was hat sie *damals*, zu biblischen Zeiten, motiviert, freiwillig tagelange und anstrengende Märsche auf sich zu nehmen, um bei Jesus sein zu können? „Jesus zog sich mit seinen Jüngern an den See zurück. Viele Menschen aus Galiläa folgten ihm. Auch aus Judäa und aus Jerusalem, aus Idumäa und von jenseits des Jordan sowie aus der Gegend von Tyrus und Sidon kam eine große Menge zu ihm, als sie von seinen Taten gehört hatten." (Markus 3,7–8)

Menschen aus allen Richtungen machten sich also in die Provinz auf, in die Jesus sich nach Todesdrohungen zurückgezogen hatte. Aus dem ganzen Land und sogar der Hauptstadt Jerusalem, aus jüdischen und heidnischen Gegenden, aus allen Milieus kamen sie. Warum haben sie diesen Aufbruch gewagt? Was hat das Ziel so attraktiv gemacht, dass sie keine Kosten und Mühen gescheut haben? Die Antwort liegt im letzten Satzteil: „... als sie von seinen Taten gehört hatten." (Markus 3,8)

Nicht Jesu Worte, sondern seine Taten waren entscheidend. Schon damals stimmten die Leute mit den Füßen ab. Anziehend war das, was Menschen bei Jesus erlebten: Heilung von Gebrechen aller Art, Befreiung von Dämonen und

Ängsten, wahre Liebe und solidarische Gemeinschaft, befreiende Vergebung und unendliche Barmherzigkeit, allumfassender Friede und tiefe Freude – letztlich Ausdrucksweisen einer echten, tiefgreifenden Verwandlung jedes und jeder einzelnen. Oft führte das zu einer völlig neuen Wahrnehmung des je eigenen Lebens und zu radikalen Änderungen des Denkens, Fühlens und Handelns. Diese wirkungsvollen Taten Jesu provozierten mehr als seine Worte. Deshalb beschlossen die damals Verantwortlichen, „ihn umzubringen" (Markus 3,6). Jesu Art zu erneuern, zu verwandeln und zu innovieren war in den Augen der Mächtigen zu umstürzlerisch und zu gefährlich.

Kirchen, die vorrangig reden, verlieren – und das zu Recht. Kirchen, die wie Jesus handeln, gewinnen – unter Risiko! Sie tun alles ihnen Mögliche, damit Menschen dieses von Jesus erfahrbar gemachte „Reich Gottes" konkret in ihrem Leben als verwandelnde, heilvolle Energie erleben können. Solche Orte, Gemeinschaften und Initiativen blühen auf und beginnen wieder zu wachsen, weil Gottes Geist in ihnen und durch sie wirkt. Sie versuchen, immer besser zu verstehen, was es ist, das kirchliche Orte, Menschen und Gruppen so anziehend macht, dass Menschen gerne hingehen. Und was konkret dafür verantwortlich ist, warum sich „eine große Menge" entfernt.

 Ohne Muße keine Innovation

Muße

Ob bei der Frage der Attraktivität von Kirche die „Unruhe als Signum der Moderne" eine Rolle spielen könnte, wie es an der Universität Freiburg in einem Sonderforschungsbereich über Muße reflektiert wurde? Muße gewinne aktuell eine neue gesellschaftliche Bedeutung. Denn gerade

Erfahrungen der Zeitverdichtung führten zu einem grundsätzlicheren Nachdenken über Freiräume in Gesellschaft und Wissenschaft, über Potentiale für Kreativität und Innovation, die sie freisetzen können, und über diejenigen anthropologischen Grundfragen, die in dem durch Muße erfahrenen Spannungsverhältnis zwischen Produktivität und Freiheit sichtbar werden.

Zu diesem Thema haben mich viele persönliche oder mediale Begegnungen geprägt, oft auch in Irritationen und Kontrasten: Die Sacré Coeur Schwester Ishpriya, die christliche Anarchistin Dorothy Day, die evangelische Theologin Dorothee Sölle, der steirische Priester Martin Gutl oder der Benediktiner David Steindl-Rast.

Mich beeindrucken auch Menschen, die in ihrem Tun Muße ausstrahlen. Manche haben ohne eine genuin religiös-spirituelle Begründung eine klare Option für ein „Leben in Fülle" (Johannes 10,10) getroffen: Lehrer:innen, die das Gute in jedem Kind wachküssen; Unternehmer:innen, die trotz viel Risikos Gemeinwohl-Ökonomie praktizieren; Künstler:innen, die ihre Tiefenperspektive durch ihre Werke auch anderen zur Verfügung stellen; Handwerker:innen, die nachhaltige, langlebige und schöne Produkte herstellen.

Es gibt kaum einen gesellschaftlichen Bereich, wo nicht solche dem „Besseren" verpflichtete Frauen und Männer zu finden sind. Ich empfinde sie wie die kananäische bzw. die syrophönizische Frau (Markus 7,26 ff.), die zwar offiziell als gottlose Heidin betrachtet wurde, deren Glauben Jesus aber schlussendlich als *megalé*, also riesengroß, bewunderte (vgl. die Parallelstelle Matthäus 15,27).

Übrigens spricht der Einleitungssatz dieser Stelle davon, dass „Jesus sich zurückzog", ein häufig genanntes Motiv in allen Evangelien. Macht das im Zusammenhang mit dem „Zu-viel-zu-schnell-und-zu-laut" nicht deutlich, wie wichtig die bewusste Balance zwischen Aktion und

Kontemplation, Arbeit und Ruhe, Engagement und Gebet ist? Noch besser als Balance beschreibt das für mich der Begriff Polarität. Eine Balance kann stoisch, unbewegt oder lau wirken. Polaritäten hingegen leben vom Spannungsfeld zwischen den Polen und bedingen ein dauerndes dynamisches Austarieren wie bei einem schwungvollen Partnertanz. Sie beruhen auf einer ständigen Achtsamkeit, ob sich das gegenwärtige Sein und Tun im positiven Bereich befindet oder in die negative Übertreibung kippt und so den Ausgleich des Gegenpols benötigt.

Von Jugend an hat mich dabei folgende Einladung Jesu inspiriert, die ich zunächst durch ein Lied kennengelernt hatte: „Kommt alle zu mir, die ihr mühselig und beladen seid; ich will euch Ruhe verschaffen. Nehmt mein Joch auf euch und lernt von mir; denn ich bin sanftmütig und demütig von Herzen und ihr werdet Ruhe finden für euere Seelen. Denn mein Joch ist sanft und meine Last leicht." (Matthäus 11,28–30) Das Joch dient dem eingespannten Tier zur Orientierung und Führung und soll nicht drücken und schmerzen, sondern „sanft" sein, nützlich und lebensdienlich. Es braucht nicht viel Fantasie, sich vorzustellen, wie viele Heutige sich nach einer solchen Einladung und Erfahrung sehnen. Manche, weil sie unter ausbeuterischen Verhältnissen ihr Lebensbrot verdienen müssen; andere, weil sie im Hamsterrad ihrer Termine und Verpflichtungen die Orientierung verlieren; wieder andere, die trotz Erfolg, Reichtum und gesellschaftlichem Status eine innere Leere verspüren; und wohl auch Menschen, deren stiller Schrei sich in allerlei Suchtverhalten zeigt. Überall dort, wo Kirche diese Einladung Jesu authentisch ausspricht und das ständige „Zu-viel-zu-schnell-und-zu-laut" innovativ, ansprechend und nachhaltig durchbricht, wird sie als sinnstiftender Mehrwert wahrgenommen.

Biographisch-persönlicher Zugang:
Ohne Stille kann ich nicht aktiv sein

Als ich ein Kind war, begannen unmittelbar vor unserem Einfamilienhaus die Arbeiten an der neuen Autobahn. Natürlich faszinierten mich als kleinen Jungen die riesigen Baumaschinen. Die Bagger und die Muldenkipper wirkten auf mich wie moderne Dinosaurier mit ihren langen Hälsen und wuchtigen Rümpfen. Obwohl die lauten Motoren mich ängstigten, war ich zugleich davon begeistert. Lärm assoziierte ich mit Kraft und Stärke – wie bei dem Löwen, dessen plötzliches Gebrüll mich einmal in einem Tiergarten zu Tode erschrocken hatte. Später begann ich zu verstehen, welcher Belastung die Anrainer von Straßen oder Flughäfen ausgesetzt sind und wie gesundheitsschädigend permanente Schlafstörungen sein können. Sarkastisch erzählte ich als Jugendlicher, dass man die Autobahn als Lärmschutz zum dahinter gelegenen Flughafen gebaut habe.

Im nahe gelegenen Pfarrheim begannen wir, ohne Anweisung oder Anleitung in unserer Jugendgruppe mit dem Meditieren zu experimentieren. Ich kann nicht mehr sagen, was der Auslöser dafür war. Aber aus diesen Versuchen entstand für mich eine Lebenspraxis, bei der sich intensives Arbeiten mit bewussten Ruhephasen abwechselt. Als junger Mann durfte ich später im steirischen „Haus der Stille" viele meditative Traditionen in Theorie und Praxis kennenlernen. Ich bin dankbar, dass meine Frau und ich in der Gemeinschaft dieses christlichen Zentrums ein Jahr mitleben konnten. Weltweit gibt es viele solche alte und neue Orte, wo Menschen unabhängig von ihrer kirchlichen Sozialisierung und religiösen Verortung eintauchen können in unterschiedliche Formen des spirituellen Umgangs mit dem „Zu-viel-zu-schnell-und-zu-laut".

1 · Zu viel, zu schnell und zu laut

Ich arbeite gern und ich arbeite auch viel. Von Jugend auf habe ich mich gerne und oft auch exzessiv engagiert, als Schulsprecher und Organisator, in der Pfarrgemeinde und in meinen Ferienjobs, in meinen Studien und diversen beruflichen Verantwortungen.

Viele Worte und Taten Jesu haben mich jedoch davor bewahrt, zum Workaholic zu werden und den tiefen Brunnen einer „ruhigen Seele" zu vergessen. Sein regelmäßiger Rückzug an einsame Orte hat mich von jung auf die wohltuende Einsamkeit in der Natur suchen lassen (der englische Begriff *solitude* bringt dieses Gefühl für mich wesentlich besser auf den Punkt). Als Österreicher habe ich die Vielfalt natürlicher Landschaften lieben gelernt, ausgebreitet zwischen dem Neusiedlersee und dem Bodensee. Mein starkes Selbstbewusstsein korrigierten über das sportliche Wandern oder Biken hinaus immer wieder die Berge, als ehrfurchtgebietende Räume, die meiner Seele Ruhe schenken – eine Ruhe, aus der heraus ich wieder mit voller Energie und Leidenschaft in unsere hyperaktive Gesellschaft eintauchte. Dadurch konnte ich plötzlich auch die lebendigen und energievollen Seiten des „Zu-viel-zu-schnell-und-zu-laut" wahrnehmen und genießen. Warum immer alles kontrollieren wollen? Warum nicht ab und zu übertreiben? Warum nicht das Ekstatische in Musik, Sport oder der finalen heißen Phase mancher Projekte auch als wesentlichen Lebensaspekt entdecken und annehmen? Solche Höhepunkte können immer nur punktuell sein und brauchen die komplementäre Ergänzung durch Phasen der Routine und der Gewohnheit. Man kann Höhepunkte nicht ausdehnen. Aber in ihnen wird eine übermenschliche, eine transpersonale Lebensenergie spürbar, ohne die es mir wohl zu langweilig wäre.

Kapitel 2
Pastoralinnovation:
Fachlich – theologisch – geistlich

Welche Beispiele oder Erfahrungen fallen Ihnen ein, wenn Sie an Innovation im kirchlichen Bereich denken? Gehören Sie zu denen, die Kirche und Innovation für unvereinbar halten? Oder konnten Sie immer wieder Innovatives persönlich erleben oder sogar mitgestalten?

 Das Logo von Pastoralinnovation

Die meisten Menschen verbinden den Begriff Innovation spontan mit etwas Neuem. Natürlich beinhaltet Innovation immer auch etwas Neues, aber jede Innovation muss auch zu mehr Qualität führen, einen echten Mehrwert bewirken und in diesem Sinne etwas verbessern.

Produkte, Prozesse oder Strukturen verbessern

Bei einem Gebrauchsgegenstand ist offensichtlich, dass niemand eine neue Version kaufen würde, wenn sie nicht zugleich auch besser wäre als die bisherige. Was Verbesserung meint, lässt sich bei Produkten oder Dienstleistungen also gut definieren, abhängig von der jeweiligen Situation, vom Kontext und auch von den gesellschaftlichen Werten. Früher wurde ein Auto z. B. von den meisten Leuten als besser betrachtet, wenn es einen stärkeren Motor hatte, heute geht es vielen darum, dass es sparsamer und umweltfreundlicher ist.

Bei Prozessinnovationen sind die jeweiligen Zielsetzungen entscheidend. Erst wenn definierte Ziele in einem höheren Ausmaß erreicht werden, spricht man von messbaren Verbesserungen. Im gemeindlichen Kontext aller Kirchen gibt es viele wiederkehrende Prozesse rund um das Kirchenjahr, die Liturgie und die Sakramente. Diese binden oft viele Ressourcen und bieten sich daher für Methoden der Prozessinnovation an. Auch im Bildungsbereich oder in der Caritas bzw. Diakonie können kontinuierliche Verbesserungsprozesse das Verhältnis von Input und Output verbessern und mit weniger Aufwand zu höherer Zielerreichung führen.

Bei Strukturinnovationen geht es noch stärker um die Frage, wie der *purpose*, also der tiefere Sinn und Zweck einer Organisation, intensiver mit Leben gefüllt werden kann. Das ist derzeit ein zentrales Thema für die aktuellen kirchlichen Umstrukturierungen im ganzen deutschen Sprachraum. Da diese Form der Innovation mit einem hohen Aufwand verbunden ist, verursacht ein Scheitern besonders hohe Frustration. Damit geht oft viel Vertrauen und Zuversicht in die innovative Kraft eines Systems verloren und die Zweifler:innen fühlen sich darin bestätigt, dass man bei Kirchen nur mit äußerster Vorsicht reformieren solle, wenn überhaupt.

Verbesserungen erhöhen die Qualität von Produkten, Dienstleistungen, Strukturen oder auch von Aktionen, Gemeinschaften oder Projekten. Bitte beachten Sie, dass „besser" der Komparativ von „gut" ist, nicht von „viel"! „Mehr" macht etwas nicht automatisch „besser". Gibt es dennoch Zusammenhänge zwischen der Steigerung von Qualitäten und Quantitäten? Auch wenn sich diese schwer direkt kausal nachweisen lassen, gibt es viele Anzeichen für die Interdependenz von Qualität und Quantität in vielen Bereichen: Denken Sie an Biologie, Politik, den Sozial-

2 · Pastoralinnovation: Fachlich – theologisch – geistlich

bereich Kultur, Wirtschaft und auch an Kirchen. Verbesserungen der gesamten Organisationskultur in vielen kleinen Schritten bewirken oft auch zahlenmäßige Steigerungen. Besonders die Arbeit an inneren Haltungen und am Umgang mit Rückschlägen oder Krisen kann irgendwann, oft ungeplant und geschenkhaft, auch quantitative Folgen haben.

Daher sollte man sich bei kirchlichen Playern konsequent darum bemühen, Innovation aus fachlicher, theologischer und geistlicher Perspektive zu thematisieren und erlebbar zu machen. So können Qualitäten nachhaltig verbessert werden.

Fachlich heißt, sich die Ergebnisse wissenschaftlicher Innovationsforschung zunutze zu machen, die seit Jahrzehnten herauszufinden versuchen, woran es liegt, dass aus einer guten Idee eine erfolgreiche Umsetzung wird. Haben Sie sich auch schon gefragt, warum aus so vielen guten Ideen nichts wird und warum andere beachtliche Veränderungen bewirken? Egal, in welchen Bereichen man Veränderungsprozesse vorantreibt, diese unterliegen allgemein gültigen Regeln, die immer besser erforscht und in der Praxis an zahlreichen Beispielen erprobt sind. Wer diese Prinzipien versteht, wird sich beim Innovieren im je eigenen Kontext wesentlich leichter tun.

Theologisch hat Innovation konstitutiv mit dem Glauben an den dreifaltigen Gott und dem Selbstverständnis von Kirche zu tun. Erst der lebendige, erneuernde und befreiende Geist Gottes bewirkt, dass die Kirche in ihren vielgestaltigen Ausformungen in der Geschichte als Leib Christi präsent sein kann. Diese *Ruach*, wie die hebräische Bibel den Heiligen Geist immer wieder nennt, ermöglicht trotz aller Sündhaftigkeit und Begrenzung von Christ:innen und Kirchen, dass Gottes heilvolles Handeln in der Welt als gegenwärtig erfahren werden kann. Die Kirche als die Gemeinschaft aller, die in der Spur Jesu unterwegs sind, ist eine *ecclesia semper reformanda*, sonst kann sie der Verkündigung der Frohen Botschaft nicht treu bleiben. Das war vom ersten Pfingstfest bis zum heutigen Tag so. Die geringe Bedeutung des Pfingstfestes und der dritten Göttlichen Person korrespondieren meiner Einschätzung nach mit der Geringschätzung von Innovation und der Unausgewogenheit von Bewahren und Verändern in vielen kirchlichen Bereichen. Das Ineinander zwischen der geistlichen und der organisationalen Gestalt von Kirche (vgl. die Konzilskonstitution Lumen Gentium 8) erfordert die ständige Bereitschaft zu Erneuerung auf beiden Ebenen. Wie die zwei Brennpunkte einer Ellipse, wie Form und Inhalt oder wie der Baum und seine Früchte – immer gilt es, diesen Zusammenhang zu beachten. Wenn Gott Mensch geworden ist, betrifft das alles Menschliche, auch menschliche Organisationen. Daher ist die Körpersprache kirchlicher Organisationen immer auch unerlässlicher, ja entscheidender Teil ihrer Verkündigung (vgl. Kapitel 11).

Neben der fachlichen und der theologischen Dimension thematisiert die **geistliche** Perspektive die Frage, was Innovation mit Glauben, mit der persönlichen Beziehung zu Gott zu tun hat. Was bedeutet es, sich berufen zu lassen und sich für die Nachfolge Jesu zu entscheiden? Warum und wie fördern Schriftlesung, Gebet und Sakramente ein innovationsfreundliches Klima? Welche Auswirkungen hat die Taufe darauf, ob Christ:innen in ihrem Umfeld als Werkzeuge des Heiligen Geistes wirken? Liebe als das Wesen Gottes äußert sich in Freude, Friede, Langmut, Freundlichkeit, Güte, Treue, Sanftmut und Enthaltsamkeit (vgl. die Früchte des Geistes in Galater 5,22–23). Innovator:innen sind Menschen, die vom Geist Gottes erfüllt, zunächst an sich arbeiten und solche „Früchte des Geistes" wachsen lassen. Erst dann können sie auf dem langen, oft anstrengenden Weg von einer guten Idee, einer zündenden Vision hin bis zur erfolgreichen Umsetzung durchhalten. Trotz Widerständen, Verleumdungen und Verspottung geben sie nicht vorschnell auf. Sie finden durch vielfaches Scheitern erfolgversprechende und fruchtbare Wege der Verwirklichung ihrer Visionen und Ziele. Sie sind lernbereit und dabei zugleich demütig und selbstbewusst. Sie stellen sich in ihrer Schwachheit und mit ihren Talenten als Werkzeuge für Gott zur Verfügung. Sie lassen sich nicht vereinzeln, sondern verstehen sich als Glieder eines Leibes, als Teile eines Systems, als Instrumente eines Orchesters.

Viele kirchlich Engagierte sind offen für Neues, ja sie sehnen sich nach Erneuerung. Ich bin überzeugt, dass das millionenfache großartige Bemühen so vieler Menschen mehr Erfolg verdient. Das viele Gute, das Tag für Tag auf vielen Ebenen gelebt wird, die wunderbaren Menschen, die sich weltweit für mehr Menschenwürde einsetzen, die hervorragenden Projekte, die mit viel Aufwand betrieben werden – das alles motiviert mich, mit den Angeboten von *Pastoralinnovation* einen Beitrag dazu zu leisten, dass mehr Früchte wachsen können.

 Tradition und Innovation: Gegner oder Geschwister?

Innovationen in Kirchen ermöglichen, dass die ursprüngliche Sendung heute lebendig, verständlich und fruchtbar sein kann. Da lässt sich viel sowohl aus der eigenen Geschichte als auch von Prozessen in anderen gesellschaftlichen Bereichen lernen, wie man die Polarität von Tradition und Innovation konstruktiv und kreativ gestalten kann.

2 · Pastoralinnovation: Fachlich – theologisch – geistlich

Prophetisch-kritischer Zugang:
Wir wollen dein Feuer!

Wenn ich von meiner Arbeit erzähle, ernte ich oft verständnislose Reaktionen: „Innovation und Kirche? Das passt doch absolut nicht zusammen!" Viele verbinden Kirche mit sturem Traditionalismus, Weltfremdheit und Pharisäertum. Die Frage ist berechtigt: Kann man denn überhaupt in der Kirche arbeiten, ohne unweigerlich so zu werden wie die Schriftgelehrten und Pharisäer? „Sie reden zwar, handeln aber nicht danach. Sie binden schwere Lasten zusammen und laden sie den Menschen auf die Schultern, selbst aber wollen sie keinen Finger krümmen, um sie zu bewegen. Mit allem, was sie tun, wollen sie sich vor den Menschen zur Schau stellen." (Matthäus 23,3–5)

Früher las ich diese und viele andere Texte aus einer moralischen Perspektive, fragte mich, ob ich nicht auch pharisäisch sei oder wie die Jünger handeln würde, die ja laut den Berichten der Evangelien oft verhindern wollten, dass Jesus sich den Unwürdigen zuwendet, den Bettlern, Blinden und Lahmen, den Zöllnern und Sündern, den Dirnen, Witwen und generell den Frauen. Ich fühlte mich unwohl mit der Tatsache, dass ich als kirchlich Angestellter in einer der großen „verfassten" Kirchen des deutschsprachigen Raums privilegiert war. Ich genoss die Sicherheit einer Anstellung mit fairen Dienst- und Besoldungsordnungen, die soziale und rechtliche Absicherung, auch die oft überraschend großen Spielräume für mich als „Laien" und last, but not least, auch den Status, den ich mit wachsender Verantwortung als Leitungsperson zugeschrieben bekam. Mir war klar: Im weltweiten Vergleich gehörte ich als kirchlich Angestellter zu den Privilegierten dieser Erde. Und auch jetzt als selbständiger Unternehmer gehöre ich noch immer zu dieser Gruppe. Selbst wenn ich etwa durch die Coronakrise pleite gegangen wäre, wäre ich nicht ins Bodenlose gestürzt wie Millionen von Menschen weltweit. Der Stachel sitzt tief, dass es wohl diese Menschen wären, denen sich Jesus heute bevorzugt zuwenden würde, und dass ich hingegen zu der Gruppe gehöre, die zwar in der Nachfolge Jesu zu leben versucht, aber immer wieder an genau diesem Anspruch scheitert. Hat Jesus also recht mit seinen Vorwürfen?

Mittlerweile regt sich in mir aber auch Widerstand: Hatte Jesus nicht leicht reden? Er hat ja keine Organisation gegründet, schon gar keine wie die katholische Kirche, die weltweit agiert mit hunderten, ja tausenden Unterorganisationen, komplexen internen Gesetzmäßigkeiten und einem ungeheuren Ausmaß an Verantwortung auf vielen Ebenen. Er ist konsequent seinen individuellen Weg gegangen, der zugegebenermaßen nicht einfach war. Aber er konnte sich quasi selbst verwirklichen und sich und Gott treu bleiben, ohne Rücksicht auf das größere Ganze nehmen zu müssen. Hat er nicht jahrelang ohne Risiko und Verantwortung gemütlich im mittelständischen Betrieb seines Vaters mitgearbeitet? Warum hat er nicht den klassischen Weg einer „religiösen Karriere" eingeschlagen und sich einer der etablierten Richtungen innerhalb seiner jüdischen Volksgemeinschaft angeschlossen? War das Leben als freies Radikal und vagabundierender Prophet – obwohl riskanter – nicht wesentlich unkomplizierter als in einem hochkomplexen politischen, gesellschaftlichen und religiösen Umfeld Leitungsverantwortung zu übernehmen?

Leitung schlechtreden?

Ich kann es kaum mehr hören, dass immer, ob im Namen Jesu oder aus primitiver Polemik heraus, auf diejenigen hingehauen wird, die den Mumm haben, eben genau das zu tun: Leitungsverantwortung zu übernehmen! Übernimmt man diese in Kirchen etwa wegen des Verdienstes? Wohl kaum, einige korrupte Megachurches ausgenommen. Da gäbe es weit lukrativere Berufe. Oder weil man sich wichtig nimmt? Auch diese Mär hat einen langen Bart. Status hat einen hohen Preis: Kaum Lebensqualität, Überforderung, Depressionen, kaum echte Freund:innen etc. Oder um das eigene Ego zu befriedigen? Das mag vielleicht auf einzelne Führungskräfte zutreffen, aber realistisch ist doch, dass unter den gegenwärtigen Umständen kaum eine Chance besteht, so etwas wie Glaubwürdigkeit, Authentizität oder Ehrlichkeit aufrechtzuerhalten. Dafür ist unsere Welt zu komplex geworden. Egal, wie man es macht, man entkommt der Verstrickung in Schuldzusammenhänge nie, schon gar nicht in Positionen mit hoher Verantwortung. Denken Sie nur an die Flüchtlingsthematik, den Klimawandel, weltweite Ungerechtigkeiten oder die zunehmende Militarisierung. Da kann sich doch jede:r nur die Finger verbrennen. So entsteht rasch eine Abwärtsspirale. Denn gemäß dem Gesetz einer selbsterfüllenden Prophezeiung klettern vorwiegend Personen die Karriereleiter hoch, die tatsächlich aus niederen Motiven Führung an sich reißen. Oder zumindest in ihrer Persönlichkeit nicht gefestigt genug sind, um den Versuchungen widerstehen zu können, die unweigerlich mit Machtpositionen egal in welchem Bereich, auch in Kirchen, verbunden sind. Dadurch fühlen sich die Kritiker:innen in ihrer pauschalen Ablehnung von Macht- und Führungspositionen bestätigt. So sinkt die Bereitschaft guter Leute, solche Aufgaben zu übernehmen.

Prophetisch-kritischer Zugang

Das sind doch auch Gründe, warum sich Politik, Wirtschaft und Kirchen immer schwerer damit tun, talentierte und charakterfeste Nachwuchs- und Führungskräfte zu finden und an sich zu binden. Die jungen Leute sind eben nicht blöd! Die machen es maximal wie Jesus und machen ihr „Ding", ohne sich mit all dem komplizierten Kram herumschlagen zu müssen. Negativbeispiele, die es leider zuhauf gibt, bestärken sie dann zusätzlich in ihrer Haltung.

Das grundsätzliche Schlechtmachen „der da oben" halte ich daher für eine perfide Strategie derer, die aus äußerst fragwürdigen Motiven heraus das gesellschaftlich notwendige Grundvertrauen zerstören, freie Demokratien untergraben und die Meinungs-, Presse- und Glaubensfreiheit missbrauchen.

Wenn Kirchen für innovative Menschen anziehend werden wollen, die in christlichem Spirit die Welt gestalten, dann braucht es eine völlig gegenteilige Strategie, die klar signalisiert: Bei uns sind deine Ideen gefragt, auch wenn sie unkonventionell und ausgefallen sind. Bei uns kannst du experimentieren, auch wenn es nicht gleich funktioniert. Bei uns darfst du scheitern, solange du bereit bist, aus Fehlern zu lernen. Wir bieten dir eine Kultur des gemeinsamen Lernens, der individuellen Entwicklung und klarer Rahmenbedingungen an, in der du wachsen kannst, hinein in den Menschen, den Gott in dich samengleich gelegt hat. Du musst nicht alles glauben, was wir immer schon geglaubt haben, und auch nicht alles so machen, wie es die Tradition verlangt, aber wir fordern, dass du dich offen und ehrlich auf die christliche Botschaft einlässt. Bei uns braucht niemand perfekt sein, aber wir wollen dein Feuer spüren und mit dir gemeinsam an einer besseren Welt bauen, in der die Qualitäten des Gottesreiches bereits hier und jetzt spürbar wirksam sind!

Biblische Perspektive:
Von der Wüste über die Versuchung zur Innovation

Im Psalm 51,12 heißt es: „Ein reines Herz erschaffe mir, Gott, und einen festen Geist erwecke mir neu!" Neu und fest (in der alten Einheitsübersetzung „beständig") werden hier in einem Atemzug genannt: Eine inspirierende Polarität für Erneuerungswillige! Die Spannung von *neu* und *fest* bzw. *beständig* ist tatsächlich ein entscheidender Erfolgsfaktor für Innovation, egal in welchem Bereich. Neues ist oft noch weich und fluide wie eine junge Pflanze oder ein kleiner Baum. Mit den Jahren verliert dieser an Biegsamkeit und gewinnt Stabilität. Das rechte Verhältnis ist aber eine lebenslange Herausforderung, damit man in Stürmen bestehen kann. Wenn sich bei einem Menschen, in einer Gruppe oder in einer Organisation schnelle Begeisterung und routinierte Nachhaltigkeit die Hand reichen, ebnet man den Weg für die Zukunft. Wo sich traditionsbewusste und erneuerungswillige Menschen ehrlich und konstruktiv austauschen, wird dieser neue und feste Geist spürbar und wirksam. In kirchlichen Kontexten lassen sich so gemeinsam im Blick auf Gottes Pläne neue und hoffnungsvolle Wege entwickeln. Schubladisierungen und Vorurteile nehmen ab, Verkrampfungen und Erstarrung lösen sich, neue Hoffnung und Orientierung blühen auf.

In einer solchen geistvollen Atmosphäre finden Verzagte wieder Mut, die eigenen blinden Flecken zu akzeptieren und sich einen neuen Blick schenken zu lassen. Ermüdete erleben neue Energie wie von Jesus verheißen: „Kommt alle zu mir, die ihr mühselig und beladen seid; ich will euch Ruhe verschaffen." (Matthäus 11,28)

Als Geschichts- und Offenbarungsreligionen ist dem Juden- und dem Christentum der innere Zusammenhang von Alt und Neu, von Tradition und Innovation nicht nur vertraut, sondern quasi in den genetischen Code eingeschrieben. Durch das gesamte Erste und Zweite Testament zieht sich diese Spannung von Bewahren und Verändern, von Werden und Vergehen, von Beginn, Aufbau, Verfall und Wiederaufbau. Sie wird oft dramatisch beschrieben in den Biografien von Männern, Frauen und Kindern, aber auch im gesamten durch die Geschichte pilgernden Volk Gottes.

Auch in der Kirchengeschichte lässt sich das vielfach beobachten, in der lange vergangenen wie in der gegenwärtigen. Gläubige Menschen werden diese Spannung im Vertrauen auf Gottes Verheißungen und die Führung des Gottesgeistes annehmen. Sie gestalten Veränderungsprozesse auch dann kreativ und konstruktiv, wenn die Ergebnisse vielleicht nicht immer ihren persönlichen Vorstellungen entsprechen, aber der Vision des Gottesreiches mitten in der Welt von heute dient.

Für die folgenden Überlegungen sollte man beachten, dass die Zwischenüberschriften und die Verseinteilung in den biblischen Büchern nicht ursprünglich sind. Die Einteilung in Kapitel und Perikopen erfolgte erst lange nach der Abfassungszeit der biblischen Bücher und hatte vorwiegend liturgische Gründe. Wenn ich allmorgendlich die in der katholischen Kirche vorgesehenen biblischen Tageslesungen meditiere, reizt es mich daher immer wieder, den jeweiligen Kontext in der Bibel nachzuschauen. Bei der Erzählung von der Taufe Jesu fällt auf, dass die harmonische und positive Stimmung abrupt unterbrochen wird: „In jenen Tagen kam Jesus aus Nazaret in Galiläa und ließ sich von Johannes im Jordan taufen. Sobald er aus dem Wasser heraufstieg, sah er, dass sich der Himmel öffnete und der Geist wie eine Taube auf ihn herabkam. Und eine Stimme sprach aus dem Himmel: Du bist mein geliebter Sohn, an dir habe ich Gefallen gefunden. Sofort trieb ihn der Geist hinaus in die Wüste. Vierzig Tage lang war er in der Wüste und wurde vom Satan versucht. Er war mit den wilden Tieren zusammen und die Engel dienten ihm." (Markus 1,9–13)

Welche Bedeutung haben diese Verse für mein Verständnis von Pastoralinnovation?

Der Geist als Innovator

Der Geist Gottes steht am Beginn des Wirkens des Jesus von Nazaret genauso wie am Beginn des Wirkens der Kirche beim Pfingstfest. Ohne den Geist gibt es keine Beziehung mit Gott. Dieser Geist offenbart die Liebe Gottes zu seinem Sohn und letztlich zu allen Menschen und zur gesamten Schöpfung. Überraschend ist, was dieser Geist als erstes macht. Er wirft Jesus hinaus aus dem lieblichen und fruchtbaren Jordantal in die lebensfeindliche Wüste. Dort muss er den Versuchungen des Widersachers („Satan" bedeutet „Gegner" oder „Ankläger") widerstehen. Er erlebt aber auch die Einheit mit der Schöpfung und dem Schöpfer, symbolisiert durch die wilden, noch nicht gezähmten und quasi unschuldigen Tiere und die Engel, die ihn als ihren Herrn anerkennen.

Für mich offenbart diese Bibelstelle, was alle Menschen erwartet, die im Geiste Gottes Kirche und Welt erneuern wollen. Sie müssen sich zunächst bewusst dazu bereit erklären und hineinnehmen lassen in das Wirken Gottes – so wie Jesus zu Johannes kommt, um sich taufen zu lassen. Damit signalisiert der junge Zimmermann aus Nazaret, dass er sein Menschsein voll annimmt und sich ganz in die Tradition des jüdischen Volkes und seines Glaubens eingliedert.

Daraus könnte man folgern: Entscheidend ist nicht der aktuelle Zustand von Christ:innen und Kirchen, sondern die innere Bereitschaft zum Besserwerden. Daraus kann dann der erste konkrete Schritt in die richtige Richtung folgen. Der zweite Aspekt der Taufszene – die Taube als Sinnbild für den Geist Gottes – lässt Wunderbares, ja Paradiesisches aufleuchten: Himmel und Erde, Schöpfer und Schöpfung verbinden sich in liebevoller Beziehung. Gott segnet die Bereitschaft Jesu und schenkt seinen Geist als den wahren und unwiderstehlichen Innovator. Tja, und gerade jetzt, wo alles so schön und harmonisch ausschaut, folgt der dritte Aspekt, der jedoch in den meisten Übersetzungen durch eine Zwischenüberschrift von der Tauferzählung getrennt wirkt. Viele Übersetzungen stoppen nämlich beim Wohlgefallen Gottes und verschieben die Verse 12 und 13, also die 40 Tage in der Wüste, auf die nächste Perikope. Aber genau diese sind entscheidend, stellen sie doch den notwendigen Hinauswurf aus der Komfortzone dar! Das mag für manche abschreckend, beängstigend und überfordernd wirken. Es handelt sich dabei aber nicht um ein vormodernes Assessment Center oder ein Bewerbungstraining, auch nicht um ein sadistisches Unterwerfungsritual. Die Szene wird vielmehr deutlich als Erprobung charakterisiert.

Auch unter heutigen Bedingungen sind wohl gemeinte Absichtserklärungen zwar wichtig, aber sie reichen nicht aus. Erprobt, also geprüft werden sie durch die Praxis, meist unter erschwerten Rahmenbedingungen. So wie Feuer unterschiedliche Mineralien auf ihre Beschaffenheit prüft, so kann Edles vom Unedlen getrennt werden, echte Sehnsucht von bloßem Wunschdenken. In vielen Kulturen gibt es vergleichbare Initiationsriten für Jungen und Mädchen am Übergang von der Kindheit zum Erwachsenenalter. Pastoralinnovation erfordert Menschen, die bereit sind, ihre Komfortzone zu verlassen, sich prüfen zu lassen und Unannehmlichkeiten und Risiken nicht zu scheuen. Möglich ist das nicht aufgrund eigener Leistung, sondern auf Basis der Erfahrung: Ich bin ein geliebtes Kind Gottes. Der Heilige Geist ist mir geschenkt und ich darf sein Werkzeug sein.

 Pastoralinnovation: wie ein:e Gärtner:in

Das gilt nicht nur individuell oder konfessionell. Die globale und vielgestaltige Kirche ist vom auferstandenen Jesus Christus dazu berufen, Werkzeug für das Kommen des Gottesreiches zu sein. Daher sollen alle Glieder der Kirche ihr Bestmögliches dazu beitragen, dass mehr von Gottes Früchten wachsen können. Gott selbst ist es, der sein Reich nach Seinem Willen bereits hier und jetzt wachsen lässt und zur Vollendung führt. Wir Menschen sind wunderbarerweise berufen, seine Kolleg:innen zu sein: „Wir sind ja Gottes Mitarbeiter; ihr seid Gottes Ackerfeld, Gottes Bauwerk." (1 Korinther 3,9)

Biographisch-persönlicher Zugang: Von der Gründung einer Schauspielgruppe bis zu Pastoralinnovation

Nach 25 Jahren in kirchlichem Dienst in der Diözese Graz-Seckau gab ich einem inneren Drängen nach. Obwohl oder vielleicht weil ich sehr zufrieden war mit den vielen Aufgaben und Projekten, die man mir anvertraute oder die ich gegen viel Skepsis einfach wagte, machte ich mich selbständig. Als ich *Pastoralinnovation* gründete, war dieser Schritt mit drei fundamentalen Veränderungen verbunden. Erstens wechselte ich von der Sesshaftigkeit in die Wandercharismatik, wie der Pastoraltheologe Christian Bauer einmal eine grundlegende Polarität von Kirche beschrieb. Zweitens hörte ich auf, eigene Ideen und Projekte umzusetzen. Jetzt möchte ich wie ein Geburtshelfer beitragen, dass gute Ideen anderer das Licht der Welt erblicken können. Und drittens wollte ich überregional und quer-institutionell zur Verfügung stehen. Daher musste ich konsequenterweise die Komfortzone einer kirchlichen Anstellung verlassen. So wurde ich im Alter von fünfzig Jahren selbständiger Jungunternehmer. Ehrlich gesagt, hatte ich vor diesem Schritt den Begriff Innovation kaum verwendet. Rückblickend gibt es aber eine Kontinuität in allen meinen Aufgaben und Funktionen, wie ich an Problemstellungen heranging, welche Arbeitsweisen ich intuitiv wählte und was mich in all meinem Tun vorrangig motivierte.

Schauspielgruppe als Pastoralgemeinschaft

Ein Beispiel möchte ich erzählen, weil es viel von dem sichtbar macht, wie ich Innovation speziell auch im kirchlichen Raum verstehe. Vor mehr als vierzig Jahren gründete ich mit drei Freunden die Schauspielgruppe Feldkirchen bei Graz. Auslöser dafür waren die Passionsspiele, die unser Pfarrer seit einigen Jahren mit Jugendlichen zur Aufführung brachte. Als ich dann im Gymnasium beim Bühnenspiel mitmachte, erkannte ich, was qualitätsvolles Schauspielen eigentlich ausmachte. Unsere gut gemeinten Bemühungen in der Pfarre könnten wesentlich stärkere Wirkungen erzielen, das war mir schnell klar. Dazu mussten wir aber lernen. Wir mussten besser werden wollen und bestimmte Kompetenzen erwerben. Ein Schritt in diese Richtung war die erwähnte Gründung der Schauspielgruppe als eigenen Verein mit einer rechtlichen Form.

Damit wollten wir eine solide strukturelle Basis schaffen, zielorientierter werden und klarere Rollen definieren. Der zweite Schritt war, dass ich den Lehrer, der an meinem Gymnasium auch als Regisseur beim Bühnenspiel wirkte, für die Passionsspiele Feldkirchen engagierte. Er war zwar überrascht, dass ein Schüler ihm einen ehrenamtlichen Job anbot, aber aus irgendeinem Grund schaute er sich die Sache einmal an. Offensichtlich wirkte unsere Begeisterung so ansteckend, dass er tatsächlich die Regie für die Passionsspiele und auch für weitere Schwerpunkte wie Kinder- und Jugendtheater, englisches Kriminalspiel und vieles andere übernahm. Mehr als dreißig Jahre lang unterstützte er die Schauspielgruppe, immer besser zu werden. Ich selbst war nur einige Jahre aktives Mitglied. Ich war nie Mitglied des Vorstands, sondern betrieb intensive Personalsuche dafür. Bereits als Jugendlicher konnte ich mein Talent als Geburtshelfer zur Geltung bringen. Die meisten jüngeren Mitglieder der Schauspielgruppe kennen mich heute nicht mehr. Ich spüre eine große Dankbarkeit, dass ich am Beginn meinen Beitrag leisten durfte. Aus einer guten Idee ist tatsächlich eine gute Umsetzung geworden. Natürlich konnte niemand vorhersagen, wie sich die Schauspielgruppe Feldkirchen konkret entwickeln würde.

Heute würde ich diese Gemeinschaft theologisch als Pastoralgemeinschaft qualifizieren. Denn weit über das Theaterspielen hinaus bietet sie die Möglichkeit, dass jede:r sich mit seinen jeweiligen Talenten einbringen, neue Freund:innen finden und das Leben in guten und schlechten Zeiten teilen kann. Zu einer Zeit, als sich die meisten kirchlichen Gruppen ständisch oder altersmäßig ausdifferenzierten, vereinigte die Schauspielgruppe Arbeiter:innen, Lehrlinge, Studierende, Akademiker:innen, Frauen, Männer, Kinder und Jugendliche aus allen Schichten, Fromme und Agnostiker:innen, kirchlich sozialisierte Menschen und solche mit völlig anderem Hintergrund. Jede:r konnte erleben, gefragt zu sein und gebraucht zu werden – der eine auf der Bühne, die andere als Marketingleiterin, der nächste als Elektriker und wieder eine andere als Bühnenbildnerin.

Auch meinen Vater konnte ich in der Anfangsphase als neuen Mitarbeiter gewinnen. Mit seinen Kompetenzen als Führungskraft einerseits und in der Nazizeit geprägter klarsichtiger Katholik andererseits führte er das „Baby" Schauspielgruppe durch alle Phasen der Kindheit und Pubertät bis ins Erwachsenenalter. Und 2020 stand sein Enkel und mein Neffe als Jesus auf der Bühne, bevor die Coronakrise so vieles zum Stillstand brachte. Wie es wohl weitergehen wird? Ich bin überzeugt, dass wir den Boden genügend bereitet und gepflegt haben, dass die Schauspielgruppe auch in Zukunft Früchte bringen wird – vielleicht auch in ganz anderer Form.

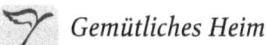 *Gemütliches Heim*

Kapitel 3
Oft tabuisiert, aber heiß ersehnt: Mehr Erfolg!

„Innovationen sind erfolgreich umgesetzte gute Ideen", sagte ein Experte zu mir, nachdem wir uns beim Buffet einer Preisverleihung kennengelernt hatten. Ich stand kurz vor der Gründung von *Pastoralinnovation,* mein Gesprächspartner leitete eine Fachhochschule für Innovation. Ich merkte, dass ich innerlich zusammenzuckte. „Erfolgreich" klang mir zu weltlich, zu wirtschaftlich, zu profitorientiert, und für mein Vorhaben zu wenig geistlich. Wesentlich sympathischer und passender für Innovation im kirchlichen Bereich erschien mir der biblische Begriff der „Früchte". Immerhin hatte auch Jesus in der Bergpredigt betont: „An ihren Früchten werdet ihr sie erkennen." (Matthäus 7,16) Ein gern und oft verwendetes Zitat, dessen frühkirchlicher Organisationskontext allerdings oft ignoriert wird: Die scharfe Kritik an falschen Propheten, die „in Schafskleidern zu euch kommen, inwendig aber reißende Wölfe sind."

Sie kennen bestimmt Aussagen wie: „Es kommt nicht auf die Zahlen an", „Erfolg ist keiner der Namen Gottes", oder „Das Entscheidende lässt sich nicht messen". Wie oft merkte ich jedoch, wie ich mich sehr wohl über quantitative Erfolge freute. Ob zwanzig oder zweihundert Jugendliche unserer Einladung zur Jugendmesse folgten, machte schon einen Unterschied. Später erlebte ich: Je höher ein Kirchengremium hierarchisch angesiedelt war, umso schneller kam nach einer Veranstaltung die Frage: Wie viele sind gekommen? Skurriler Weise gerade von den Personen, die sich immer besonders geistlich zu gerieren pflegten und selten mit Vorwürfen wie „Man kann die Kirche nicht managen wie eine Firma" sparten.

Diese Diskrepanz zwischen der Annahme, geistliches Tun habe nicht primär mit Erfolg zu tun, und der Sehnsucht nach messbarem quantitativem Erfolg fand ich provozierend, ja heuchlerisch. Sie ist mir immer wieder begegnet, auf allen Ebenen und in allen Handlungsfeldern, bei Ehren- und Hauptamtlichen, bei Priestern und Laienchrist:innen, und vor allem auch bei mir selbst.

Faszinierende Zweckfreiheit

Mich haben immer schon Menschen fasziniert, die sich offensichtlich zweckfrei für Gott und die Menschen engagieren, ohne Rücksicht auf die Folgen, unbeirrbar, erfüllt von einer klaren Sendung. Viele Märtyrer und Heilige gehören dazu, in Vergangenheit und Gegenwart, aber auch viele Menschen, die ohne dezidierte Glaubensmotivation sich, ihre Talente und manchmal ihr Leben für eine gute Sache einsetzen, auch wenn dieses Engagement für sie persönliche oder wirtschaftliche Nachteile zur Folge hat. Oft begeistern mich auch fiktive Personen aus der Literatur oder aus Filmen, die auf heldenhafte Art und Weise Probleme lösen oder es zumindest versuchen.

Offenbar zählt eben nicht nur der messbare Erfolg, sondern die innere Haltung, die Zielstrebigkeit und die Hingabe, mit der jemand sich selbst übersteigt und für andere da ist. Ich achte und würdige diese Einstellung, das als richtig Erkannte auch dann zu tun, wenn der Ausgang offen ist, wenn auch das Scheitern eine Möglichkeit ist oder gewünschte Wirkungen, wenn überhaupt, erst weit hinter dem eigenen Zeithorizont möglich sind.

Stimmt daher der Schluss, dass geistliches Leben immer zweckfrei sein muss? Ist es so, dass geistliche Menschen ausschließlich Gottes Ziele im Auge haben, unabhängig von messbaren Erfolgen?

Eine schwierige Frage, denn unter den vorhin erwähnten Frauen und Männern sind auch viele, die eindeutig erfolgs- und wachstumsorientiert waren. Sie verfolgten klare Ziele, und taten dies mit unglaublichem Ehrgeiz, wohl durchdachten Strategien und konkreten Maßnahmen. Natürlich wussten sie, dass es keine Erfolgsgarantie gab, aber sie wollten erfolgreich sein! Denken Sie zum Beispiel an Moses, der das Volk Israel aus der Knechtschaft Ägyptens geführt hat. Oder an Ester, die unter Lebensgefahr eine drohende Judenverfolgung im Perserreich abwendete. Oder an die mutige Witwe Judit, die nach intensivem Gebet mit zwei wuchtigen Schwerthieben den Kopf des assyrischen Oberbefehlshabers Holofernes abtrennte! Oder an Paulus, der den Sendungsauftrag Jesu „Geht hinaus zu allen Völkern und macht alle Menschen zu meinen Jüngern!" im geografischen Sinn wörtlich auffasste und die gesamte damals bekannte Welt evangelisieren wollte. „Ich habe mich zum Sklaven aller gemacht, um möglichst viele zu gewinnen ... Lauft so, dass ihr ihn (gemeint ist der Siegespreis) erringt!" (1 Korinther 9,19 und 24) Die damaligen Hotspots Jerusalem, Athen und Rom hat er neben einer Reihe weniger bedeutender Provinzstädte auch tatsächlich erreicht.

 Erfolgsbeispiele der Kirchengeschichte

3 · Oft tabuisiert, aber heiß ersehnt: Mehr Erfolg!

Ergebnis- und Erfolgsorientierung

Erfolgsbeispiele für Wachstum verbinden bei aller Unterschiedlichkeit gemeinsame Merkmale. Am Beginn stehen meist Gründer:innen, die eine Vision davon haben, wie ein konkretes Problem gelöst, ein realer Missstand beseitigt oder ein schmerzhaftes Leiden gelindert werden kann. Gründer:innen wollen etwas Dauerhaftes schaffen, etwas, was ihre Lebens- und Schaffenszeit übersteigt. Daher sammeln sie rasch Mitstreiter:innen um sich und achten darauf, dass ihr Gründungsprojekt nicht von Einzelpersonen abhängig wird. Die dritte Gemeinsamkeit halte ich für die wichtigste, weil sie im kirchlichen Kontext sehr selten angestrebt wird. Es handelt sich um das Prinzip der Multiplikation. Gründer:innen streben nicht nur Wachstum an als bloße Addition, als Größerwerden ihrer Gründung, sondern sie agieren im Sinne von Multiplikation. Die „Natürliche Gemeindeentwicklung", gegründet vom evangelischen Theologen Christian A. Schwarz und durch verschiedene Angebote umgesetzt durch den gleichlautenden Verein, hat in ihren empirischen Forschungen festgestellt, dass dieses Prinzip eines der zentralen eines gesunden Systems darstellt. Gemeint ist, um es mit einem bekannten, aber wenig beachteten Bild zu illustrieren: Das Ziel eines Apfelbaums ist nicht Äpfel, sondern neue Apfelbäume!

Angewandt auf die gemeindliche Praxis bedeutet das: Die Frucht einer christlichen Gruppe ist nicht ein:e neue:r Christ:in, sondern eine neue Gruppe. Die Frucht von Leiter:innen sind nicht Leute, die mitmachen, sondern neue Leiter:innen. Eine Gemeinde soll nicht eine Megachurch werden wollen, sondern Geburtshelfer:in für neue Gemeinden und Initiativen zur Ausbreitung des Gottesreiches werden. Diese Haltung erlaubt auch, dass – wie bei Apfelbäumen – etwas aufhören und sterben kann, ohne dass das Werk deswegen bedroht ist. Das betrifft sowohl die Gründer:innen von etwas Neuem als auch Gruppen, Initiativen und Organisationen.

 Sind erfolgreiche Menschen moralisch besser?

Im Zusammenhang mit dem Thema dieses Kapitels stellt sich die Frage: Waren Männer und Frauen mit beachtlich nachhaltigen Wirkungsgeschichten wie zum Beispiel Ordensgründer:innen tatsächlich erfolgreich? Wenn ja, inwiefern? Und wollten sie erfolgreich sein? Oder folgten sie intuitiv ihrer Berufung? Agierten sie planvoll? Fiel ihnen ihr Erfolg auf wunderbare Weise in den Schoß oder war er die Folge von expliziten Strategien? Waren sie willenlose Werkzeuge einer höheren Macht oder aktive, rationale und engagierte Kolleg:innen Gottes, wie Paulus in 1 Korinther 3,9 sagt: „Denn wir sind Gottes Mitarbeiter"?

Erfolgreich umgesetzte gute Ideen

Gemessen an der profanen Definition, der zufolge Innovationen erfolgreich umgesetzte Ideen sind, handelt es sich bei vielen biblischen und kirchengeschichtlichen Persönlichkeiten eindeutig um Innovator:innen. Sie hatten Ideen, Visionen, Sehnsüchte. Sie nahmen Probleme oder Missstände wahr und wollten diese lösen. Nach mehr oder weniger schwierigen Prozessen gelang ihnen das auch, nicht immer vollständig oder eindeutig, auch nicht immer genau so wie geplant, aber doch mit deutlich messbaren Ergebnissen und Verbesserungen.

Wenn man von pastoralen Innovationen spricht, muss man daher beschreiben können, woran man konkret merkt, dass eine Innovation gelungen, ja erfolgreich ist. Jede:r kann diese Kriterien dann auf den eigenen Wirkungsbereich umlegen und anwenden. Dabei entkommt man nie zur Gänze dem Umstand, dass messbarer Erfolg problematisch sein kann. Er kann im Ergebnis christlichen Werten widersprechen oder auch mit unethischen Mitteln erreicht worden sein. Erfolg bedeutet auch nicht automatisch, dass Früchte im Sinne Jesu Christi gewachsen sind. Die beiden Begriffe stehen zwar in einem Beziehungszusammenhang, sind aber keinesfalls synonym verwendbar.

Dürfen, ja sollen geistliche Menschen also erfolgreich sein wollen?

Oberstes Erfolgskriterium ist die Liebe

Theologisch gesehen ist die Richtschnur für Erfolg das Doppelgebot der Liebe. Alles, was dazu führt, dass Menschen Gott lieben und den Nächsten wie sich selbst, erfüllt „das ganze Gesetz und die Propheten", wie es Jesus formulierte. Erfolge in diesem biblisch-christlichen Sinne können äußerst vielgestaltig sein. Denn jede kirchliche Gemeinschaft oder Organisation hat die Möglichkeit, durch ihr Sein und Handeln die Liebe Gottes in Wahrheit, Gerechtigkeit und Gnade erfahrbar zu machen. Ob im gemeindlichen Bereich, in der Bildungs- oder Sozialarbeit, in der Öffentlichkeitsarbeit oder in spirituellen Angeboten, entscheidend ist immer, ob Menschen die verwandelnde Kraft der Liebe Gottes erleben. Diese Art von weltgestaltender Zugewandtheit, von globaler Geschwisterlichkeit und sozialer Freundschaft bringt Papst Franziskus in seiner Enzyklika *Fratelli Tutti* von 2020 auf den Punkt.

Es ist also beides möglich: zugleich gelassen und ehrgeizig zu sein, auf Gott und Seinen Beistand zu vertrauen und alles Menschenmögliche zu versuchen, kindlich naiv etwas zu probieren und zu riskieren und gleichzeitig akribisch zu planen.

Der Gründer des Jesuitenordens, Ignatius von Loyola, wird folgendermaßen zitiert: „Bete, als ob alles von dir abhängt, und handle, als ob alles von Gott abhängt." Der Satz ist eher in der umgedrehten Form bekannt („Bete, als ob alles von Gott abhängt, und handle, als ob alles von dir abhängt"), aber in der ignatianischen Spiritualität zwischen Kontemplation und Aktion macht er Sinn: Gebet alleine, das keine Taten setzt, ist zu wenig; Tun ohne auf die Allmacht Gottes zu hoffen (die vielleicht auch aus der gut gemeinten, aber schlecht gemachten Tat tatsächlich etwas Gutes wirken kann) ist Selbstüberschätzung.

Entscheidend ist also, dass hinter dem Wunsch nach Erfolg die Sehnsucht steht, Gott und Seiner Liebe den Weg zu bereiten, und zwar in der universalen Heilsvision, die bereits 500 Jahre vor Christus bei Jesaja 40,3–5 aufleuchtet:

„Bahnt in der Wüste eine Straße für den Herrn, macht in der Steppe einen ebenen Weg für unseren Gott! Dann wird die Herrlichkeit des Herrn offenbar und schauen soll ihn alles Fleisch." Nicht nur das erwählte Volk, sondern „alles Fleisch", also alle Menschen, ja die gesamte Schöpfung soll durch unser „Wegbereiten" Gott erfahren, Seine Herrlichkeit und Sein Heil.

Pfarrer Michael White aus der katholischen Gemeinde „Church of the Nativity" bei Baltimore betont daher immer wieder: „God cares about numbers because He cares about people!" Es ist das Ziel, „möglichst viele" mit der Frohbotschaft zu erreichen (Paulus), das hinter dem Wunsch nach quantitativem Erfolg steckt.

 *correctio fraterna*

Wenn sich der Wunsch nach messbarem Erfolg regt, braucht man diesen daher nicht automatisch als unmoralisch oder gar ungeistlich diffamieren. Wir sollten ihn als Ausdruck unserer Sehnsucht annehmen, Gottes Plan zu dienen: Dem Heil aller Menschen, ja der ganzen Schöpfung.

Prophetisch-kritischer Zugang: Erfolg macht verdächtig

„Der Berg kreißte und gebar eine Maus", sagte schon der römische Dichter Horaz. Er beschreibt damit das Phänomen, dass zwar viel geplant, diskutiert und konzipiert wird, aber die Umsetzung schwach ist oder nur magere Ergebnisse zeitigt. In vielen kirchlichen Organisationen von der Pfarrgemeinde bis auf Bistums- oder Landeskirchenebene gibt es das auch: Oft dominiert eine überbordende Behauptungskultur. In langwierigen, oft jahrelangen Prozessen werden umfangreiche Konzepte mit viel Beratungsknowhow und Organisationsentwicklungskompetenz erarbeitet. Doch wie viele haben dann die erhofften Ergebnisse zur Folge? Wie oft werden aus guten Ideen erfolgreiche Umsetzungen? Wie oft heißt es: Es hat sich ausgezahlt! Wir freuen uns! Wir sind begeistert, was alles entstanden ist!

Ich kenne zwar keine verlässlichen Studien bzw. Messungen zu diesen Fragen, aber in Gesprächen mit vielen Verantwortlichen stechen zwei Arten von Reaktionen heraus. Die einen fallen unter die Kategorie „Es geht ja nicht um messbare Erfolge" (siehe oben), die anderen schwanken angesichts der Ergebnisse zwischen euphemistischer Schönfärberei („Unglaublich, wie toll wir sind!") und deprimierter Katastrophenstimmung („Es hat eh alles keinen Sinn, die Zeiten sind gegen uns!").

3 · Oft tabuisiert, aber heiß ersehnt: Mehr Erfolg!

Eine interessante, weil offensichtlich diesem Trend widersprechende Beobachtung habe ich in kirchlichen Bereichen gemacht, die sich im Wettbewerb mit anderen Anbietern befinden, wie zum Beispiel Organisationen im Gesundheits-, Bildungs- oder Sozialbereich.

Diese konnten sich keine realitätsfernen Träumereien oder depressives „More of the same" leisten, sondern mussten die Ist-Situation nüchtern analysieren, um konsequent Verbesserungen herauszufinden und umzusetzen. Da sie sich unter Marktbedingungen behaupten mussten, konnten und können sie sich nicht auf den Lorbeeren der Vergangenheit ausruhen. Seit Jahrzehnten haben etwa kirchliche Krankenhäuser, Schulen, Bildungs- und Sozialeinrichtungen durch konsequente Professionalisierung und konsequente Qualitätsfokussierung hohe gesellschaftliche Akzeptanz weit über die eigenen Mitglieder hinaus erreichen können.

Fehlendes Marktbewusstsein

Offenbar fehlt im Bereich der lokalen Gemeindeentwicklung (ob katholische Pfarrei, evangelische Gemeinde oder evangelikale Freikirche) das Bewusstsein, auf dem Markt zu sein. Vor allem die traditionellen volkskirchlich verfassten Gemeinden sind innerlich einer vormodernen territorialen Ein- und Aufteilung verhaftet und sehen sich noch immer als Monopolisten. Zu viele bejammern die offensichtlichen Rückgänge und trauern dem Verlust dieser Monopolstellung nach, statt sich endlich dem Faktum einer pluralen Gesellschaft kreativ zu stellen. Immer wieder höre ich auch, dass Kirche ja gerade nicht am Markt sei, sondern im Gegenteil den oftmals aggressiven Strategien des Marktes einen Ruhepol entgegensetzen müsse. Stimmt schon, aber das ändert nichts daran, dass zum Beispiel der Sonntagsgottesdienst konkurriert mit Ausschlafenwollen, Brunchen, Sportveranstaltungen, Ausflügen etc. und nur dann besucht wird, wenn er eine qualitativ hochwertige Alternative zu all den anderen Möglichkeiten darstellt, wie man seinen Sonntag verbringen kann.

Ähnliche Verweigerungshaltungen nehme ich auch bei der Frage von professionellem Beziehungsmanagement und im Bereich der medialen Kommunikation wahr. Solange diese volatilen modernen Handlungsfelder mit starren hierarchischen Unternehmenskulturen beackert werden, werden kaum Früchte wachsen. Wie lange dauerte es etwa, bis nach dem ersten coronabedingten Lockdown die relevanten Führungskräfte mit Videokonferenzen umgehen konnten? Ein Jahr später bekam ich immer noch wiederholt zu Ohren, dass der- oder diejenige deswegen nicht online teilnehme, weil er oder sie einfach keine Videokonferenzen leiden könne. Außerdem waren bestimmte Konferenzanbieter dauerhaft diözesan gesperrt, weil es punktuelle mediale Kritik an ihrer Datensicherheit gab. Einfach verbieten ist offensichtlich leichter als sich die Mühe zu machen, genauer nachzuprüfen, was aktuell Sache ist.

Stichwort Datenschutz und Erfolg

Wenn Kirchen nicht über die Daten ihrer Mitglieder verfügen und mit diesen umfassend, individuell und professionell interagieren und kommunizieren, verringern sie dramatisch ihre Zukunfts- und Erfolgsaussichten. Es wird nicht reichen, dass die Verwendung persönlicher Daten vorrangig zur Erhebung der Kirchensteuer bzw. des Kirchenbeitrags erlaubt ist. „Genehmigte Zwecke" heißt das in österreichischem Amtsdeutsch, in Deutschland und in der

EU gibt es vergleichbare Regeln. Wenn Daten nicht für Beziehungskultur und pastorale Angebote verwendet werden dürfen, sind viele an und für sich gute Bemühungen zum Scheitern verurteilt. Das Killerargument, sich an die EU-Datenschutzgrundverordnung halten zu müssen, greift da zu kurz. Erstens steht es Kirchen frei, sich bei den zuständigen Datenschutzkommissionen um die Genehmigung zusätzlicher, optimalerweise pastoraler und beziehungsorientierter Zwecke, zu bemühen. Zweitens öffnet die Möglichkeit der individuellen Zustimmungserklärung die Tür zu einer individualisierten Beziehungskultur, die dialogisch, achtsam und nutzerorientiert gestaltet werden kann. Am besten kann man solche Zustimmungserklärungen im persönlichen Kontakt bei traditionellen Gelegenheiten wie Taufe, Erstkommunion oder Firmung erwirken, darüber hinaus selbstverständlich auf allen Online-Plattformen. Dann könnten einzelne Menschen viel einfacher mit dem Mehrwert ihrer Kirchenmitgliedschaft vertraut gemacht werden und für sie passende und attraktive Möglichkeiten des persönlichen Engagements entdecken.

Solche innovativen Schritte erfordern organisationskulturelle Voraussetzungen – weniger Beharrungsvermögen und mehr Agilität, weniger Paternalismus und mehr Eigenverantwortlichkeit, weniger Selbstbezogenheit und mehr Menschenorientierung, weniger System- und mehr Existenzrelevanz.

Bei Workshops mit Gemeinden oder Beratungsprozessen mit kirchlichen Institutionen fokussieren wir auf Ergebnisse. So wichtig und so unerlässlich intensive Überlegungen und Planungen, beteiligende Prozesse und strategische Dokumente sind: Sie dürfen kein Selbstzweck sein, sondern müssen dem Zweck dienen, bessere Ergebnisse zu erzielen. Wie könnte eine Ergebnis- und Erlebniskultur in der deutschsprachigen Kirchenwelt aussehen? Wie können durch die vielfältigen Orte und professionellen Bemühungen von Kirchen mehr Menschen eine Ahnung von der Liebe Gottes bekommen, sich von ihr verwandeln lassen und so die ganze Gesellschaft menschenwürdiger, gerechter und friedvoller gestalten? Wie könnten auf vielfältige Weise mehr Menschen die Existenzrelevanz des Glaubens für ihr Leben entdecken? Und wie könnten Kirchen von der Fixierung auf systemerhaltende Selbstbeschäftigung wegkommen und stattdessen ein glaubwürdigeres Zeichen und besseres Werkzeug für all diese Ziele werden?

Eine alte Volksweisheit hilft dabei: Gut gemeint ist noch nicht gut gemacht, und gut gemacht heißt noch nicht gut gewirkt. Genau dafür kann das fachliche Knowhow profaner Innovationsforschung gute Dienste leisten.

Biblische Perspektive:
Erfolg ist einer der Namen Gottes

In der ganzen Bibel begegnen uns Gottes Verheißungen. Oft ist sogar von unvorstellbar großem Erfolg die Rede. Ich möchte zwei Beispiele anführen, die exemplarisch das Thema Erfolg veranschaulichen.

Zum einen ist da die wundersame Verwandlung des ausbeuterischen Zollpächters Zachäus, die in Lukas 19,1–10 erzählt wird. Am Ende dieser spannungsgeladenen Geschichte ist Jesus selbst so beeindruckt, dass er den offensichtlichen Erfolg mit folgenden Worten ausdrückt: „Heute ist diesem Haus Heil widerfahren, weil auch dieser Mann ein Sohn Abrahams ist." Und er liefert auch gleich die Begründung mit, warum für ihn das Ergebnis dieser Begegnung ein Erfolg ist: „Denn der Menschensohn ist gekommen, um zu suchen und zu retten, was verloren war."

Wo Liebe in Freiheit angenommen wird, wirkt sie verwandelnd. Sie verwandelt einen bösen Menschen in einen guten, Sünde in Heil und Ausbeutung in Solidarität. Das lässt sich überall beobachten, wo Menschen Liebe schenken oder Liebe erfahren. In Jesu Augen ist *genau das* Erfolg. Um zu verdeutlichen, dass jeder Mensch qua seines Menschseins – als Abbild Gottes und durch seine Geschöpflichkeit – Anteil an dieser verwandelnden Liebe Gottes hat, steigert Jesus *unmittelbar nach* dem Gastmahl bei Zachäus diese Botschaft mit dem Minengleichnis. Jeder einzelne Diener bekommt eine Mine. Jede:r hat also Möglichkeiten der Mitwirkung. Jede:r kann in der Kraft Gottes diese Welt besser machen. Im Gleichnis heißt es noch pointierter: Jede:r kann und soll Gewinn machen. „Macht Geschäfte damit!", lautet der Befehl bei der Ausgabe. Konsequenterweise ist es die schlimmste Sünde, aus Angst nichts zu tun und so das Potential ungenutzt verkommen zu lassen. Vielleicht meint Jesus auch diesen Aspekt, wenn er an anderer Stelle dieses Verhalten eine „Lästerung gegen den Geist" nennt, die nicht vergeben wird. (Matthäus 12,31) Auch in dieser Stelle geht es offensichtlich um Erfolg, in der biblischen Terminologie mit Früchten bezeichnet: „Entweder: Der Baum ist gut, dann ist auch seine Frucht gut. Oder: Der Baum ist schlecht, dann ist auch seine Frucht schlecht; denn an der Frucht erkennt man den Baum." (Matthäus 12,33)

Erfüllt vom Heiligen Geist

Das zweite Beispiel steht stellvertretend für viele ähnliche Erfolgsmeldungen: „Durch die Hände der Apostel geschahen viele Zeichen und Wunder im Volk. [...] Mehr denn je wuchs die Zahl derer, die an den Herrn glaubten, eine Menge von Männern und Frauen." (Apostelgeschichte 5,12.14)

Die Parallelität zwischen dem Verhalten der vom Heiligen Geist erfüllten Apostel und des geisterfüllten Jesus von Nazaret scheint ein bewusstes Stilelement zu sein. Wie bei Jesus sind es die wirkungsvollen, ja machtvollen Taten, die Scharen von Menschen dazu motivieren, zu kommen, um wenigstens „den Saum seines Gewandes berühren" zu dürfen (Markus 6,56). Und tatsächlich: „Und alle, die ihn berührten, wurden geheilt." Handelt es sich dabei um ein göttliches Wunder, das menschliches Begreifen übersteigt und naturwissenschaftliche Gesetze sprengt oder sind solche Erfolge jedem Menschen möglich? Aktuelle Studien von Haptikforscher:innen wie zum Beispiel Martin Grunwald belegen auf fantastische Weise die Bedeutung liebevoller körperlicher Berührung vom Beginn des Lebens bis zu einem guten Sterben. Mir ist bewusst, dass im Kontext des massiven Missbrauchs das Thema Berührung heikel ist. Umso mehr ist es wichtig, sich bewusst zu sein, wie mächtig das menschliche Potential für heil- oder unheilvolle Berührungen ist.

 Kein Leben ohne Berührung

Die Evangelien und die Apostelgeschichte veranschaulichen immer wieder diesen Zusammenhang. Qualität, gemessen am Ideal zweckfreier Liebe, ist Voraussetzung für Erfolg und Wachstum im biblischen Verständnis. Genau das finden wir auch heute im Leben der Christ:innen und der Kirchen, die sich als Werkzeuge für die Liebe Gottes begreifen und entsprechend handeln.

Biographisch-persönlicher Zugang: Bei Fresh X gelernt

Sheffield war eine der bedeutendsten Industriestädte in England. Nach dem Niedergang der Schwerindustrie in den 1970er und 1980er Jahren gab es viele Arbeitslose, soziale Probleme und Hoffnungslosigkeit. Ich besuchte diese Stadt, um Bob und Mary Hopkins kennenzulernen, zwei der wichtigsten Pionier:innen von „Fresh Expressions of Church", kurz Fresh X genannt. Inmitten einer hochgradig säkularisierten Gesellschaft wollen Fresh X Kirche an neuen Orten sein, ob im Shoppingcenter, in Schulen und Kultureinrichtungen, in Pubs oder Fitnesscentern oder auch im Skaterpark und in sozialen Einrichtungen.

Bob und Mary imponierten mir in zweierlei Hinsicht. Sie waren absolut liebenswürdige und liebenswerte Menschen, die mich mit Gastfreundschaft und Herzlichkeit empfingen, obwohl sie sich von unserer Begegnung keinen unmittelbaren Nutzen erwarten konnten. Zugleich lehrten sie mich, wie man eine Vision mit Zielstrebigkeit, Ehrgeiz und Hartnäckigkeit von kleinsten Anfängen zu beeindruckenden Erfolgen umsetzen kann. Sie verwirklichen das, was Jim Collins in seinem Bestseller „Good to Great" als Level 5 Führungskräfte bezeichnet. In seinen empirischen Untersuchungen, was gute von großartigen Unternehmen unterscheidet, wurde das Forschungsteam von Collins davon überrascht, dass alle Daten bei den CEOs (= Chief Executive Officers, also den Vorstandsvorsitzenden) eine überraschende Mischung aus persönlicher Bescheidenheit, ja Demut, mit unbeugsamem Willen, die Firma zum Erfolg zu führen, sichtbar machte.

Biographisch-persönlicher Zugang

Linger, listen, love

Im städtischen Jugendzentrum in Sheffield, das auf Initiative des Ehepaars Hopkins von Christ:innen geführt wurde, erzählte mir der Leiter, wie es gelang, aus dem heruntergekommenen Zentrum mit Drogen- und Gewaltproblemen einen blühenden Ort zu machen. „Wir arbeiten nach den drei L", sagte er: „linger, listen, love" (herumhängen, zuhören, lieben). Zunächst bemühten er und seine Mitarbeiter:innen sich darum, dort präsent zu sein, wo die Jugendlichen sich aufhielten. „Jesus was always hanging around with the people at their places" (Jesus hing immer dort herum, wo die Menschen waren), meinte er schmunzelnd. Diese zweckfreie Anwesenheit verbanden sie mit intensivem Zuhören. Am Anfang war das gar nicht so einfach, denn viele Jugendliche hatten schlechte Erfahrungen mit Erwachsenen gemacht und waren äußerst misstrauisch. Nicht nur hören, was jemand sagte, sondern verstehen, was sie meinen, lautete die Devise. Und in allem bemühten sich die ehrenamtlichen Mitarbeiter:innen des Jugendzentrums, die jungen Menschen so anzunehmen, wie sie waren.

Durch diese liebevolle Haltung und den festen Glauben, dass in jedem Menschen Gutes steckt und geweckt werden kann, entstanden langsam Räume der Gemeinschaft, der Kreativität und positiver Lebensveränderungen.

Im letzten sind es solche Erfahrungen, die ich bei mir und bei anderen immer wieder machen durfte, mit denen ich Erfolg im pastoralen Sinn verbinde. Ob unscheinbar oder spektakulär, es ist berührend, wenn Menschen beginnen, dem Göttlichen in ihnen Raum zu geben und sie verwandelt werden. Solche Menschen sind es, die auf vielfältige Weise ihre Talente für eine bessere Welt einzusetzen beginnen, mit diesen wirtschaften und Erfolge anstreben.

Wenn Martin Buber sagt, dass Erfolg keiner der Namen Gottes ist, meint er wohl, dass sich Religion nicht verzwecken lassen darf, und damit hat er natürlich recht. Allerdings übersehen wir oft, dass auch dauerhafter Misserfolg kein Name Gottes ist. Und Jesus selbst hat uns versichert, dass wir in seinem Namen noch größere Werke vollbringen werden als er selbst (Johannes 14,12).

Kapitel 4
Besser werden!

„Heißt das denn, dass wir schlecht sind?" So fragen viele, wenn ich sage, dass Innovationen Verbesserungen zum Ziel haben und nicht bloße Neuerungen. Es überrascht mich, wie negativ viele Menschen auf das Wort „besser" oder „verbessern" reagieren. Viele fühlen sich persönlich angegriffen. Sie sehen ihre Arbeit und oft langjährigen Bemühungen in Frage gestellt, reagieren gekränkt oder sogar aggressiv.

Je hierarchischer ein System, umso verständlicher sind diese Reaktionen, wie ich inzwischen gelernt habe. Noch schlimmer ist es, wenn Hierarchien nicht synodal agieren, sondern zu autoritärem und moralisierendem Gehabe neigen. Dann werden Appelle zur Verbesserung als Verordnung, Dienstanweisung oder im besten Fall als externe Motivierung gesehen, die offen oder versteckt die Unzufriedenheit der Vorgesetzten über den Istzustand widerspiegeln. Logisch, dass man dann gereizt reagiert, sich missverstanden fühlt oder die bisherige Arbeit als zu wenig wertgeschätzt erlebt.

 Lustvolle Verbesserungen

Wird alles immer schlechter?

Die Evolution alles Lebendigen ist von Verbesserungen geprägt. Auch die Geschichte der Menschheit könnte man als Verbesserungsgeschichte deuten – klarerweise mit teilweise schlimmen Rückschlägen. Dabei bin ich auf viele

Beispiele gestoßen, die zu dieser „possibilistischen Sicht" ermutigen. Hans Rosling, der berühmte Welt-Statistiker, hat auf die Frage, ob er eher zu Optimismus oder Pessimismus neige, immer den Begriff des Possibilismus benutzt. Der Zukunftsforscher Matthias Horx greift diesen Blick auf das Mögliche auf und sagt: „Es geht um Hoffnung, Zuversicht, die Überwindung von Ängsten und Apokalypseglauben."

Verbesserungen auf allen gesellschaftlichen Ebenen haben nachweislich dazu geführt, dass kaum jemand trotz aller unleugbaren Probleme lieber in einer anderen Welt oder einer anderen Zeit als der gegenwärtigen leben möchte.

Hans Rosling als einer der Hauptvertreter dieser These beschreibt in seinem Bestseller „Factfulness", wie in den letzten 200 Jahren weltweit Alphabetisierungsgrad, medizinische Versorgung, Mindesteinkommen etc. deutlich gestiegen sind. Wenn Ihnen nun gleich Gegenbeispiele einfallen, was sich alles verschlechtert hat und dass die Menschheit unausweichlich auf selbst verursachte Katastrophen zusteuert, ist das nur eine scheinbare Falsifikation der Rosling'schen Grundthese: Viele Menschen haben ein völlig verzerrtes, meist zu düsteres Bild von der Welt. Diese Sichtweise hat enormen Einfluss auf das Denken und Handeln von Entscheidungsträgern, obwohl solide Fakten ganz andere Möglichkeiten eröffnen würden, mit den unbestreitbar gewaltigen Problemen der Gegenwart umzugehen.

Ob Ihre persönliche Einschätzung zentraler gesellschaftspolitischer Probleme den Fakten entspricht, können Sie unter https://www.gapminder.org/ gratis testen. Und wenn die Ergebnisse zeigen, dass ein durchschnittlicher Schimpanse kaum schlechter abgeschnitten hätte, trösten Sie sich: Die Mehrheit auch hoch gebildeter Menschen hat ein völlig falsches, meist zu negatives Bild von der Welt.

Warum das so ist, hängt laut Rosling an zehn „Instinkten", die uns daran hindern, der Wirklichkeit mit kritischem Denken zu begegnen. Einer der bekannteren ist der „Instinkt der Negativität". In einer Umfrage in 30 Ländern beantwortete die Mehrheit die Frage „Wie steht es um die Welt?" mit: „Es wird immer schlimmer!". Die anderen Antwortmöglichkeiten lauteten: Die Welt wird besser bzw. die Welt bleibt, wie sie ist. Rosling betonte immer, dass es ihm bei „Factfulness" nicht darum ginge, die großen Probleme der Menschheit durch „positive Nachrichten" zu relativieren. Wir sollten uns aber bewusst sein, dass wir durch den „Instinkt der Negativität" dazu tendieren, das Schlechte aufmerksamer wahrzunehmen als das Gute. Roslings Studien führen das im Wesentlichen auf drei Gründe zurück: „Eine unzutreffende Erinnerung an die Vergangenheit, eine selektive Berichterstattung durch Journalisten und politische Aktivisten, sowie das Gefühl, dass es hartherzig oder gewissenlos wäre, von Verbesserungen zu sprechen, solange es immer noch schlimme Dinge gibt." (Factfulness S. 83)

Zu ähnlichen Ergebnissen kommen die Studien des Wissenschaftsjournalisten John Tierney und des Sozialpsychologen Roy Baumeister, die sie im Buch „Die Macht des Schlechten" 2020 veröffentlicht haben. Die beiden Autoren erklären anhand des Negativitätseffekts, warum Länder in katastrophale Kriege geraten, warum Paare sich scheiden lassen oder warum Menschen Vorstellungsgespräche vermasseln. Doch sie zeigen auch, wie wir lernen können, unsere Negativitätsvorurteile zu erkennen, zu steuern und zu überwinden. Die Macht des Schlechten kann für Gutes genutzt werden, so ihre plausibel vorgetragene These.

Wenn man sich dieser Aufgabe nicht stellt, dann hat die meist völlig übertrieben negative Sicht dramatische Folgen auf die Bereitschaft von Menschen, etwas zu verbessern, weil die Probleme so übermächtig erscheinen, dass jegliches Engagement von vorneherein zum Scheitern verurteilt scheint. Auf politischer Ebene macht es einen riesigen Unterschied, ob man etwa weiß, dass etwa ein Prozent der Weltbevölkerung auf der Flucht ist, oder ob man wie die große Mehrheit glaubt, es seien zehn Mal so viele. Glauben Sie nicht auch, dass solche Fehleinschätzungen die Bereitschaft beeinflussen, Gelder zur Linderung der Flüchtlingsproblematik freizugeben?

Verzerrte Wahrnehmungen führen zu falschen Entscheidungen

Die Tendenz zu negativ verzerrten Wahrnehmungen macht selbstverständlich vor Kirchen und Christ:innen nicht Halt. Sie sind als Teil der Menschheitsfamilie und der Medienwelt in gleicher Weise gefährdet, von falschen Urteilen und Grundlagen auszugehen. Auch in Kirchen führen diese dann zu unüberlegten Entscheidungen mit negativen Wirkungen. Das lässt sich gut an drei Beispielen verdeutlichen: dem Priestermangel, dem Rückgang des Gottesdienstbesuchs und den sinkenden Einnahmen. Die große Mehrheit der Mitglieder der katholischen Kirche und auch der Entscheidungsträger:innen ist davon überzeugt, dass zu den gravierendsten Problemen der Kirche der Mangel an Priesterberufungen, die dramatisch rückläufige Zahl der Gottesdienstmitfeiernden und die sinkenden Einnahmen gehören. Viele in ihrer Wirkung kaum zu unterschätzende strategische Entscheidungen basieren auf diesen Annahmen. So wird das jahrhundertelang existierende flächendeckende Netzwerk an Pfarrgemeinden deshalb in vielen Diözesen radikal umgebaut. Zugegeben, es werden auch andere Ursachen wie Veränderungen der Mobilität, der Familienstrukturen oder demographische Faktoren dafür geltend gemacht. Im Wesentlichen sind es aber die drei erwähnten Gründe, wie sich an diversen internen Verlautbarungen und öffentlichen Pressemitteilungen unschwer nachweisen lässt.

Doch stimmen diese drei Fakten? Wie schaut es tatsächlich mit dem Mangel an Priesterberufungen, der dramatisch rückläufigen Zahl der Gottesdienstmitfeiernden und den sinkenden Einnahmen aus? Ein Blick auf die Faktenlage zeigt, dass man zumindest vorsichtiger mit diesen Thesen umgehen sollte.

Kirchlicher Negativitäts-Bias

Zum Priestermangel haben wir in meiner Heimatdiözese Graz-Seckau festgestellt, dass die Gesamtzahl der pastoral tätigen Hauptamtlichen in den 50er Jahren und den Nullerjahren des neuen Jahrtausends nahezu gleich war, etwa 2000. In der Aufbruchsphase nach dem 2. Weltkrieg waren über 90% dieser professionell ausgebildeten, kirchlich angestellten und vom Bischof gesendeten Personen Priester und Ordensleute. 50 Jahre später betrug der Priesteranteil nur mehr knapp 25%. Aber die Gesamtzahl pastoraler Profis war nicht gesunken, weil mittlerweile Frauen und Männer, Verheiratete und Unverheiratete das Spektrum der Seelsorger:innen bunter gemacht und so die seelsorglich-pastorale Arbeit bereichert hatte. Ist das eine Schönrederei? Oder eröffnet diese faktenbasierte Betrachtungsweise neue Möglichkeiten für eine zukunftsorientierte Personalentwicklung? Es lässt sich nachweisen, dass die Pluralisierung kirchlichen Personals zu einer Pluralisierung und Ausweitung kirchlicher Handlungsfelder geführt hat. Eine oft übersehene Folge der Weigerung, diesen Menschen die

Weihe zu erteilen, war eine Entklerikalisierung kirchlichen Handelns. Es entstanden viele bemerkenswerte Beispiele eines erweiterten sakramentalen Verständnisses von Kirche über die unmittelbare Sakramentenpraxis hinaus. Zeichen und Werkzeug für die Liebe Gottes mitten in der Welt zu sein (Lumen Gentium 1), das geschah und geschieht auch in Schulen, Krankenhäusern, diakonischen Einrichtungen, bei erlebnispädagogischen oder entwicklungspolitischen Aktivitäten, in der Bildungsarbeit und mittlerweile auch in diversen Online-Präsenzen.

Beim „Gottesdienstbesuch" (tatsächlich kommt dieser theologisch fragwürdige Begriff auch in den offiziellen Dokumenten immer noch vor) möchte ich nur einen Gesichtspunkt ins Treffen führen. In Österreich hat bereits vor dem Ausbruch der Coronakrise die Zahl der Hörer:innen des Radiogottesdienstes die Zahl der Gottesdienstmitfeiernden in Kirchengebäuden übertroffen. Bei den offiziellen Statistiken der Bischofskonferenz werden aber nur die letzteren Zahlen veröffentlicht, obwohl nachweislich mehr als doppelt so viele Menschen beim Gottesdienst dabei sind. Das gilt auch für die offiziell veröffentlichte Statistik der deutschen Bischofskonferenz. Natürlich ist die Mitfeier mittels Radios oder vor Ort etwas anderes, aber ist es automatisch etwas Schlechteres? Kann man diese Fakten einfach ignorieren, ohne Gefahr zu laufen, falsche Entscheidungen zu treffen, was die Allokation von personellen und finanziellen Ressourcen betrifft? Und bei Radio und Fernsehen reden wir von einer seit Jahrzehnten geübten Praxis, die nun durch Online-Formate massiv verstärkt wird. Als Gegenargument wird oft ins Treffen geführt, dass mediale Gottesdienste die physische Präsenz nicht ersetzen können. Was helfen denn die hohe Zahl an Radiohörer:innen gegen die Erosionsprozesse in den lokalen Gemeinden? Der Punkt ist: Wenn man die Fakten ernstnimmt, dass z.B. mehr Menschen medial teilnehmen als physisch, dann kann man eher eine Strategie entwickeln, wie man auch diese Leute aktiver ansprechen und zu vertieften Formen der Teilhabe und des Engagements motivieren kann. Die Wahrscheinlichkeit ist auf jeden Fall höher, als wenn man solche Zahlen einfach ignoriert oder als bedeutungslos abtut.

Was das Thema des Besserwerdens betrifft, bin ich überzeugt, dass die Frage, wie innovativ kirchliche Organisationen sind und sein könnten, sich nicht in erster Linie an der Frage von Mangel oder Überfluss personeller oder finanzieller Ressourcen entscheidet. Im Gegenteil: Verknappung kann ein sehr starker Innovationsgenerator sein, weil man gezwungen ist, mit weniger Mittel die bestehenden Ziele zu erreichen. Wie das gehen kann, habe ich als Student gelernt, als ich bei meinen Radreisen pro Tag mit maximal 10 Euro auskommen wollte (und musste).

Zusammenfassend lässt sich festhalten: Innovationen als Verbesserungen zu sehen, setzt eine konsequent faktenbasierte Betrachtungsweise voraus. Nur so können sowohl Schwachstellen, Probleme und Fehlentwicklungen als auch Fortschritte und Verbesserungen sichtbar gemacht werden und als Basis strategisch pastoraler Entscheidungen dienen. Gerade letztere schaffen oft neue Möglichkeiten für eine zukunftsorientierte Entwicklung.

 Inkrementelle versus disruptive Innovationen

Prophetisch-kritischer Zugang: Disruptiver Jesus

Viele Teilnehmer:innen lachen, wenn ich bei Seminaren sage: „Das Wörtchen ‚eh' ist, zumindest in Österreich, der kürzest mögliche Ausdruck von Innovationsverweigerung." Wie oft haben Sie schon auf (Verbesserungs-) Vorschläge sogenannte Eh-Antworten bekommen: „Das haben wir eh schon gemacht oder probiert!", „Das kennen wir eh schon!", oder noch schlichter: „Ja eh, aber ..."

Manche fühlen sich allerdings auch auf den Schlips getreten und reagieren dementsprechend. Sie finden gute Gründe oder schlechte Ausreden, warum gerade bei ihnen etwas nicht verbessert werden kann. Sie beschuldigen mich als Besserwisser, der ja keine Ahnung vom wirklichen Leben hat. Sie entwickeln unglaubliche Kreativität darin, ihre latente oder offene Verweigerungshaltung zu begründen, zu verteidigen oder als alternativlos zu rechtfertigen.

Ich gebe zu, auch ich komme immer wieder in Versuchung, angesichts solcher Reaktionen resignierend zu denken: Mit solchen Typen kannst du jegliche Innovation vergessen! Doch dann erinnere ich mich an die Tatsache, dass der Weg zu Innovationen immer mit Widerständen gepflastert ist und sein muss. So verständlich Resignation ist, es gibt Möglichkeiten, trotz und angesichts von Skepsis, Zweifel und Verweigerung konsequent den Weg für Verbesserungen zu bereiten. Der Antrittsruf Jesu am Beginn seines öffentlichen Wirkens „Die Zeit ist erfüllt und das Reich Gottes ist nahe. Kehrt um und glaubt an das Evangelium!" (Markus 1,15) weist dabei auf die entscheidende Haltung hin. Denn Umkehr, ja neues Denken (wie der griechische Begriff *Metanoia* meint) erfordert die Bereitschaft, eine negative Form von Stolz loszulassen, die latente narzisstische Dispositionen verstärkt: „Du bist eh gut genug, was soll das Gerede vom Besserwerden!"

Disruptiver Jesus

Der biblische Befund zeigt, dass es Jesus konsequent um Verbesserungen ging. Mit Reich Gottes ist ein Zusammenleben aller Menschen in Würde gemeint, wo Gerechtigkeit und Liebe regieren, ja wo der Schalom Gottes die Einheit untereinander und mit dem Schöpfer bewirkt. In den Augen seiner Zeitgenoss:innen wurde das Verhalten Jesu jedoch oft als so radikal und disruptiv empfunden, dass sie sich an ihm rieben, ihn ablehnten oder sogar umbringen wollten. „Der Sabbat ist für den Menschen da", „Die Ersten werden die Letzten sein!", „Bei euch soll es nicht so sein", „Kindern gehört das Himmelreich", „Wer ohne Sünde ist, werfe den ersten Stein", „Die Kranken brauchen den Arzt, nicht die Gesunden!"

Solche radikalen Umkehrungen provozieren bis heute viele Menschen, auch Verantwortliche in Kirchen. Noch mehr als Jesu Worte sind es seine Taten, die vielen die Zornesröte ins Gesicht treibt oder zumindest zu allerlei interpretatorischen Verrenkungen führt. So bricht er immer wieder religiöse und gesellschaftliche Tabus seiner Zeit, wenn er mit Dirnen, Heiden, Aussätzigen oder Ausbeutern in Kontakt tritt, sie berührt oder mit ihnen Mahlgemeinschaft pflegt. Wie kann so ein Prophet von Gott gesandt sein? Zugespitzt deutlich wird diese Frage bei der Szene in Johannes 8,3–11, wo berichtet wird, wie die Schriftgelehrten und die Pharisäer eine Frau bringen, die beim Ehebruch ertappt worden war, und Jesus zwingen wollen, zu bekennen, ob er treu dem Gesetz eine Steinigung befürwortet oder nicht. Sie selbst haben ihr Urteil schon gefällt, sowohl über die Frau als auch über Jesus, denn es heißt ausdrücklich: „Das sagten sie, um ihn auf die Probe zu stellen, damit sie eine Anklage gegen ihn hätten."

Interessant ist der exegetische Befund, dass diese Begebenheit bei den wichtigsten biblischen Textzeugen nicht zu finden ist und somit einen nachträglichen Einschub darstellt. Kann es sein, dass es bereits in der frühkirchlichen Zeit Vorbehalte gab, solche mündlich überlieferten Jesustaten weiter zu erzählen und somit als Vorbild für die Nachfolger:innen Jesu zu implementieren? Müssten sich nicht manche kirchlichen Gesetze und manche pastorale Praxis radikal ändern, wenn man dieses Vorbild wirklich ernst nehmen würde? Liegt der massive Vertrauensverlust vieler Zeitgenoss:innen an den Kirchen nicht zutiefst an den massiven Diskrepanzen zwischen den Worten und Taten Jesu und den Worten und Taten vieler Kirchen und Christ:innen?

Ich habe oft erleben müssen, dass Journalist:innen, Kirchenkritiker:innen oder Atheist:innen die Kirche nicht anklagen, weil sie gesündigt hat, sondern weil sie empört darüber sind, wie leider allzu viele Kirchenvertreter:innen mit der eigenen Schuld und den Opfern umgehen. Intuitiv erfassen auch sogenannte kirchenferne Menschen, dass genau der Umgang Jesu mit Menschen, die als gescheitert oder schuldig geworden verurteilt werden bzw. mit allen Opfern sozialer und religiöser Ausschlussmechanismen, ja generell mit Diskriminierten aller Art, ihn zu einem so besonderen, ja einzigartigen Menschen gemacht haben. Diese Einschätzung ist unabhängig davon, ob jemand Jesus im religiösen Sinne als Prophet, Vorbild oder sogar Sohn Gottes versteht und verehrt, oder ob viele ihn einfach als Prototyp eines Menschen betrachten, der gut im besten Sinn des Wortes ist. Und zu Recht irritiert es gewaltig, wenn sich Kirchen nicht an dieses Vorbild ihres Gründers halten oder noch schlimmer: systematisch eine konträre Praxis ausüben und beibehalten.

 Fundamentale Gleichheit aller Menschen

Biblische Perspektive:
Ist das Gute der Feind des Besseren?

Wenn etwas schlecht, jemand krank oder eine Situation bedrohlich ist, ist es logisch, dass man nach Verbesserungen sucht. Aber kennen Sie das Phänomen, dass viele sich mit dem Status quo zufriedengeben und nichts verändern wollen, weil „eh alles passt"? Kinder ticken da anders. Sie wollen schneller laufen, besser sprechen oder singen oder mehr Wissen anhäufen. Intuitiv strecken sie sich nach dem aus, was noch nicht ist, aber verheißungsvoll vor ihnen liegt.

In diesem Sinn hat auch Jesus sein inneres Kind gepflegt. Denn er hat sich nicht nur glaubwürdig und risikobereit für ein besseres Leben aller Menschen eingesetzt, sondern war selbst bereit, tagtäglich durch das konkrete Leben zu lernen. Denken Sie an die Begegnung mit der Syrophönizerin, die um Heilung ihrer Tochter bittet und zunächst von Jesus abgewiesen wird. Dann überzeugen ihn aber ihre Argumente, sodass er sein Denken und Handeln ändert, ja verbessert und den Glauben der Frau als „riesengroß" (griechisch: *megalé*) preist. (Matthäus 15,28)

„Lass mich dich lernen, dein Denken und Sprechen, dein Fragen und Dasein, damit ich daran die Botschaft neu lernen kann, die ich dir zu überliefern habe." So hat der frühere Bischof von Aachen, Klaus Hemmerle, diese Haltung mit einem oft zitierten Wort pointiert auf den Punkt gebracht.

Auch was die Lernfähigkeit seiner eigenen Jünger betrifft, bewies Jesus oft eine unendliche Geduld! Wie oft musste er sich damit herumschlagen, dass er von seinen engsten Weggefährten missverstanden wurde! Im Fall der Zwölf sind es tatsächlich ausnahmslos Männer, auch wenn hinreichend belegt ist, dass auch viele Frauen Jesus begleiteten und unterstützten. Das Motiv des sogenannten markinischen Jüngerunverständnisses durchzieht das älteste Evangelium und hinterlässt einen schalen Beigeschmack. Besonders intensiv können die Kameradschaft und Verbundenheit wohl nicht gewesen sein, meinen manche. Oft war Jesus radikal anders und schwer zu verstehen! Manchmal musste Jesus regelrecht flüchten, weil falsche Gerüchte sensationsgeile Massen anlockten. Seine engste Familie hielt ihn für verrückt. Die Apostel verstanden oft seine Gleichnisse oder Weisheitssprüche nicht oder interpretierten sie falsch. Sie meinten, bestimmte Typen wie den blinden Bartimäus von Jesus fernhalten zu sollen, hatten ein verstocktes Herz und stritten um Privilegien und Macht. Nach seiner ersten Leidensankündigung eskalierte die Situation, sodass Jesus den widerborstigen Simon Petrus vor allen scharf zurechtweisen musste. Am Ende seines Lebensweges musste der zunehmend vereinsamende Mann aus Nazaret erleben, dass die großmäuligen Jünger zwar versprechen, ihm bis in den Tod zu folgen, dann aber in seiner dunkelsten Verlassenheit im Garten von Getsemani unsolidarisch schlafen und bei der ersten brenzligen Situation Reißaus nehmen.

Der einzige Mann, der es wagte, etwas für Jesus zu riskieren, war der vornehme Ratsherr Josef von Arimathäa, der den für einen gläubigen Juden so essenziellen Begräbnisdienst an dem als Verbrecher geschändeten Zimmermannssohn vollzieht.

 Die behinderte Trauer

Wie lässt es sich nach all diesen frustrierenden Erfahrungen erklären, dass Jesus seine engsten Gefährten, die zwölf Männer, die ihn begleiteten, so lange ausgehalten hat? Warum hat schließlich der auferstandene Jesus mit dieser „Mannschaft" weitergemacht? Aus menschlicher Sicht erscheint das schleierhaft, denn auch bei den drei anderen Evangelisten kommen die Zwölf nicht wirklich besser weg, wenn man vom bartlosen Jüngling Johannes absieht, der als einziger gemeinsam mit den Frauen zum Gekreuzigten steht. Dieser ist es dann auch, der den Wettlauf zwischen Gesetz und Liebe, symbolisiert durch Petrus und Johannes, gewinnt und als erster „sah und glaubte" (Johannes 20,8).

Scheitern als Basis für Besserwerden

Warum wähle ich diese Motive des Scheiterns im Kontext des Themas „Besserwerden"? Es gäbe doch unzählige biblische Beispiele für Gelungenes, ja für eindeutige Verbesserungen? Wie oft etwa beruft, befähigt und ermächtigt Gott Menschen zu großen Taten? Das Erste und das Zweite Testament sind voll mit Geschichten des Erfolgs und des Besserwerdens. Auslöser sind meist die Unzufriedenheit mit dem Status quo, das Bewusstsein des Unerlösten und die Dringlichkeit, ja eine heilige Unruhe, die der Geist bei all jenen auslöst, die nicht nur menschliche Pläne verwirklichen wollen, sondern Gottes Plan für die ganze Schöpfung. Die Sehnsucht nach dem Besseren ist oft der Grund dafür, dass die Geschichte Gottes mit seinem Volk trotz aller Widrigkeiten weitergeht und nicht versiegt.

Auf diesem Hintergrund habe ich Beispiele für Unzulänglichkeiten, Unverständnis und Versagen ausgewählt, weil ich oft erlebt habe, dass das Gute der Feind des Besseren ist. So sehr vieles auch in der heutigen Pastoral gelingt, so viel Qualität auch erreicht wird, so großartig das Engagement vieler Menschen auch ist: Im Erfolg, im Gelungenen, im Guten liegt immer auch der Keim der Saturiertheit, der Selbstbezogenheit, ja der Selbstgerechtigkeit. Warum soll man etwas ändern, wenn *eh* alles gut ist?

Außerdem ist die Versuchung groß, eventuelle Unzulänglichkeiten und Missstände mit positiven Aspekten aufzurechnen. „Ja sicher, die Zahl der Gottesdienstfeiernden ist zurückgegangen, aber in unserer Gemeinde gibt es vorbildhafte soziale Aktivitäten", oder: „Unser Pfarrblatt ist ein bisschen veraltet, weil wir die ehrenamtlichen Redakteure nicht kränken möchten, aber unsere Homepage kann sich wirklich sehen lassen!", oder: „Unser Chef schafft es einfach nicht, heikle Punkte ehrlich und konstruktiv anzusprechen, aber dafür ist er doch ein so tiefer, geistlicher Mensch!"

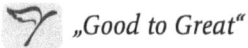 *„Good to Great"*

Biographisch-persönlicher Zugang: Chorleiter Mr. Best

Mister Best hieß der Chorleiter der Morehead Highschool in Eden, North Carolina, wo ich als 18-jähriger Austauschschüler ein Jahr verbrachte. In meiner Heimatpfarre und bei diversen Jugendtreffen hatte ich zwar bereits das Feuer und die Begeisterung erleben dürfen, die gemeinsames Singen und gute Musik generell auslösen können. Ich hatte aber noch nie selbst in einem Chor gesungen. Neugierig hatte ich mich also für den Schulchor angemeldet und war überrascht, dass dieser fast einhundert Schüler:innen aller Schulstufen umfasste und täglich probte.

Biographisch-persönlicher Zugang

Selten zuvor konnte ich innerhalb einiger Monate erleben, was es bedeutet, von gut zu besser zu gelangen, sowohl individuell als auch systemisch. Die kompetente Leitung durch Mister Best, die hohe intrinsische Motivation der Schüler:innen und das regelmäßige Training führten zu unglaublichen Verbesserungen. Es war fantastisch zu erleben, wie der Klang der Lieder immer schöner wurde, und das Zusammenspiel aller Beteiligten sich von Tag zu Tag zu einem Erlebnis der Verbundenheit entwickelte.

Bevor Sie sich das Ganze zu harmonisch und lieblich vorstellen: Mister Best war ein harter Knochen. Er führte uns mit liebevoller Strenge. Er kritisierte uns hart, wenn wir uns nicht anstrengten oder uns mit Mittelmaß zufriedengaben. Er lehrte uns konsequent, wie wir uns konzentrieren und fokussieren können, damit wir den unweigerlichen Ablenkungen widerstehen lernten. Für diese Lektionen bin ich mein Leben lang dankbar. Seitdem fällt es mir leichter, Kritik und Feedback dankbar anzunehmen, weil sie mir ermöglichen, besser zu werden.

Wir waren damals einhundert unterschiedliche Schüler:innen; Mädchen und Jungen, Schwarze und Weiße, Baptist:innen und Katholik:innen, Arme und Reiche. Das gemeinsame Singen, ja die immer höhere Qualität des gemeinsamen Gesangs ermöglichten jedoch ein tiefes Erlebnis, was uns bei allen Unterschieden als Menschen verband und vereinte. Für mich als Fremden in diesem so fremden Südstaat der USA wurde die Chorteilnahme zum Türöffner. Sie ermöglichte mir, das ständige Vergleichen hintanzustellen und mich voll darauf zu konzentrieren, am Leben der Kleinstadt Eden teilzunehmen und in die dortige Kultur und Gesellschaft einzutauchen.

4 · Besser werden!

Besser bringt mehr Früchte

Oft waren es auch viel banalere Erlebnisse, die mir zeigten, dass das Besserwerden keinem Selbstzweck dient, sondern gute Früchte bringt. Wenn ein Pfarrblatt nicht nur gute Texte beinhaltet, sondern auch grafisch gut gestaltet ist, wird es von mehr Menschen gewinnbringend gelesen. Wenn eine Sitzung gut vorbereitet ist, die technischen Geräte funktionieren und die Temperatur passt, wird eine Besprechung konstruktiver verlaufen. Wenn die Texte eines Abendlobs so gedruckt oder auf eine Leinwand gebeamt werden, dass sie auch sehschwächere Menschen lesen können, werden mehr Teilnehmer:innen intensiver mitbeten. Wenn bei einem Sozialeinsatz die benötigten Werkzeuge und Materialien gut gewartet und in ausreichender Anzahl vorbereitet sind, werden die Engagierten sich wertgeschätzt fühlen.

Vielleicht haben Sie beim Lesen dieses Kapitel innere Widerstände wahrgenommen und sich gedacht: Ja schon, aber wir sollten uns nicht dem Optimierungswahn der vorherrschenden säkularen Kultur anpassen! Dazu ein letzter Gedanke: Besser werden heißt nicht der oder die Beste sein wollen. So betrachtet hätte Mister Best eigentlich Mister Better heißen müssen. Aus Glaubenssicht ist ja Gott allein gut, ja Gott ist der Beste. Gott allein ist vollkommen. Dieser Gott ruft jeden Menschen in die Nachfolge, damit wir „the better version of ourselves" werden, eine Formulierung, die ich bei meinen amerikanischen Brüdern und Schwestern oft höre.

Diese Perspektive ewiger Vollendung des Menschen in Einheit mit seinem Schöpfer wollte Jesus wohl ausdrücken, als er seine Nachfolger:innen aufforderte: „Seid vollkommen, wie euer himmlischer Vater vollkommen ist!" (Matthäus 5,48) Jesus lädt uns zu einer gemeinsamen Reise ein, die uns, unsere nähere Umgebung und unsere Gemeinde besser, das heißt liebevoller, freudvoller, be*geist*erter macht. Dann sind wir auch für Außenstehende anziehend und können, wenn uns diese nach dem Grund unserer Freude fragen, auf Jesus verweisen.

Kapitel 5
Innovationen nur durch Innovator:innen?

Einer der Klassiker moderner Innovationsforschung ist das Buch „Diffusion of Innovations" des US-amerikanischen Soziologen Everett M. Rogers (1931–2004). Die erste Ausgabe erschien 1962, die fünfte adaptierte Version 2003. Diffusionsmodelle versuchen zu beschreiben, wie und warum sich eine Erfindung verbreitet oder auch nicht. „Not every invention is an innovation" – mit diesem englischen Wortspiel erklärt Rogers, warum eine Erfindung oder generell etwas Neues nicht automatisch auch schon eine Innovation ist. Denn was nützt die beste Erfindung, wenn sie nicht angewandt oder umgesetzt wird? Innovationen könnte man daher einfach ausgedrückt als „erfolgreich umgesetzte gute Ideen" definieren, wie wir bereits festgestellt hatten.

Die Diffusionsforschung untersucht, wie eine Erfindung Nachahmungsprozesse auslösen und sich so verbreiten kann. Zum Zeitpunkt der Erfindung kann man deren Bedeutung nämlich oft noch nicht abschätzen, aber langsam entstehen in der Folge immer neue Anwendungsmöglichkeiten und Adaptionen.

Seit den 1930er Jahren wurde die Verbreitung neuer Agrartechnologien wie z. B. die Einführung neuer ertragreicher Saatgutsorten im Mittleren Westen der USA zum Untersuchungsfeld für einige wichtige Pilotstudien der Diffusionsforschung. Den Ausgangspunkt bildet die Adoptionstheorie, die die Faktoren beschreibt, die zu einer Übernahme (Adoption) oder Ablehnung (Rejektion) einer Innovation führen. Der Entscheidungsprozess wird dabei in verschiedene Phasen aufgeteilt. Außerdem werden unterschiedliche Typen definiert, mit denen wir uns gleich näher befassen werden. Die Adoptionsbereitschaft liegt unter anderem an sozioökonomischen Faktoren wie Bildung, Alter oder Einkommen, persönlichkeitsbezogenen Faktoren wie der Einstellung gegenüber Neuem, aber auch an der Art und Qualität der begleitenden Kommunikation.

Die Entscheidung, eine Innovation anzunehmen oder abzulehnen, ist nach Everett M. Rogers keine spontane Reaktion, sondern ein sozialer Prozess, der sich über einen bestimmten Zeitraum erstreckt und eine Reihe von Stufen beinhaltet. Ein solcher Prozess beginnt oft mit der Information über eine konkrete Erfindung, dann folgen unterschiedliche Prozesse der Überzeugungsarbeit, bis schlussendlich die Beteiligten eine Entscheidung treffen. Einige entschließen sich, etwas Neues einmal auszuprobieren. Dabei machen sie bestimmte positive Erfahrungen und generieren für sich und ihren Betrieb messbare Vorteile. Da man über Erfolge gerne redet, führt das wiederum zu verstärkter Informationsleistung und treibt so den Kreislauf der Diffusion weiter an. Negative Erfahrungen haben umgekehrt zur Folge, dass eine Erfindung sich nicht verbreitet, also nicht zu einer Innovation im Sinne der oben genannten Definition wird.

Lange tat man sich schwer damit, die unterschiedlichen Adoptionen von Neuem zu kategorisieren. Mittlerweile hat sich Rogers' Typologie in vielen Bereichen durchgesetzt. Grafisch hat Rogers seine Erkenntnisse in einer Glocke dargestellt, die schlicht als „Rogers' Bell" in die Literatur eingegangen ist. Sie hilft zu verstehen, wie unterschiedlich Menschen auf Erfindungen oder Neuerungen reagieren. Dabei geht Rogers von einem statistischen Mittelwert aus, in welchem Zeitraum eine Innovation angenommen wird. Die Typen links der Mitte tun dies wesentlich schneller, die rechts der Mitte langsamer.

5 · Innovationen nur durch Innovator:innen?

Ich nutze dieses Modell seit Jahren mit großem Gewinn. Denn ein besseres Verständnis der grundlegenden Typen, die es in Reinkultur natürlich so nie gibt, kann helfen, für die Ausbreitung von neuen Ideen oder Projekten erfolgreiche Strategien zu entwickeln.

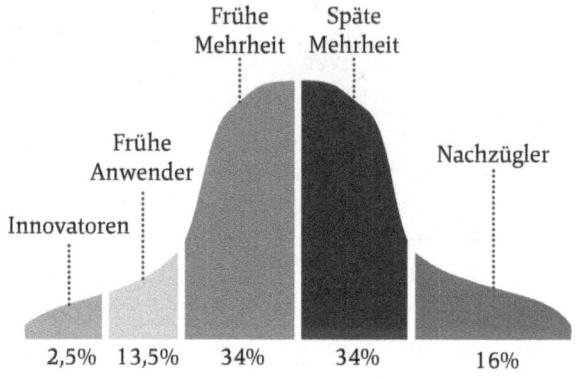

Erläuterung der Grafik von Everett Rogers, Diffusion of Innovations:

Als **Innovatoren (innovators)** werden die ersten 2,5 % der Übernehmer bezeichnet, die sich vor allem durch eine hohe Risikobereitschaft und Unsicherheitstoleranz auszeichnen. Sie verfügen zudem in der Regel über eine Vielzahl (geografisch) weit verstreuter Kontakte und sind so besonders gut in der Lage, neue Ideen in das eigene soziale System ‚einzuschleusen'.

Die **frühen Anwender (early adopters;** 13,5 %) hingegen sind stärker in das lokale soziale System integriert und spielen nicht zuletzt deshalb eine Schlüsselrolle im Diffusionsprozess. Da sie Respekt genießen und häufig um Rat gefragt werden, fungieren sie als wichtige Vorbilder für andere Mitglieder des Sozialsystems und verhelfen der

Innovation so zu einer größeren Akzeptanz und mithin zum Durchbruch.

Sobald die Innovation den Punkt der kritischen Masse überschritten hat, wird sie von einer größeren Gruppe – der **frühen Mehrheit (early majority;** 34 %) – übernommen. Im Gegensatz zu den frühen Anwendern sind Mitglieder der frühen Mehrheit eher keine Meinungsführer, verfügen aber dennoch über viele soziale Kontakte, was die weitere Ausbreitung der Innovation begünstigt.

Die **späte Mehrheit (late majority;** 34 %) betrachtet Innovationen eher zurückhaltend und übernimmt Neuerungen zumeist erst dann, wenn der wirtschaftliche oder soziale Druck zu stark zu werden droht. Da die späte Mehrheit über vergleichsweise knappere Ressourcen verfügt, können und wollen die hier verorteten Individuen nur wenig Unsicherheit akzeptieren.

Als letzte Mitglieder in einem sozialen System übernehmen schließlich die sogenannten **Nachzügler (laggards;** 16 %) eine Innovation. Diese sind grundsätzlich misstrauisch gegenüber Neuerungen, sozial kaum vernetzt und zudem stark an der Vergangenheit orientiert. Noch stärker als die späte Mehrheit müssen die Nachzügler mit begrenzten Mitteln wirtschaften und wollen daher keine unsicheren Entscheidungen treffen.

Welcher Typ bin ich?

Wie würden Sie sich persönlich einstufen? Vielen Menschen fällt das leicht, weil sie ihre eigene Reaktion auf etwas Neues gut kennen. Manche differenzieren zu Recht und sagen: Das ist bei mir nicht so eindeutig und hängt von vielen Faktoren ab! Dennoch lässt sich meistens eine gewisse Grundtendenz feststellen, wie man gepolt ist.

Oder haben Sie nicht auch schon oft feststellen können, wie wenig überrascht Sie in einem Gremium oder Arbeitsteam von der Reaktion Ihrer Kolleg:innen auf einen ungewöhnlichen Vorschlag sind? Die erste, oft noch vorwiegend emotionale Reaktion kann dabei ein wichtiger Hinweis auf den jeweiligen Typ sein.

Ist die Rogers' Bell korrekt?

Bevor wir uns intensiver mit dem Typ der Innovator:innen beschäftigen, möchte ich einige Vorbemerkungen machen:
1. Nach meiner Erfahrung sind die in der Rogers' Bell genannten Prozentsätze unter Berücksichtigung einer gewissen Schwankungsbreite überraschend genau. Das bedeutet, dass in einem Pfarrgemeinderat mit 20 Mitgliedern bestenfalls 1 Innovator:in und 2–3 „early adopters" sind. Etwa 16 Leute werden also gegenüber Neuerungen zunächst einmal abwartend, skeptisch oder ablehnend sein.
2. Wie bei allen Persönlichkeitstypologien ist die korrekte Einschätzung bzw. Einstufung noch keine Garantie dafür, dass jemand seinen jeweiligen Typ auch in konstruktiver Weise lebt. Jeder Typ hat seine Licht- bzw. Schattenseiten. Eine positive Anwendung erfordert die Bereitschaft, an sich zu arbeiten, um das eine zu verstärken und das andere zu zähmen.
3. Für gelungene Innovationen, also Verbesserungen und Problemlösungen, sind alle Typen wichtig, nicht nur die Innovator:innen und die frühen Anwender:innen. Die Einbindung abwartender und skeptischer Menschen ist sowohl eine ethische Frage als auch eine strategische. Gerade von ihnen kommen oft wichtige Im-

pulse und warnende Hinweise, die von den Begeisterten übersehen worden sind.
4. In der Kirchenwelt spielt die Frage der Ressourcen und des Risikos eine geringere Rolle als im beinharten marktwirtschaftlichen Wettbewerb. Viele pastorale Innovationen sind historisch im Kontext von Knappheit und Rückgängen entstanden, weil sie die Kreativität von Innovator:innen befeuert haben und dieser dann auch mehr Raum gegeben wurde.
5. Wer immer bei einem Projekt, in einem System oder in einem Prozess das Steuer in der Hand hat, kann durch die Beachtung der Rogers' Bell wichtige Aspekte für die Steuerung von Innovationsprozessen lernen.

Was macht Innovator:innen aus?

Was zeichnet Innovator:innen aus? Woran erkennt man sie? Welche Rolle spielen sie bei Erneuerungen? Und was unterscheidet sie von Erfinder:innen?

Nach meiner Erfahrung verfügen Menschen, die vom Typ her Innovator:innen sind, über eine bestimmte Form der Wahrnehmung. Sie haben den Innovationsblick. Wie eine auf der Nase angewachsene Brille nehmen sie die Welt um sich grundsätzlich mit der Frage wahr: Wo und wie könnte man etwas verbessern?

 Menschen mit dem Innovationsblick

Innovator:innen sind nicht automatisch die tatsächlichen Erfinder:innen von Innovationen. Natürlich kommt diese Kombination bei einzelnen Menschen vor, sie ist aber sehr selten. Denn während letztere hartnäckig, ausdauernd und geduldig sind, sind Innovator:innen meistens genau das

Gegenteil. Neu- und wissbegierig nehmen sie neue Produkte, Dienstleistungen, Prozesse oder Geschäftsmodelle wahr und untersuchen diese. Sind sie schließlich von der Qualität und dem Mehrwert derselben überzeugt, machen sie diese liebend gerne bekannt. Vor allem aber gibt es kaum eine Situation, in der sie nicht selbst auf Ideen kommen, wie sich aus ihrer Sicht etwas verbessern ließe. Sie verfügen jedoch oft nicht über das fachliche Knowhow, um selbst eine konkrete effektive und effiziente Lösung zu entwickeln. Ihr Wissen um potenzielle Verbesserungen und Erneuerungen ist vielmehr eher ein Erahnen, ein intuitives Erfassen, ein noch-nicht-festmachen-Können. Innovator:innen sind daher auf Erfinder:innen angewiesen. Sie brauchen Menschen, denen sie von ihren Ideen erzählen können; Menschen, die aufmerksam zuhören, weil sie wissen, dass sich auch hinter fachlich defizienten Formulierungen, hinter unfertigen Ideen oder unrealistischen Vorstellungen, Körnchen einer neuen, vielleicht sogar revolutionären Erfindung verbergen können; Menschen, denen bewusst ist, dass man wie bei einem Bergwerk fleißig graben und Schutt verräumen muss, um auf die wertvolle Erzader zu stoßen; Menschen schließlich, die über das theoretische Fachwissen und das praktische Umsetzungsvermögen verfügen, das notwendig ist, um aus Ideen konkrete Pläne schmieden und Umsetzungen entwickeln zu können. Angesichts der Komplexität moderner Gesellschaften handelt es sich dabei selten um Individuen, sondern meistens um Teams. Aktuell ist ein Großteil aller patentierten Erfindungen das Ergebnis von kollektiven Anstrengungen. Im Unterschied zu früheren Zeiten braucht es also mehr Kooperationsfähigkeit denn je. Im berühmten stillen Kämmerlein mag zwar die eine oder andere Idee gedeihen, fruchtbar wird sie in der Regel erst im mühevoll koordinierten Zusammenarbeiten mit anderen.

5 · Innovationen nur durch Innovator:innen?

Innovator:innen sind oft zu ungeduldig, um an solchen Prozessen dranzubleiben. Sie geben zwar den Anstoß für Innovationen, aber noch während zumindest einige ihrer Ideen aufgegriffen und in vielen Planungen, Einzelschritten und Experimenten umsetzungsreif gemacht werden, haben sie bereits so viele neue Einfälle, dass sie den Erfolg, die Früchte ihrer Impulse gar nicht mehr mitbekommen.

Innovator:innen und Erfinder:innen

Die konstruktive Zusammenarbeit von Innovator:innen und Erfinder:innen kann wahre Wunder bewirken. Denn eines eint beide Typen bei aller Unterschiedlichkeit: Zu einem Zeitpunkt, wo die große Mehrheit sich nicht einmal vorstellen kann, worum es geht, machen sie bereits erste Schritte in Richtung Umsetzung. Wenn die meisten noch sagen: Unmöglich! Gibt es nicht! Kann nicht sein!, machen sie sich bereits an die Arbeit. Sie wissen, dass die Möglichkeit des Scheiterns groß ist. Sie wissen, dass es oft viele Versuche braucht. Sie sind ergebnisorientiert, aber nicht erfolgssüchtig, weil ihnen bewusst ist, dass es keine Garantie dafür gibt, dass ihre Bemühungen mit Erfolg belohnt werden.

Eine klassische Anekdote eines äußerst berühmten Erfinders, des US-Amerikaners Thomas Alva Edison (1847–1931), bringt diese Haltung auf den Punkt: „Ich habe nicht versagt. Ich habe nur 10.000 Wege gefunden, die nicht funktionieren." Angeblich antwortete er so auf seine schimpfende Frau, warum er die ewigen Versuche, künstliches Licht zu erfinden, nicht endlich aufgäbe (und mehr Zeit mit ihr verbrächte). Edison war überzeugt, dass die Kombination von elektrischem Strom, Metallfaden und Gas ihn zu einem zweiten Prometheus machen würde.

Aber es bedurfte eben unzähliger Versuche, die richtige Kombination herauszufinden. Dass er letztlich erfolgreich war und sich die ganze Welt durch seine Erfindung fundamental und unwiderruflich verändert hat, ist wohl unbestreitbar.

 Fallbeispiel Elektroautos

Die kreativsten Innovator:innen und die ausdauerndsten Erfinder:innen sind auf die bereits erwähnten „early adopters", also die frühen Anwender:innen, angewiesen. Diese zweite Gruppe der Rogers' Bell hat meist nicht so viele Ideen wie die Innovator:innen, sie sind aber auch intensive Beobachter:innen mit einer großen Offenheit für Neues. Im Unterschied zu etwa 80 % der Menschen reagieren sie positiv auf Vorschläge zu Verbesserungen, ja sie freuen sich darüber und geben so den Innovator:innen ein Gefühl der Wertschätzung. Und sie sind bereit, Neues auch tatsächlich auszuprobieren, auch auf das Risiko hin, dass es nicht gleich optimal gelingt bzw. im Bewusstsein, dass „Kinderkrankheiten" völlig normal sind. In weiterer Folge ist das persönliche und medial verbreitete Zeugnis dieser frühen Anwender:innen entscheidend dafür verantwortlich, ob die nächste Gruppe der Rogers' Bell, die „frühe Mehrheit", beginnt, sich das Neue anzueignen. Nur wenn die frühen Anwender:innen positive Rückmeldungen geben, diffundieren Neuerungen in die lokale Gesellschaft. Anderenfalls versanden noch so gute und gut gemeinte Initiativen wieder.

Weil Innovator:innen als kreative Visionär:innen meist zu ungeduldig sind, um den langen Weg hunderter und tausender Versuche zu gehen, sind sie in der Umsetzung ihrer Ideen auf ausdauernde, ja hartnäckige und zähe Menschen angewiesen, die sich durch Fehlschläge nicht unterkriegen lassen. Diese Menschen sind nach der Typologie der Rogers' Bell oft weder Innovator:innen noch „early adopters" (frühe Anwender:innen), sondern gehören der frühen oder späten Mehrheit an. Denn gerade die zu Beginn skeptischen Typen besitzen oft die positive Eigenschaft, neue Vorschläge kritisch und penibel zu analysieren. Wenn sie sich einmal ein umfassendes Bild gemacht und eine eigene Meinung gebildet haben, ja, zur Überzeugung gelangt sind, dass die Ideen praktikabel sein könnten, dann krempeln sie oft ihre Ärmeln auf und machen sich an die Arbeit. Was immer dann im Zuge der Umsetzung auch alles schiefgeht, wenn sie einmal unterwegs sind, lassen sie sich nicht so schnell vom Ziel abbringen!

Wenn Sie also bei welchem Problem auch immer den langen Weg von der Problemanalyse über die Ideenfindung und Planung bis zur Umsetzung und kontinuierlichen Verbesserung derselben machen wollen, halten Sie ihre Augen offen für alle Typen. Fragen Sie sich: Für welche Phase des Innovationsprozesses brauche ich welche Eigenschaften? Welcher Typ kann in welcher Phase den besten Beitrag leisten, damit letztlich gute Wirkungen, Früchte und Erfolge wachsen können?

 Viele Rollen sind notwendig

Sind Innovator:innen nun die besseren oder wichtigeren Menschen, wenn es um Innovationen geht? Ich denke, diese Frage hat sich inzwischen selbst beantwortet. Natürlich nicht. Sie sind *ein* wichtiges Glied in einer Kette von unterschiedlichen Begabungen, Typen und Persönlichkeiten innerhalb eines sozialen Prozesses mit all seinen Dynamiken. Aber nur im Zusammenspiel aller Kettenglieder kann Stärke und Belastungsfähigkeit entstehen und so möglicher Erfolg gedeihen, wie wir im folgenden Kapitel näher erörtern werden. Und: Da Innovator:innen rar gesät sind, muss jegliche Organisation die Augen nach ihnen offenhalten, innerhalb und außerhalb ihres Systems.

Prophetisch-kritischer Zugang: Sünde wider den Heiligen Geist

Innovator:innen sind oft unbequem, lästig und irritierend. Sie nerven die Mehrheit mit ihren unaufhörlichen Vorschlägen und Ideen. Sie werden von vielen als unzufrieden, besserwisserisch und überheblich erlebt. In jeder Organisation, auch in kirchlichen, sind sie diejenigen, die stören, zur Veränderung drängen und somit Unruhe ins System bringen. Kein Wunder, dass sie oft nicht besonders beliebt sind, auch dann nicht, wenn sie menschlich sympathisch sind. Innovator:innen haben oft kein leichtes Leben, weil sie nicht anders können als ständig alles zu beobachten und dabei wahrzunehmen, wo etwas bereits besser gemacht wird, wo sich bessere Produkte, Prozesse oder Problemlösungen bereits durchgesetzt haben. Und sie haben einen inneren, beinahe missionarischen Drang, auf solche Innovationen hinzuweisen, sie zu kommunizieren und so auf sie aufmerksam zu machen. Neben den bereits existierenden Verbesserungen sehen Innovator:innen aber auch das Defiziente, das Unvollkommene und Mittelmäßige. Daher sind sie konstant am Nachdenken, Tüfteln und Ideen entwickeln. Sie wissen, dass sich wahrscheinlich nur ein kleiner Teil davon realisieren lässt, ja, dass nur wenige für ihr Feuerwerk an Ideen dankbar sind. Aber sie können einfach nicht nicht über Verbesserungen nachdenken und fühlen sich daher oft unverstanden und unbedankt. Gezwungenermaßen müssen sie mit Scheitern, Krisen und Misserfolgen, ja mit Ablehnung, Mobbing bis hin zu Denunziation umgehen lernen.

Sind Innovator:innen dilettantisch?

Es ist nicht schwer, Innovator:innen zu wenig Fachkompetenz vorzuwerfen, denn in vielen Fällen ist das tatsächlich der Fall. Die rasant zunehmende Spezialisierung reduziert Fachwissen auf immer kleinere Segmente. Es gibt kaum noch Universalgelehrte, es kann sie auch nicht mehr geben. Doch bedeutet das, dass „normale" Leute völlig unqualifiziert sind, um sich zu ihnen fachfremden Gebieten zu äußern?

Im Gegenteil: Die große Chance für Fachleute, heute meist unweigerlich Spezialist:innen, ist, dass Menschen mit dem Innovationsblick das betreiben, was man „thinking outside the box" nennt. Sie mögen zwar fachlich unbedarft sein, aber sie nehmen Produkte, Dienstleistungen, Prozesse oder Geschäftsmodelle aus unterschiedlichen Blickwinkeln wahr – aus der Nutzer- oder Kundensicht, aus einer gesamtheitlichen Vogelperspektive, oder mit der simplen, nahezu kindlichen „Warum eigentlich nicht?" Frage. Diese externe Sichtweise mag zwar mehrheitlich als unrealistisch oder undurchführbar relativiert und sogar falsifiziert werden. Woher soll man auch wissen, welche unsichtbaren Gründe eine Verbesserung (derzeit) unmöglich machen? Insgesamt sind aber Organisationen langfristig fitter und erfolgreicher, wenn sie offen sind für einen Blick von außen. Wie sollen sie sonst blinde Flecken im eigenen Denken und Tun aufdecken? Wer macht sie auf Voreingenommenheiten, Vorurteile und Engstirnigkeit aufmerksam, vor denen weder Top-Führungskräfte noch Wissenschaftler:innen, Fachleute und Spezialist:innen gefeit sind?

Wer daher zu stolz, zu verschlossen oder zu neidisch ist, um offen auf Vorschläge von Innovator:innen einzugehen und sie einer seriösen Prüfung zu unterziehen, schadet sich selbst und seiner Organisation. Wer Innovator:innen als unnütz, realitätsfremd oder gar dumm entlarven möchte, sägt am eigenen Ast der Erkenntnis.

 Innovationskiller Klerikalismus

Passiert es nicht immer wieder, dass kirchliche Innovator:innen unter die Räder des von Papst Franziskus viel gescholtenen Klerikalismus und des diesem immanenten erneuerungsfeindlichen Impetus geraten? Immer dann, wenn Kleriker, aber auch professionelle Laien oder auch oft langgediente ehrenamtliche Funktionäre mit Geringschätzung, süffisantem Lächeln oder einfach Ignoranz auf die Vorschläge einfacher Christgläubiger reagieren, versündigen sie sich am Heiligen Geist. Sie berauben sich und die Kirche einer unerlässlichen Quelle von Erneuerung und fügen ihrer Sendung dadurch großen Schaden zu.

Analog zum priesterlichen Klerikalismus gibt es vor allem im deutschsprachigen Raum einen verhängnisvollen Dünkel bei vielen Theolog:innen. Warum müssen nahezu alle pastoral hauptamtlich Tätigen entweder Theologie studiert oder eine vergleichbare Ausbildung absolviert haben? Ist dieser de facto Monopolanspruch für kirchlich-pastorale Berufe nicht theologisch fragwürdig, wenn man das systemische Bild vom „einen Leib und den vielen Gliedern" ernstnimmt (vgl. 1 Korinther 12)? Auch innovationstheoretisch halte ich diese Einseitigkeit mittlerweile für ein großes Problem. Denn angesichts der komplexen Herausforderungen und der Spezialisierung in allen Bereichen brauchen heutzutage nicht nur kategoriale Handlungsfelder, sondern auch lokale Kirchengemeinden Menschen mit unterschiedlichen Begabungen, Ausbildungen und Kompetenzen.

Ich habe oft erlebt, wie durch die Priorisierung und strukturelle Bevorzugung bestimmter Kompetenzen ein destruktives Klima entsteht, das kirchliches Engagement für viele unattraktiv macht, deren Talente in einer pluralen Umgebung aber extrem wertvoll sind. Gerade Menschen vom Typ der Innovator:innen verstummen oft langsam, aber sicher. Sie denken sich zwar ihren Teil, aber sie verlieren zunehmend das Interesse und die Lust, Vorschläge und Ideen einzubringen. Viele passen sich mittelfristig an die innovationsresistente Umgebung an und werden „vernünftig". Die Folgen sind für alle Seiten desaströs. Organisationen berauben sich ihrer Innovationskraft, Führungskräfte entfernen sich vom Ideal einer dienenden und bevollmächtigenden Leitung und die Innovator:innen selbst sind tief enttäuscht. In ihrem Herzen spüren solche Menschen, dass sie ihrer Lebendigkeit beraubt wurden. Sie verlieren mit ihrer Kreativität, ihrer unkonventionellen Art und ihrer Verspieltheit vieles von dem, was Jesus wohl auch meinte, als er sagte: „Amen, ich sage euch: Wer das Reich Gottes nicht so annimmt wie ein Kind, der wird nicht hineinkommen." (Markus 10,15) Aus diesen Gründen wage ich es, hier noch einmal von Sünde wider den Heiligen Geist zu sprechen und scharfen Einspruch gegen eine Kultur des offenen oder latenten Klerikalismus zu erheben. Denn jeder Typ der Rogers' Bell kann eine grundsätzliche konstruktive Offenheit leben und so der Wirkkraft des Gottesgeistes Raum geben.

In welchem Ambiente können daher alle Typen zur Geltung kommen? Und wann fühlen sich auch Innovator:innen wohl? Welche Umgebung unterstützt eine positive Resonanz auf ihre Ideen? Worauf muss man achten, wenn man die kleine Minderheit vom Typ der Innovator:innen an eine Organisation binden und sie produktiv für die eigene Sendung, Vision und Ziele einsetzen will? Diese Charakteristika und diese Bedeutung einer innovationsfreundlichen Organisationskultur sind Gegenstand des letzten Kapitels.

Biblische Perspektive:
Welcher Typ war Jesus?

Innovator:innen in der Bibel? Welche Frauen und Männer fallen Ihnen da ein? Welche biblischen Geschichten, welche Prophet:innen oder Protagonist:innen im Ersten und im Zweiten Testament?

Ich habe lange nachgedacht, welchen Gestalten ich an dieser Stelle Raum geben soll. Nicht, dass mir nicht viele einfallen. Ich habe allerdings bemerkt, dass ich vor der wohl entscheidendsten Frage zurückgescheut bin, nämlich: War Jesus von Nazaret ein Innovator? Ich fragte mich, warum ich so lange gezögert habe, mich dieser eigentlich naheliegenden Frage zu stellen. Liegt es an einer gewissen Zurückhaltung, Jesus in eine menschengemachte Typologie zu zwängen? Habe ich Sorge, dass dadurch ein bestimmter Typ als der bessere hingestellt wird und Menschen anderer Typen sich dadurch geringgeschätzt oder benachteiligt fühlen? Steht die Frage, welcher Typ Jesus gewesen sei, im Widerspruch zu einem Jesusbild, das ihn als vollkommen, makellos und frei jeder Sünde sieht? Müsste er dementsprechend nicht alles abdecken, alle Typen integrieren, sozusagen im Sinne der „coincidentia oppositorum" eines Nikolaus Cusanus, der in der Unendlichkeit Gottes alle Gegensätze zusammenfallen sah? Oder lag mein Zögern umgekehrt daran, dass ich selbstverständlich davon ausging, dass Jesus Christus nur und nichts anderes als ein Innovator sein kann? Gott ist ja nach unserem überlieferten Glauben in Jesus Mensch geworden, um die Menschheit zu erlösen und alles in seinem Geiste zu erneuern. Das kann doch nur ein Innovator leisten, oder? Hat nicht mit diesem Jesus, mit seinem Leben, Leiden, Sterben und Auferstehen endgültig und unüberbietbar das neue Himmelreich begonnen, das jetzt schon da ist und uns alle am Ende aller Zeiten erwartet:

„Dann sah ich einen neuen Himmel und eine neue Erde; denn der erste Himmel und die erste Erde sind vergangen, auch das Meer ist nicht mehr. Und die heilige Stadt, das neue Jerusalem, sah ich von Gott her aus dem Himmel herabkommen, bereit wie eine Braut, die sich für ihren Mann geschmückt hat. Und ich hörte eine gewaltige Stimme vom Thron her rufen: Seht, das Zelt Gottes unter den Menschen! Er wird in ihrer Mitte wohnen und sie werden seine Völker sein und er selbst, Gott mit ihnen, wird ihr Gott sein. Er wird jede Träne von ihren Augen abwischen und es wird keinen Tod mehr geben; auch keine Trauer, keine Klage, keine Pein wird es mehr geben; denn das Frühere ist vergangen." (Offenbarung 21,1–4)

Sie sehen, ich habe mich entschieden, trotz meiner Bedenken an dieser Stelle Jesus in den Mittelpunkt meiner Überlegungen zu stellen. Ich tue das in der Hoffnung, in dieser wie auch in anderen Fragen, die dieses Buch behandelt, einen Diskurs mit Ihnen, dem Leser, der Leserin, anzustoßen und bin gespannt auf Ihre Gedanken und Reaktionen.

 Persönlichkeitstypologien

5 · Innovationen nur durch Innovator:innen?

Gott sah, dass es sehr gut war!

Im Verhalten Jesu mit seinen Mitmenschen sehen wir immer wieder, dass er jeden Mann und jede Frau individuell und typenunabhängig wahr- und ernstgenommen hat. Jede Begegnung weist Einzigartigkeiten auf, die in der Individualität seines Gegenübers grundgelegt sind. „Dein Glaube hat dir geholfen!", ist eine häufig zitierte Reaktion Jesu, wenn es gelang, dass eine Begegnung heilvolle und befreiende Auswirkungen hatte. Offensichtlich bewirkten die Liebe und das Vertrauen Jesu, dass einzelne Menschen verwandelt wurden, weil sie sich von sündhaften, unheilvollen Verstrickungen befreien ließen und sich für ihre von Gott geschenkten Anteile öffnen konnten.

Es ging bei solchen Heilungs- und Befreiungsgeschichten also nicht um bestimmte Persönlichkeitstypen von Menschen, sondern um die Frage, ob jemand bereit war, das zu werden, was Gott bereits von Anbeginn in ihnen auf einzigartige und unwiderrufliche Weise geschaffen hatte. Dieser Befund deckt sich mit vielen Lehrer:innen von Typologien, die betonen, dass es darum geht, den eigenen Typ positiv zu entwickeln, die jeweiligen Stärken konstruktiv zu leben und mit den immer auch vorhandenen Schattenseiten gut umgehen zu lernen. Es gibt keinen perfekten Typ, es kann keinen geben, weil es nicht dieser oder jener Typ ist, der gut oder schlecht ist oder Gutes oder Schlechtes bewirkt. Die Frage ist vielmehr, in welchem Geist ich meinen Typ, meine Anlagen, meine Möglichkeiten lebe.

Und welcher Typ könnte nun Jesus nach der Rogers' Bell gewesen sein? Ich habe eine bestimmte Vermutung, und die wird Sie wahrscheinlich nicht überraschen. Ich hatte mich in diesem Kapitel ja auf die Innovator:innen konzentriert, die frühen Anwender:innen und die anderen Typen der Rogers' Bell hatte ich nur gestreift. Dabei hatte ich beschrieben, was Innovator:innen kennzeichnet, ihre Wahrnehmung durch die Brille der Verbesserung, ihren Einfallsreichtum und ihre Kreativität, wenn es darum geht, auch dort noch Möglichkeiten zu finden, wo alle sagen: Geht nicht! Unmöglich! Unrealistisch! Ich hatte auch Verständnis dafür signalisiert, dass viele Menschen diese Innovator:innen unabhängig von ihrer persönlichen Sympathie oder Antipathie oft als nervig, störend und unruhestiftend erleben.

Auf diesem Hintergrund habe ich den Schluss gezogen, dass Jesus wie viele Prophet:innen am ehesten als Innovator zu charakterisieren ist. Dramatisch verdeutlicht sich diese These, wenn man die negative Erfolgsbilanz seines Lebens betrachtet, die im Markusevangelium besonders radikal überliefert ist. Nicht nur verlassen ihn seine engsten Gefährten in der tiefsten Not, in der abgrundtiefen Verlassenheit von Getsemani, sondern seine Ideen und Vorschläge werden bei seinem Gerichtsprozess verdreht und missverstanden. Dieses Motiv des Unverständnisses durchzieht lange vor der Passionsgeschichte jedoch das ganze Markusevangelium und taucht auch in den anderen Evangelien immer wieder auf. Im Gegenteil, statt die Genialität seiner Vorstellungen anzuerkennen und zu nutzen, wird er je nach Situation als lächerlicher Narr, gefährlicher Unruhestifter oder blasphemischer Pseudoprophet diffamiert, verfolgt und zuletzt umgebracht.

 *Unverständlicher Jesus*

5 · Innovationen nur durch Innovator:innen?

Ihr werdet noch größere Werke vollbringen!

Eine Aussage Jesu hat für mich nach meiner Beschäftigung mit säkularer Innovationsforschung neue Bedeutungen gewonnen: „Glaubt mir, dass ich im Vater bin und der Vater in mir ist. Wenn nicht, so glaubt doch um der Werke selbst willen! Amen, amen, ich sage euch: Wer an mich glaubt, wird die Werke, die ich vollbringe, auch vollbringen. Und er wird noch größere vollbringen; denn ich gehe zum Vater." (Johannes 14,11–12)

Glaube im Sinne von Vertrauenkönnen wird zunächst als Folge konkreter Taten und Wirkungen (Werke) eingefordert. Sie erinnern sich: Innovationen sind erfolgreich umgesetzte gute Ideen. Viele Taten Jesu bewirkten nicht nur zu seiner Lebenszeit ungeheure Resonanz, Attraktivität und Veränderungen, sondern haben seit 2000 Jahren unzählige Menschen beeinflusst, verwandelt und geprägt. Können sie daher als Innovationen charakterisiert werden? Ich bin überzeugt: Ja!

Völlig unverständlich war für mich lange die zweite Aussage, nämlich die Prophezeiung, dass die Nachfolger:innen Jesu, also die an ihn Glaubenden, nicht nur seine Werke vollbringen werden, sondern sogar noch größere! Das passte nicht mit der Überhöhung zusammen, mit der ich Jesus betrachtete, wohl auch als Folge meiner kirchlichen Sozialisation und theologischen Studien: als vollkommenen Menschen und Sohn Gottes.

Aus der Perspektive säkularer Innovationsforschung könnte man sagen: Was Innovator:innen in Gang setzen, ist ein Anfang, der mit der Zeit an Fahrt gewinnt, oft erst lange nach ihrem Tod, sodass sie selbst einen Großteil der von ihnen ursprünglich initiierten Wirkungen nicht mehr mitbekommen. Die Saat, die sie säen, geht zwar nur teilweise auf, aber wenn sie keimt und sprießt, geschieht Wunderbares, selbst wenn es wie das Senfkorn winzig ist: „Es ist zwar das kleinste von allen Samenkörnern; wenn es aber ausgewachsen ist, ist es größer als die Gartengewächse und wird zu einem Baum, sodass die Vögel des Himmels kommen und in seinen Zweigen nisten." (Matthäus 13,32)

Diese Art von Glauben hat daher nicht nur eine religiöse oder spirituelle Dimension im Sinne einer transzendenten Perspektive, sondern gewinnt eine allen Menschen zugängliche Konnotation, auch für religiös unmusikalische, auch für Zeitgenoss:innen, denen ein transzendenter Zugang nicht wichtig oder verwehrt ist. Meinten das die Apostel, als sie Jesus baten: „Stärke unseren Glauben! Der Herr erwiderte: Wenn ihr Glauben hättet (so groß) wie ein Senfkorn, so würdet ihr zu dem Maulbeerbaum da sagen: Zieh deine Wurzeln heraus und verpflanz dich ins Meer! Und er würde euch gehorchen." (Lukas 17,5–6) Oder in anderer Überlieferung: „Amen, ich sage euch: Wenn ihr Glauben hättet wie (die Größe) eines Senfkorns, dann könntet ihr zu diesem Berg da sagen: Rück von hier dorthin! Und er würde wegrücken und nichts würde euch unmöglich sein." (Matthäus 17,20)

Wer sich umsieht, wird solche Welt und Berge bewegenden Menschen nicht nur in Kirchen, sondern in allen gesellschaftlichen Bereichen wahrnehmen, denn der Geist der Innovation weht, wo er will. Achten Sie aufmerksam auf diese Wunder! Wo verrücken sich auch heute Berge? Berge des Hasses, der Ungerechtigkeit und des Leidens? Dort, wo der Glaube, die Hoffnung und vor allem die Liebe „ein Weg ist, der alles andere übersteigt" (1 Korinther 12,31b). Als Innovator hat Jesus solche Wunder initiiert und baut darauf, dass wir unsererseits innovativ tätig werden – dann werden wir sogar Größeres vollbringen als er selbst.

Biographisch-persönlicher Zugang:
Verhüllen – enthüllen – entdecken
bei der „Aktion Glaube"

Sie werden bereits am bisher Geschriebenen vermutet haben, dass ich mich selbst auch zum Typ der Innovator:innen zähle. Diese Einschätzung bestätigen nicht nur meine persönlichen Erfahrungen, sondern auch die Rückmeldungen von Kolleg:innen, Freund:innen und auch mir fremden Personen, die von der einen oder anderen meiner Aktivitäten erfahren haben.

Dass jeder der fünf Typen der Rogers' Bell seine Licht- und Schattenseiten hat, dass jeder Typ ein Leben lang gepflegt und entwickelt werden muss und dass jeder Typ auch einen spezifischen Beitrag leisten kann und muss, damit unsere Welt im Kleinen und im Großen spürbar besser wird – über all das haben wir bereits gesprochen.

Im Folgenden möchte ich von einem Beispiel erzählen, bei dem die Kriterien und das Zusammenwirken aller Typen besonders schön und wirkungsvoll gelungen sind.

Aktion Glaube: Verhüllen – enthüllen – entdecken

Das Jahr 2013 wurde von Papst Benedikt XVI. zum „Jahr des Glaubens" ausgerufen. Dabei gelang es mit der österreichweit durchgeführten „Aktion Glaube" ein weithin sichtbares und von vielen beachtetes Zeichen zu setzen. Mehr als 500 Pfarren und kirchliche Einrichtungen beteiligten sich an der ungewöhnlichen Aktion, die abschließend in einem 400-seitigen Lese- und Bildband dokumentiert und inhaltlich vielfältig ausgedeutet wurde. Neben Kardinal Christoph Schönborn und Bischof Egon Kapellari nehmen darin namhafte Autor:innen aus Kirche, Theologie und Wissenschaft zu dem innovativen und österreichweiten Mitmachprojekt Stellung, das federführend von der Diözese Graz-Seckau entwickelt und durchgeführt wurde.

Ich war 2013 Kommunikationsleiter der Diözese Graz-Seckau. Als Projektleiter und Initiator der „Aktion Glaube" konnte ich durch dieses Projekt die spezifischen Vorteile von Kirche zur Entfaltung bringen: Ein flächendeckendes Netzwerk von Pfarren und Einrichtungen, die kreative Verbindung von Tradition und Moderne und die oft unterschätzte Wirkkraft zehntausender Ehren- und Hauptamtlicher. Die „Aktion Glaube" hatte auf Empfehlung der Österreichischen Bischofskonferenz in der Fastenzeit 2013 stattgefunden. Mehr als 5.000 Glaubenssymbole im öffentlichen Raum wurden mit leuchtend gelben oder violetten Stoffbahnen verhüllt. Als österreichweiter Höhepunkt im „Jahr des Glaubens" in Österreich wollte die Aktion – ganz dem Untertitel „verhüllen – enthüllen – entdecken" entsprechend – dazu einladen, sich neu die Bedeutung von religiösen Symbolen im öffentlichen Raum bewusst zu machen und sich mit dem unsichtbaren Wesen und der bleibend aktuellen Botschaft der verhüllten Gegenstände zu befassen. Das Projekt war gleichzeitig eine Verheutigung dessen, was in der Kirche während der Fastenzeit seit jeher geschieht, nämlich die Verhüllung der Heilssymbole angesichts des Leidens und Sterbens Jesu Christi.

Sog erzeugen, nicht Druck machen: Diese Haltung verband mich mit dem damaligen Leiter des Pastoralamtes Karl Veitschegger. Es lag uns fern, den Pfarrgemeinden und anderen kirchlichen Einrichtungen etwas vorzuschreiben oder sie zu bloßen Erfüllungsgehilf:innen zu machen. Wir wollten sie aktiv beteiligen und so ihre Lust zum Mitmachen wecken. Zentral dafür waren eine glaubwürdige und zündende Botschaft, ein penibler Organisationsplan, klare Rahmenbedingungen und hohe Eigenständigkeit in der lokalen Umsetzung. Außerdem fühlten sich alle durch die *eine* Aktion an vielen Orten miteinander verbunden. So rief ein steirischer Feuerwehrmann spontan aus: „Da war ich auch dabei!", als er Bischof Manfred Scheuer in einem Bericht in den Hauptabendnachrichten das Gipfelkreuz des höchsten österreichischen Berges, des Großglockners, verhüllen sah.

Meine Conclusio: Auch kirchlich Engagierte machen dann gerne mit, wenn etwas als gut angesehen und über den Insiderkreis hinaus beachtet und anerkannt wird.

 Bleibende Erkenntnisse aus dieser Aktion

Kapitel 6
Über die Bedeutung von Teams, Individualität und Einheit

In nahezu allen erfolgreichen Firmen oder Organisationen sind Teams für den Erfolg verantwortlich. Glauben Sie das? Oder gehören Sie zur Mehrheit derjenigen, die als Hauptfaktor für Erfolg und Innovation herausragende Einzelplayer, großartige Führungskräfte und sogenannte High Performer ausmachen? Wie auch immer: Je nachdem, ob die Team- oder die Einzelplayervariante als handlungsleitendes inneres Bild vorherrscht, werden die Konsequenzen völlig unterschiedlich sein. Meine persönliche Meinung habe ich bereits mit dem ersten Satz ausgedrückt, im folgenden Kapitel möchte ich sie fachlich begründen und für den kirchlichen Bereich theologisch und geistlich fundieren.

Nehmen wir als aktuelles und auch umstrittenes Beispiel Elon Musk. Wenn Menschen gefragt werden, welche innovativen Leute ihnen einfallen, kommt mittlerweile mehr Menschen Musk in den Sinn als etwa der 2011 verstorbene Steve Jobs, der unvergessliche „Mr. Apple" und Synonym für einen Innovator, oder der Microsoftgründer Bill Gates.

Elon Musk wuchs in Südafrika auf, übersiedelte mit siebzehn Jahren nach Kanada und später in die USA, wo er heute in Austin, Texas, lebt. Bekannt ist dieser charismatische, exzentrische und kontroversielle Typ vor allem für die Elektroautos der Firma Tesla, die nach den Worten von Herbert Diess, Vorstandsvorsitzender des Volkswagen Konzerns, allen anderen Herstellern um Jahre voraus sind. Ein derartiges Zugeständnis ist im besten Sinn des Wortes ein

Kompliment und kommt in der hochkompetitiven Autoindustrie selten vor. Es ist umso bemerkenswerter, weil Tesla jahrelang vom automotiven Mainstream in Medien und Industrie verschwiegen oder krank- und totgeredet wurde. Aber auf Tesla trifft das bekannte Zitat von Mark Twain zu: „Die Nachrichten von seinem Tod sind stark übertrieben." Die Firma setzte im Gegenteil zu einem fulminanten Höhenflug an, der mitten in der Coronakrise in einem Börsenkurs gipfelte, der sogar die um ein Vielfaches größeren deutschen Autokonzerne übertraf! Im dritten Quartal 2022, als bereits viele Hersteller ebenfalls Elektroautos auf den Markt gebracht hatten, schaffte Tesla einen neuen Auslieferungsrekord.

 Bescheidender Boss

Elon Musk hat mit seinen oft unkonventionellen Aussagen auf Social Media immer wieder Anlass zur Kritik oder sogar zu wütenden Reaktionen gegeben. Bescheidenheit ist nicht unbedingt eine seiner Stärken. In Österreich würde er gut als Angeber durchgehen, wenn auch als einer, der von immer mehr Leuten zähneknirschend bewundert wird. Entweder, weil sie eine Probefahrt mit einem Auto von Tesla absolvieren oder weil sie anhand seiner wirtschaftlichen Performance erkennen müssen: Totgesagte leben länger. Musk nimmt es mit seinen Vorhersagen nicht so genau. Es fällt nicht schwer, ihm Dutzende öffentliche Statements vorzuhalten, wo er sich getäuscht oder geirrt hat. Das „Problem" ist nur: Er ist trotzdem in einem hohen Ausmaß erfolgreich und überrascht seine Kritiker:innen oft mit unglaublichen Ergebnissen.

 *Zip2, Paypal, Tesla, SpaceX, SolarCity,
OpenAI, Neuralink, The Boring Company ...*

Warum erzähle ich so ausführlich von diesem außergewöhnlichen, umstrittenen und erfolgreichen Innovator? Wider Erwarten und im scharfen Kontrast zur medialen Wahrnehmung wird gerade bei Musk deutlich, dass seine Erfolge nicht die Frucht eines Einzelkämpfers, sondern des Zusammenspiels von Tausenden von Menschen sind. Zwar steht Elon Musk immer wieder als charismatischer Gründer und Innovator im Vordergrund, auf ihn konzentriert sich die Medienwelt und es gibt nur wenige Führungskräfte in seinen vielen Firmen, die auch einen gewissen Bekanntheitsgrad erreichen. Eine davon ist Gwynne Shotwell. Sie ist Präsidentin und COO (chief operating officer) von SpaceX und für das Tagesgeschäft, das Unternehmenswachstum und die strategischen Kundenbeziehungen verantwortlich. Unter ihrer Führung wurde SpaceX vom Start-Up zum Weltmarktführer für kommerzielle Satellitenstarts.

Die US-amerikanische Ingenieurin Shotwell ist aber nur eine von unzähligen Expert:innen, Facharbeiter:innen und Wissenschaftler:innen, deren Knowhow und richtiges Zusammenspiel notwendig sind, um derart komplexe Ziele wie die von SpaceX, Tesla, Hyperloop & Co zu erreichen. Musk könnte das allein niemals erreichen. Was wenige wissen: Er betrachtet seine vielen Mitarbeiter:innen nicht als bloße Erfüllungsgehilf:innen seiner Visionen. Wir können hier zwei der unterschätzten, weil weniger spektakulären Stärken des Visionärs Musk identifizieren: Zum einen versucht er mit maximaler Konsequenz, die richtigen Leute an Bord zu bekommen. Damit erfüllt er eines der entscheidenden Merkmale von „great leaders", die Jim Collins in „Good to Great" benannte. Erfolgsrelevant sind demnach nicht so sehr Visionen oder Strategien, also „wohin der Bus fahren will", um ein bekanntes Bild zu zitieren, sondern die Frage, ob die richtigen Leute in den Bus ein- und die falschen aussteigen. Was das ausmacht, soll in diesem Kapitel thematisiert werden. Die zweite Stärke ist die hinter den erfolgreichen Firmen stehende Organisationskultur, ihre organisationale Körpersprache (Kapitel 11).

 Übertriebene Personifizierung

Ob etwas gelingt oder nicht, ob Menschen begeistert sind oder nicht, ob sie der Kirche und ihrer Botschaft vertrauen, liege in erster Linie an Einzelpersonen. Lange hatte auch ich diese in kirchlichen Kreisen beliebte und übertriebene Personifizierung mitgetragen: „Wenn wir nur eine:n Jugendleiter:in, Pfarrer, Bischof oder Papst hätten, der ..." – wie oft habe ich diesen Satz gehört! Und wie lange brauchte ich, um zu verstehen, dass dieser gut gemeinte Wunsch weder praxistauglich noch zukunftsfähig ist. Systeme gesunden dann, wenn sowohl die einzelnen Teile als auch deren Verbundenheit funktioniert. Ein Organismus braucht gesunde Einzelglieder und das funktionierende In- und Miteinander aller beteiligten Teile. „Growing a healthy parish" (etwa: Eine gesunde Pfarrgemeinde aufbauen) – mit dieser Vision bringt Father Michael White von der Church of the Nativity dieses systemische Prinzip auf den Punkt. Dazu gehört auch, bereits jetzt so zu agieren, dass der Wiederaufbau seiner Pfarre auch nach seinem Ausscheiden weitergeht.

Beispielhaft für eine Absage an den Irrglauben der Rettung von Kirche und Welt durch einige wenige überdurchschnittliche Stars ist die Mahnung, die der Papst am 7.6.2021 in einer Ansprache an Priester richtete: „Superman-Priester nehmen kein gutes Ende, nie. Ein Priester, der seine Schwächen kennt und über sie mit Gott redet, ist hingegen in Ordnung ... Wenn ihr an ein vom Gottesvolk isoliertes Priestertum denkt – das ist kein christliches und auch kein katholisches Priestertum. Geht aus euch selbst heraus, lasst ... eure Sehnsucht nach Größe und Selbstbestätigung hinter euch, um Gott und die Menschen ins Zentrum eurer täglichen Gedanken zu stellen."

Die Vorstellung von Innovation als Leistung einzelner High Performer gilt es zu destruieren und durch das Paradigma „Innovation ist ein Teamsport" zu ersetzen.

Leib. Weinstock. Orchester

Wir kennen viele Bilder für den systemischen Zusammenhang von Einzelteilen und dem Ganzen. Paulus bemüht immer wieder die Metapher des *einen* Leibes mit vielen Gliedern. Das 12. Kapitel des 1. Korintherbriefes ist wohl die bekannteste Beschreibung des Völkerapostels. Auch weithin geläufig ist vielen die Weinstockrede von Jesus im 15. Kapitel des Johannesevangeliums. Neben der systemischen Komponente, dass etwa eine vom Weinstock getrennte Rebe keine Früchte mehr bringen kann, geht es dem Evangelisten um die spezifisch christozentrische Dimension von Einheit, im Sinne von *Oneness*, wie sie viele spirituelle und mystische Richtungen beschreiben. Diese Oneness meint Einheit, Einssein, Übereinstimmung und tiefe Verbundenheit trotz oder gerade in allen Unterschieden. Der Begriff findet sich sowohl in traditionellen Weltreligionen als auch in neuen religiösen, esoterischen oder ökologischen Aufbrüchen und Initiativen. Profaner ist das Bild eines Orchesters bzw. einer Symphonie. Nur durch das Zusammenspiel und den Zusammenklang vieler Instrumente und Musiker:innen können Werke zum Klingen gebracht werden, die einst von genialen Komponist:innen ersonnen wurden. Und denken Sie nur an die scheinbaren „Misstöne", die beim Einspielen zu hören sind! Da fokussiert jede:r nur auf sich und ignoriert bewusst die anderen. Für das Konzert braucht es dann den Dirigenten, der genau weiß, wann welches Instrument in welcher Intensität erklingen soll. Würden die einzelnen Musiker:innen auch in diesem Teil wieder nur von sich ausgehen, käme kein Wohlklang zustande, so gut sie individuell auch sein mögen.

 Viele Bilder für Einheit in Vielfalt

 Der Stoff aus dem wir sind

 Nobelpreisträger für Physik und gläubig?

Welches Bild von Oneness, also von Einhelt in Vielfalt, von tiefer Verbundenheit und von der Erfahrung, dass das Ganze mehr ist als die Summe aller Teile, ist denn „Ihr" Bild? Vielleicht können Sie so ein Bild oder eine passende Metapher benennen, damit Sie emotional und rational erkennen: Innovationen im Sinne von Verbesserungen, von gelungenen Umsetzungen und nachhaltiger Erneuerung sind nur möglich, wenn den einzelnen Teilen und dem Gesamt eines Systems Verbundenheit und Kooperation gelingen. Die dafür hilfreichen Kriterien versuche ich im Folgenden zu benennen. Bedenken Sie dabei, dass jeder Vergleich immer auch hinkt. Je nach Kriterium eignet sich daher das eine oder das andere Bild besser.

Einzigartigkeit wertschätzen

Es braucht die Vielfalt und auch die Unterschiedlichkeit der einzelnen Teile. Jegliche Uniformität verunmöglicht diejenige Art von Einheit, die Voraussetzung für Innovationen ist. Verliere ich meine Individualität, mein Ich, mein ganz besonderes Sein, wenn ich mich einem größeren Ganzen eingliedere und unterordne? So lautet die vielfach geäußerte Sorge von Menschen vor allem in Ländern des westlichen Kulturkreises. In einer innovativen Organisationskultur betrachtet man Individualität jedoch gerade nicht als notwendiges Übel, sondern als Geschenk, das wertgeschätzt und gefördert wird. Erst wenn Menschen diese Wertschätzung glaubwürdig erleben, werden sie für sich entdecken, dass ihre Sorge unbegründet ist. Erst dann werden sie aus freiem Herzen Teil eines größeren Ganzen sein wollen, weil sie erkannt haben, dass nur so ihre Einzigartigkeit aufblühen kann. Die scheinbare Aufgabe der Freiheit wird zur Voraussetzung für Selbstwerdung. „Wer sich hingibt, der empfängt", betete der Heilige Franz von Assisi. Martin Buber formulierte: „Am Du wird der Mensch zum Ich."

Verbundenheit fördern

Aber wie wird aus vielen unterschiedlichen Menschen ein lebendiges und funktionierendes Ganzes? Auch da helfen passende Bilder weiter. Es geht um die rechte Zusammensetzung, um die richtigen Proportionen und um eine gute Ausgewogenheit. Diese Kriterien sind bei sozialen Systemen nicht technisch und starr festgelegt, sondern verändern sich situativ und je nach Aufgabenstellung, Verfasstheit und Umweltbedingungen manchmal schneller und manchmal langsamer. Selten bleiben sie längere Zeit völlig gleich, so wie unser Körper sich auch vom Aufwachen am Morgen bis zur Nachtruhe immer wieder verändert, anpasst und neu konfiguriert. Bei Gruppen oder Organisationen ist zum Beispiel die Ausgewogenheit von Persönlichkeits- oder Innovationstypen wichtig (vergleiche die Rogers' Bell in Kapitel 5), aber auch die Kompetenzen, das Wissen und die sozialen Fähigkeiten. Um der Tendenz zur Konformität („gleich und gleich gesellt sich gern") entgegenzuwirken, braucht es die gezielte Pflege von Unterschiedlichkeit auf allen Ebenen. Das kann anstrengend und konfliktreich sein, führt aber bei konstruktivem Umgang zu einem Mehrwert, der in einem monokulturellen Einheitsbrei nie erreicht werden kann. Diese dynamische Verbundenheit der vielen Glieder in einem Leib, der vielen Engagierten in einem Projekt oder der vielen Mitarbeiter:innen in einer Organisation spielt sich auf vielen Ebenen ab. Sie ist oft nicht bewusst und geplant. Wie das vegetative System eines Organismus spielen sich viele lebensnotwendige Prozesse unbewusst ab, etwa Atmung, Stoffwechsel oder Gleichgewicht. Man spürt dieses Eingespieltsein bei großartigen Bands und Orchestern, aber auch bei Mannschaftssportarten oder erfahrenen Paaren oder Großfamilien. Alles wirkt so leicht, so souverän, ja fast automatisch, und ist doch in der Regel hart erarbeitet, so oft trainiert, bis es „in Fleisch und Blut" übergeht, wie der Volksmund sagt.

Durch Richtung und Rhythmus in den „Flow" kommen

Vertieft werden diese Kategorien des Zusammenspiels und der Kooperation durch Themen wie Richtung und Rhythmus. Ist allen klar, in welche Richtung das Ganze unterwegs ist, ja, wohin es überhaupt will? Gibt es gemeinsam ausgehandelte und vereinbarte Ziele? Rudern alle in die gleiche Richtung? Und geschieht dieses „Rudern" im gleichen Rhythmus? Wenn Sie einmal in einem Kanu oder einem Ruderboot Teil eines Teams waren, wissen Sie, wovon ich rede. Zusätzlich ist die Erfahrung des Eingestimmtseins auf einen gleichen Rhythmus wunderbar, sie führt in vielen Teams zu der Art von Flow-Erlebnis, wie dies der ungarische Glücksforscher Mihály Csíkszentmihályi bezeichnete und was von vielen Forscher:innen unterschiedlicher Disziplinen aufgegriffen wurde. Ohne hier näher auf dieses Konzept eingehen zu können, sei betont, dass es sich nicht um ein allgemeines Wohlfühlen handelt, sondern um ein nachhaltig wirksames und als beglückend erlebtes Gefühl eines mentalen Zustandes völliger Vertiefung und Aufgehens in einer Tätigkeit, ob beim Sport oder in der Arbeit. Dieser Zustand ist meist das Ergebnis langen und harten Trainings und wird daher umso mehr als befreiend und beglückend erlebt, so als ob man plötzlich abheben und fliegen könnte. Ich halte das Flow-Erleben für ein Phänomen, das nicht nur individuell erlebt werden kann, sondern gerade auch als spürbare Folge von echter Einheit, von Oneness und innerer Verbundenheit.

In der Flow-Forschung wird immer wieder mit dem Bild spielender Kinder versucht zu illustrieren, dass es nicht um Perfektionismus geht, auch nicht um übertriebene Steuerung oder gar Machbarkeitswahn, sondern um das Aufgehen in ein gegenwärtiges Erleben, um ein konzentriertes Fokussiert-Sein ohne Ablenkung, um ein achtsames Dasein in Verbundenheit.

Fragen Sie sich bei der nächsten Sitzung oder Videokonferenz, ob diese Qualitäten spürbar sind, was sie fördert oder behindert und wie sehr Sie bereit sind, damit anzufangen.

Für mich ist der tiefste Grund, auf dem dieses Ineinander und Zusammenspiel von vielen, unterschiedlichen, ja letztlich einander immer auch fremden Menschen keimen, wachsen und gedeihen kann, das, was wir im umfassenden Sinn Liebe nennen. Dabei kann man eher eine geistlich-spirituelle oder psychologisch-therapeutische Perspektive einnehmen, oder sich von der neurologischen Empathieforschung oder sozialwissenschaftlichen Erkenntnissen inspirieren lassen – immer mehr erscheint mir die Liebe als Geschenk, Geheimnis und als Kunst (Erich Fromm), zu der jeder Mensch fähig ist. Liebe wird so zum Hauptfaktor gelungener Kooperation und heilvoller Verbundenheit.

Prophetisch-kritischer Zugang:
Silodenken, Gruppenegoismus und Neidkultur

Bei kaum einem anderen Thema wird die Kluft zwischen Anspruch und Wirklichkeit so spürbar wie bei dem dieses Kapitels, das man mit „Einheit in Vielfalt" zusammenfassen könnte. Es kommt leider noch schlimmer: Diese häufig vorkommende Kluft wird kleingeredet, überspielt, geleugnet oder ignoriert. Haben Sie auch erlebt, dass das inflationäre Gerede von „Gemeinschaft" oft genau dort vorherrscht, wo de facto kaum echte Gemeinschaft spürbar ist? Schon gar nicht, wenn man neu ist oder nicht in die milieuverengte Clique vor Ort passt? Und wie viele Menschen jammern zwar, nirgends wirklich dazuzugehören, aber sobald sie in einer Kleingruppe beheimatet sind, verschließen sie sich potenziellen neuen Mitgliedern und handeln genauso wie diejenigen, unter deren Verhalten sie zuvor gelitten hatten? Viele merken zudem nicht, dass sie von einem ganz bestimmten Bild von Gemeinschaft geleitet werden, das vielleicht für bestimmte Milieus das passende sein mag, aber für viele andere unattraktiv ist und ausschließend wirkt. Meist sind es harmonistische und konformistische Bilder, die meiner Meinung nach von dem wegführen, was „Einheit in Vielfalt" bedeutet. Ja, sind sie nicht sogar kontraproduktiv, weil sie letztlich einen falschen Einheitsbrei fördern? Auf diese Weise konterkarieren Pfarrgemeinden, Arbeitsteams oder Gremien Bilder wie Orchester oder

Leib. Sie wollen zwar ein Orchester, aber dann besetzen sie es nur mit ein oder zwei Instrumenten. Sie wollen Leib sein, aber gebärden sich wie ein Körper mit Dutzenden Fingern, aber ohne Herz und Hirn, oder mit einem Riesenkopf ohne Füße!

Silomentalität

Die durch ihr Buch „Rebuilt" bekannt gewordene Pfarre Church of the Nativity bei Baltimore in den USA kritisiert daher das sogenannte Silodenken. In großen Unternehmen wird oft von „dominanten Silo-Strukturen" geredet. Was ist damit gemeint? Wie bei einem fensterlosen Betonsilo sehen einzelne Gruppen, Gremien oder Aktionen nur sich selbst und nehmen sich am wichtigsten. Sie sind abgeschlossen, quasi einbetoniert und mit anderen Akteur:innen kaum verbunden. Aus Silosicht ist es die Hauptsache, dass das eigene Projekt oder Anliegen erfolgreich, gut ausgestattet und bekannt ist, der Rest ist egal. Logisch, dass man sich dann gegenseitig als Konkurrent:in betrachtet und sich aggressive und machtorientierte Verhaltensweisen breitmachen.

Im Unterschied zur Wirtschaftswelt, in der Konkurrenz und Wettbewerb tendenziell positiv bewertet werden, wird in kirchlichen Kreisen oft massiv geleugnet oder kaschiert, dass nicht alles harmonisch und friedfertig abläuft. Behauptet wird hoch und heilig genau das Gegenteil! „Wir sind eine Gemeinschaft, bei uns herrscht Einheit in Vielfalt, jede:r ist willkommen sich einzubringen" und ähnliche Beteuerungen machen es schwer, sich der Realität ehrlich zu stellen und sie im Geiste Jesu zu bearbeiten. Kritiker:innen sehen sich schnell mit dem Vorwurf der Nestbeschmutzung konfrontiert, werden so zermürbt und resignieren oder verlassen das System.

Durch die sogenannte Silomentalität können Missgunst, Neid, Eifersucht, Habgier und Intrigen gut gedeihen. Es handelt sich bei diesen Missständen nicht um kosmetische Probleme, sondern um die zentrale Frage, ob das jeweilige System gesund und funktional ist oder aber krank und dysfunktional. Wer innovieren will, muss sich damit auseinandersetzen. Ziel ist, die getrennten Teile auf eine gemeinsame Vision einzuschwören und so zu einen. Das gelingt am ehesten, wenn man beharrlich an einer neuen Kultur arbeitet, die „Früchte des Geistes" wachsen lässt wie Liebe, Freude, Friede, Langmut, Freundlichkeit, Güte, Treue, Sanftmut und Enthaltsamkeit (Galater 5,22 f.).

Gibt es diese Phänomene nur in kleinen organisatorischen Einheiten wie lokalen Gemeinden? Die aktuellen Strukturmaßnahmen der verfassten Kirchen im deutschsprachigen Raum belegen eindrucksvoll, dass leider auch auf größerer Ebene das mittelalterliche Denken und Handeln in Territorialstrukturen dominant ist. Warum machen sonst so viele unkoordiniert das Gleiche? Warum fangen alle immer bei Null an? Warum gibt es in großen Organisationen wie der evangelischen oder erst recht der katholischen Kirche so wenig Austausch, Prozesse des Voneinander-Lernens oder offenes Teilen von Erfahrungen? Warum gibt man in postmodernen Zeiten gemeinsame Begriffe auf wie Pfarre(i)? Und Einheit in Vielfalt? In den meisten Fällen ein reine Worthülse, die gerade von denen in den Mund genommen wird, die sich auf keinen Fall in den Kochtopf ihrer selbstbezogenen Suppe blicken lassen wollen.

 *Kaputte Dachmarke*

Als langjähriger Verantwortlicher für die Kommunikation und Öffentlichkeitsarbeit meiner Heimatdiözese empfand ich Silodenken, Gruppenegoismus und Neidkultur als sehr belastend. Angesichts der Komplexität der Thematik und der Gleichgültigkeit vieler Akteur:innen war der Kampf für ein stärkeres Bewusstsein, dass wir *ein* Leib sind, oft wie ein Kampf gegen Windmühlen. Vielen ist einfach das Hemd näher als der Rock, auch wenn dies ethisch fragwürdig, praktisch dysfunktional und somit ein Hauptfaktor für die relative Erfolglosigkeit von Kirche insgesamt ist.

Biblische Perspektive:
Dreiklang von Einheit, Glaube und Früchten

„Denn wie wir an dem einen Leib viele Glieder haben, aber nicht alle Glieder den gleichen Dienst verrichten, so sind wir, die vielen, ein Leib in Christus, einzeln aber sind wir füreinander Glieder." (Römer 12,4-5)

Vor allem Paulus betont in seinen Briefen den systemischen Zusammenhang zwischen Leib und Gliedern. Neben dem Zitat aus dem Römerbrief wird vor allem das 12. Kapitel des 1. Korintherbriefs oft verwendet, um Gemeinden und kirchlichen Organisationen die Bedeutung von Einheit in Vielfalt zu verdeutlichen. Offensichtlich ist das Thema so alt wie die Kirche selbst. Es gab in der jungen griechischen Gemeinde der Hafenstadt Korinth bereits massive Spaltungstendenzen bzw. „Silos", die sich auf Paulus, Apollos, Petrus (Kephas) oder Christus beriefen und darüber in Zank und Streit gerieten. In Galatien scheinen noch schwerere Konflikte die Gemeinde vor Zerreißproben gestellt zu haben. Statt der bei Paulusbriefen am Beginn üblichen Dank- und Liebesbezeugungen kommt der offensichtlich in Rage geratene Paulus im Galaterbrief daher gleich zur

Sache. Er lässt eine Kanonade an Vorwürfen, Beschimpfungen und Flüchen los. Deren Ursache liegt offensichtlich in fundamentalen Differenzen über „die Wahrheit des Evangeliums". Dabei geht es nicht um dogmatische Details, sondern schlicht und einfach um die Frage, ob alle, die sich zu Christus bekennen, gleich viel wert und Glieder eines Leibes sind oder ob Unterschiede zwischen Juden- und Heidenchristen legitim geltend gemacht werden dürfen. Emotional erschüttert, entwickelt Paulus im Galaterbrief eine detailreiche und schlüssige Argumentation, die im berühmten Diktum mündet: „Ihr alle seid also durch den Glauben Söhne Gottes in Christus Jesus. Denn ihr alle, die ihr auf Christus getauft seid, habt Christus angezogen. Da gibt es nicht mehr Juden und Griechen, Sklaven und Freie, da gibt es nicht Mann und Frau. Denn ihr alle seid einer in Christus Jesus." (Galater 3,26–28)

Diese Schlussfolgerung hat revolutionäre Auswirkungen, damals wie heute – sowohl für die über die Geschichte in hunderten Einzeldenominationen aufgefächerte „eine, heilige, katholische (weltweite) und apostolische" Kirche Jesu Christi als auch für die gesamte Menschheit mit ihren vielfältigen Kulturen, Denk- und Lebensweisen, Wertesystemen und Traditionen.

Eins in Christus

Angesichts wachsender humanwissenschaftlicher Erkenntnisse über den Menschen als Individuum und als Sozialwesen bietet die paulinische Sicht einer „Einheit aller in Christus" die theologische Basis, um alle nach wie vor bestehenden Differenzierungen und Diskriminierungen zu überdenken und ggf. zu verändern. Das Wissen, dass zum Beispiel geschlechtliche Identitäten weitaus vielfältiger sind als lange Zeit angenommen oder behauptet, sollte einer jahrhundertelangen diskriminierenden, entwürdigenden und oft tödlichen Praxis endgültig jegliche Legitimation entziehen. Bedeutet das eine negative Gleichmacherei? Würden Kirchen damit dem „Terror des Gleichen" nachgeben, den Byung-Chul Han in seinem Buch „Die Austreibung des Anderen" anklagend als Folge der aktuell dominanten Globalisierung beschreibt? „Der Globalisierung wohnt eine Gewalt inne, die alles austauschbar, vergleichbar und dadurch gleich macht ... die Gewalt des Globalen als Gewalt des Gleichen vernichtet die Negativität des Anderen, des Singulären, des Unvergleichbaren ...", konstatiert der koreanische Philosoph. Ich zitiere ihn deshalb, weil seine schonungslose Analyse die Tür öffnet für ein völlig gegenteiliges Verständnis von Globalisierung, eines, das auf Einzigartigkeit und Unterschiedlichkeit aufbaut. Genau dieses Verständnis ist doch im Pauluszitat aus dem Galaterbrief gemeint!

 Fratelli Tutti

 BOLD. INCLUSIVE. RELEVANT

In Matthäus 12,24–36 wird auf den Punkt gebracht, warum Einheit in Vielfalt kein Luxus ist, kein „nice-to-have", sondern ein zentrales und erfolgsrelevantes Kriterium für alle kirchlichen und auch alle profanen Organisationen. Jesus reagiert auf den Vorwurf der Pharisäer – „Der treibt die Dämonen nur durch Beelzebul, den Obersten der Dämonen, aus." (Matthäus 12,24) – und argumentiert schlüssig: „Jedes Reich, das in sich selbst entzweit ist, wird verwüstet, und keine Stadt und kein Haus, das in sich selbst entzweit ist, kann Bestand haben. Wenn also der Satan den Satan austreibt, dann ist er mit sich selbst entzweit. Wie soll dann sein Reich Bestand haben?" (Matthäus 12,25 f.)

Wird diese Gesetzmäßigkeit nicht in jeder Krise besonders sichtbar? Kommen Dörfer oder Familien nicht eher mit Katastrophen wie Kriegen, Erdbeben oder wirtschaftlichem Zusammenbruch zurande, wenn sie zusammenhalten und einander so gut es geht, helfen? Brachte nicht die Coronapandemie ans Licht, wer sich gemeinwohlorientiert verhalten hat und wer auf individuelle oder nationale Egoismen setzte, und welche Auswirkungen das jeweilige Verhalten hatte? Einheit ist also ein Überlebensthema auf allen Ebenen, von der Familie über Gemeinden bis zu staatlichen und globalen Strukturen.

Lästerung gegen den Geist

Um das Gewicht seiner Analyse zu betonen, führt Jesus seine Gedanken weiter auf eine nächste, eine höhere Ebene. Über die anthropologische und soziologische Ebene hinaus erweitert er das Thema auf die spirituelle und theologische Dimension. Man könnte behaupten, dass kaum eine seiner Aussagen so fundamental ist wie die nun folgende: „Darum sage ich euch: Jede Sünde und Lästerung wird den Menschen vergeben werden, aber die Lästerung gegen den Geist wird nicht vergeben werden." (Matthäus 12,31) Offensichtlich will er damit den geistlich-existentiellen Charakter von Einheit und Verbundenheit betonen. Der Heilige Geist wird immer als Geist der Einheit und der Verbundenheit verstanden. Mit ihm wird die Kraft und Dynamik, ja die Energie beschrieben, die Einheit in Vielfalt schafft und ermöglicht. Dieser Geist lässt paradoxerweise alle einander verstehen trotz unterschiedlicher Herkunft und Sprache. Wird so nicht eine der ersten Wirkungen in der Pfingsterzählung in der Apostelgeschichte im zweiten Kapitel beschrieben?

Ist es ein Zufall, dass Jesus nun noch einen bedeutsamen Schritt weitergeht und – ganz im Sinne von Innovation – unmittelbar von den Früchten zu sprechen beginnt? Will der Evangelist damit verdeutlichen, welche Folgen menschliche und gesellschaftliche Einheit sowie spirituelle Verbundenheit mit dem Göttlichen zeitigen? „Entweder: Der Baum ist gut, dann ist auch seine Frucht gut. Oder: Der Baum ist schlecht, dann ist auch seine Frucht schlecht; denn an der Frucht erkennt man den Baum." (Matthäus 12,33)

 *„Know Your Why!"*

Den Dreiklang von Einheit, Glaube (Gottesbeziehung) und Früchten könnte man als biblisch-theologisches Innovationsprinzip bezeichnen. Wenn Menschen sich frei für Einheit in Vielfalt entscheiden, wenn sie als konstruktive Glieder eines Leibes agieren wollen, wenn sie alle ihre Talente, ihr Knowhow, ihre Fähigkeiten und Ressourcen für ein gemeinsames Warum und Wozu einsetzen, dann werden gute Früchte für die ganze Welt die Folge sein.

Um genau diesen Geist der Einheit, der überall, wo ihm Landeplätze bereitet werden, gute Früchte bringt, betet Jesus im sogenannten johanneischen Abschiedsgebet. Es bildet den Abschluss des langen Gesprächs Jesu mit den Zwölf beim Mahl zum Paschafest. Beginnend mit der revolutionären Zeichenhandlung der Fußwaschung im Kapitel 13 spannt Johannes einen gewaltigen Bogen über den Weg zum Vater (Kapitel 14), die Bildrede vom Weinstock und vom Fruchtbringen (Kapitel 15) über die Ankündigung der Geistaussendung (Kapitel 16) bis zum erwähnten Abschiedsgebet (Kapitel 17). Dieses endet mit den berührenden Worten: „Ich bitte nicht allein für diese hier, sondern auch für alle, die durch ihr Wort an mich glauben (werden). Alle sollen eins sein, wie du, Vater, in mir bist und ich in dir, damit auch sie in uns sind und die Welt glaubt, dass du mich gesandt hast. Und ich habe die Herrlichkeit, die du mir gegeben hast, ihnen gegeben, damit sie eins sind, wie wir eins sind, ich in ihnen und du in mir. So sollen sie zur vollendeten Einheit gelangen, damit die Welt erkennt, dass du mich gesandt und sie geliebt hast, wie du mich geliebt hast. " (Johannes 17,20–23)

Genau diese Worte markieren den Übergang vom Aktiven zum Passiven, vom Handelnden zum Leidenden, vom auf der Erde wandelnden Jesus zum erhöhten und verherrlichten Christus.

Biographisch-persönlicher Zugang: Vier Brüder – vier Innovationstypen

„Es war eine Mutter, die hatte vier Kinder – den Frühling, den Sommer, den Herbst und den Winter!" Dieses Kinderlied traf auf meine Mutter zu, denn wir vier Buben waren alle zu unterschiedlichen Jahreszeiten zur Welt gekommen. Genauso unterschiedlich wie die Geburtsdaten sind wir auch vom Charakter bzw. von unserem Persönlichkeitstypus her. Egal, ob wir das Enneagramm zu Rate ziehen würden, den Myers-Briggs Test oder den Clifton Strength Finder, es kämen bestimmt ganz individuelle Typen dabei heraus. Nach der Rogers' Bell würde ich mich als Innovator sehen, einen meiner Brüder als frühen Anwender, einen als Angehörigen der frühen und einen als Teil der späten Mehrheit. Das wurde zum Beispiel daran sichtbar, wann jeder von uns sich ein Handy und später ein Smartphone kaufte und wofür wir dieses nutzten.

Biographisch-persönlicher Zugang

Mehr Geschwisterlichkeit

1981 feierte meine Heimatdiözese einen viel beachteten Katholikentag unter dem Motto „Brüderlichkeit". Gendergerecht lautete Jahre später eine der Hauptforderungen des Kirchenvolksbegehrens „mehr Geschwisterlichkeit in der Kirche". Die aus der Unterschriftenaktion „Kirchenvolksbegehren" entstandene Plattform „Wir sind Kirche" wollte als „Kirchenvolksbewegung" die einzelnen Forderungen thematisch in Aufsätzen und auch Büchern vertiefend begründen.

Ich wurde zu einer Redaktionssitzung eingeladen, bei der das Thema Geschwisterlichkeit im Mittelpunkt eines geplanten Buchprojektes stand. Bereits bei der Unterschriftenaktion hieß es dazu erläuternd: „Gleichwertigkeit aller Gläubigen, Überwindung der Kluft zwischen Klerus und Laien. (Nur so kann die Vielfalt der Begabung und Charismen wieder voll zur Wirkung kommen.) Mitsprache und Mitentscheidung der Ortskirche bei Bischofsernennungen. (Bischof soll werden, wer das Vertrauen des Volkes genießt.)"

Leidenschaftlich wurde bei dieser Sitzung dafür geworben, dass nur durch eine geschwisterliche Kirche eine wahre Gleichheit aller Gläubigen und ein Abbau oder zumindest eine Verflachung der übertriebenen hierarchischen Struktur in der katholischen Kirche möglich werden könnte. Ich erinnere mich, wie ich aus meiner Erfahrung mit drei Brüdern massiven Einspruch erhob. Es gäbe nichts Hierarchischeres als Geschwister! Bereits bei zwei Kindern gibt es meist einen dominanten Teil, selbst bei Zwillingen lässt sich das oft von Klein auf bis ins hohe Alter beobachten. Für mich ist das Bild der Geschwisterlichkeit schlicht unpassend für ein hierarchiefreies Miteinander. Zugegeben, meine Intervention erntete nicht gerade begeisterte Reaktionen.

Im Nachklang dieser Besprechung dachte ich darüber nach, wie das denn tatsächlich bei uns vier Buben gewesen war. Viele Erinnerungen tauchten auf, aus der Kindheit, Jugendzeit, Berufseinstieg und Familiengründung. Damit verbunden auch viele Gefühle, lange versunken im Nebel der Vergangenheit und plötzlich wieder ganz intensiv im Lichte der Erinnerung.

Wie sind wir vier, im Abstand von nur fünfeinhalb Jahren geboren, miteinander umgegangen? Wie haben sich bei uns bestimmte Strukturen, Dominanzen oder Hierarchien herausgebildet? Wie hat sich unser Beziehungsgeflecht später weiterentwickelt, als wir Jugendliche und dann Erwachsene wurden und jeder seine eigenen Wege ging, äußerlich und innerlich?

Dabei kam mir eine Radiosendung in den Sinn, wo eine Psychologin und Therapeutin darüber sprach, wie bedeutungsvoll Geschwisterbeziehungen sind, weil sie in der Regel ein Leben lang dauern. Kein Mensch außer meinen Brüdern kennt mich schon so lange, und ich kenne niemanden so lange wie sie!

Heute erlebe ich uns vier Brüder als schönes Beispiel dafür, wie Einheit in Vielfalt gelingen kann – nie perfekt, statisch oder hundertprozentig, aber konstruktiv, lehrreich und liebevoll. Jeder von uns ist auf allen Ebenen seinen individuellen Weg gegangen, familiär, beruflich, hobbymäßig usw. Es gibt wenig gemeinsame Aktivitäten, weil wir unseren Alltag sehr unterschiedlich gestalten. Und dennoch hat auch bei uns die Coronakrise als Trendverstärker fungiert: Es wurde noch deutlicher, dass wir in entscheidenden Fragen zusammenhalten, bei echten Problemen eine gemeinsame Lösung suchen und diese auch verlässlich umsetzen.

Kapitel 7
Warum es ohne konstruktive Vereinfachungen nicht geht

Als die Coronapandemie für viele völlig überraschend im März 2020 zu einem ersten Lockdown in Europa führte, waren auch wir vom Team von *Pastoralinnovation* massiv davon betroffen. Wir mussten von einem Tag auf den anderen sämtliche Veranstaltungen verschieben oder sogar absagen. Es gab keine Perspektive, wie lange dieser Zustand andauern würde oder wann es wieder möglich sein würde, Seminare in gewohnter Weise durchführen zu können. Den meisten unserer Partner:innen und Auftraggeber:innen ging es ähnlich. Auch sie sahen sich mit vielen offenen Fragen und teilweise existentiellen Bedrohungen konfrontiert.

In dieser Situation begannen wir nach Modellen oder „Landkarten" Ausschau zu halten, um mit der plötzlichen Komplexität und Unberechenbarkeit umgehen zu können. Sehr schnell wurde uns bewusst, dass wohldurchdachte, aber einfache Werkzeuge Orientierung schaffen könnten. Dabei war uns klar, dass Vereinfachungen per se nie allen beteiligten Faktoren gerecht werden können. Landkarten sind nun einmal nicht die Landschaft. Aber sie können helfen, eine Landschaft wahrzunehmen, sich zu orientieren und sich dann darin zu bewegen. Eine hilfreiche Landkarte in dieser Zeit war das soziologische Modell der VUCA Welt. VUCA ist ein Akronym. Das V steht für „volatile", auf Deutsch flüchtig, das U für „uncertain" also unsicher, das C für „complex" also komplex und das A für ambiguous, also „mehrdeutig".

Berater:innen, die seit etwa zehn Jahren mit dem Begriff der VUCA Welt arbeiten, haben dieses Akronym auch zu nutzen begonnen, um auf Möglichkeiten des konstruktiven Umganges mit dieser flüchtigen, unsicheren, komplexen und mehrdeutigen Welt hinzuweisen. Dann steht das V für Vision, das U für „understanding", also Verständnis, das C für „clarity", also Klarheit und das A für „adaptability" bzw. „agility", also Anpassungsfähigkeit bzw. Agilität. Das half uns in unserem Team, unsere Vision wieder stärker in den Blick zu nehmen und uns dann zu fragen, wie wir diese unter den geänderten Umständen klarer leben könnten. Ein Ergebnis ist die Online Akademie mit vielen positiven Effekten wie Ausweitung des Pools von Referent:innen und größerer Unabhängigkeit von geografischen Entfernungen.

Wir merkten, dass dieses einfache Modell vielen Menschen und vor allem Führungskräften auf ähnliche Weise half, innerhalb der völlig neuen Rahmenbedingungen vom passiven Erleiden ins aktive Gestalten zu kommen. Während am Beginn der Krise unterschiedliche Reaktionen zu beobachten waren, kam es im Zuge der längeren Fortdauer immer stärker zu einer Unterscheidung zwischen denen, die mit der außergewöhnlichen Situation zurechtkamen, und denen, die durch die vielfältigen Überforderungen kaum Möglichkeiten sahen, einen konstruktiven Weg in die Zukunft zu gestalten.

Heute wird das oft mit Resilienz bezeichnet, also die Fähigkeit, mit Schwierigkeiten und Krisen gut umgehen zu können. Manche Forscher:innen sehen Resilienz eher als Persönlichkeitsmerkmal, andere betonen stärker, dass Resilienz das Ergebnis eines Prozesses zwischen Einzelpersonen und ihrem sozialen Umfeld ist. So oder so ist Resilienz meist eine dynamische Balance von Stabilität und Agilität. Wie bei einer Pflanze braucht es stabilisierende

Elemente, damit sie nicht vom kleinsten Windstoß zu Boden gedrückt wird. Es braucht aber auch Nachgiebigkeit und Flexibilität, damit derselbe Windstoß den Halm oder Stamm nicht bricht. Dieses Bild kann helfen, in unterschiedlichen Situationen einen angemessenen und konstruktiven Weg zu finden. Es erinnert an die Polarität von Tradition und Innovation, auf die wir immer wieder stoßen.

Ohne Vereinfachen kann man nicht steuern

Mit diesem Beispiel des Begriffs VUCA möchte ich bereits einleitend darauf hinweisen, dass Themen wie Innovation, Changemanagement oder Leadership sehr viel mit konstruktiven Vereinfachungen zu tun haben. Ich möchte mich dabei gleich klar positionieren: Für mich sind Vereinfachungen grundsätzlich nichts Negatives, das man auf jeden Fall vermeiden müsste. Sie sind auch nicht etwas grundsätzlich Positives. Ich achte darauf, wie sie helfen können, richtig zu steuern, also in die richtige Richtung zu lenken und dabei das richtige Tempo zu wählen. Klar ist allerdings auch: Je einfacher, umso entscheidender ist es, auf die wirklich relevanten Faktoren zu fokussieren. Konstruktiv vereinfachen ist so gesehen harte Arbeit, weil sie die Auseinandersetzung mit Komplexität und Pluralität voraussetzt.

Führungskräfte sind metaphorisch gesprochen Personen, die in der jeweiligen Situation das Steuer einer Organisation oder eines Projektes in der Hand halten. Die Größe der von ihnen gesteuerten Systeme ist dabei sekundär. Es kann sich sowohl um einen großen multinationalen Konzern handeln als auch um ein kleines Start-up Unternehmen. Es können Organisationen in unterschiedlichen

Bereichen der Gesellschaft sein oder auch eine Gruppe, ein Team oder ein Verein. Auch bei einzelnen Aktionen und Projekten stellt sich immer die Frage, wer das Steuer in der Hand hat. Diese Person charakterisiere ich als Führungskraft, zunächst einmal unabhängig davon, ob damit immer auch eine formale Funktion, eine Anstellung oder eine Beauftragung verbunden ist. Das Steuer in der Hand zu halten, bedeutet auch nicht, dass Führungskräfte alleine entscheiden. Je komplexer das zu steuernde System und je komplexer die Rahmenbedingungen, umso stärker wird sich der Steuermann oder die Steuerfrau auf ein ganzes Team von Spezialist:innen stützen, wie man aus der Rallye-Szene, Flugzeugcockpits oder Kommandozentralen von (Raum-) Schiffen weiß.

Das Bild des Steuers oder des Lenkrads hilft, die Bedeutung von konstruktiven Vereinfachungen besser zu verstehen. Wer mit dem Fahrrad in einer Großstadt oder mit dem PKW auf einer verkehrsreichen Autobahn unterwegs ist, kann das nur dann sicher tun, wenn die vielen Sinneswahrnehmungen und Reize, die von außen auf die Person einströmen, sinnvoll gefiltert, eingeordnet und bewertet werden. Nur so können die jeweils relevanten Informationen zu richtigen Entscheidungen führen. Ob diese richtig oder falsch, problemlösend oder verstärkend wirken, lässt sich immer nur im konkreten Augenblick, in der aktuellen Situation sagen. Eine kurze Zeit oder eine kurze Distanz später kann bereits eine völlig andere Reaktion auf das Verkehrsgeschehen gefragt sein. Vereinfachungen helfen also, aus der Fülle von externen Informationen und den daraus resultierenden Handlungsoptionen rechtzeitig die jetzt richtige zu wählen, ohne den Verkehrsfluss und das Unterwegssein auf das angestrebte Ziel hin andauernd unterbrechen zu müssen. Selbst beim Zufußgehen müssen wir fortlaufend diese Balance zwischen Wahrnehmen und Ent-

7 · Warum es ohne konstruktive Vereinfachungen nicht geht

scheiden finden, sonst könnten wir vor lauter Reizen und deren Bewertung kaum einen Schritt vor den anderen setzen. Wir müssten andauernd innehalten und uns neu orientieren. Das mag bei einer schwierigen Bergtour sinnvoll sein, um intensiv nach dem nächsten sicheren Schritt oder Griff zu suchen. Aber im normalen Fluss des Lebens sind Vereinfachungen unerlässlich, um überhaupt vorangehen zu können und sich flüssig und sicher zu bewegen; die Alternative wäre permanenter Stillstand. Individuell und kollektiv macht Übung dabei den Meister. Während ein Kleinkind mühsam dahintapst, ein rekonvaleszentes Unfallopfer den nächsten Schritt sorgfältig planen muss und ein:e Fahrschüler:in hektisch überlegt, was beim Abbiegen oder Überholen alles bedacht und getan werden muss, entwickeln wir durch fortwährendes Üben rasch eingelernte Verhaltensmuster, mit denen wir einen Großteil der geforderten Entscheidungen nahezu automatisiert ausführen können.

Kategorisierung und Abstrahierung

Unser Gehirn lernt von klein auf, auf diese Weise mit äußeren Reizen umzugehen. Wenn alles gleich wichtig und gleich bedeutsam wäre, wäre menschliches Leben und Leben generell nicht möglich. Klare Kriterien ermöglichen, die mannigfaltigen Eindrücke zu beurteilen, zu selektieren und in ihrer Relevanz zu beurteilen. Neurobiolog:innen beschreiben diese Prozesse als Kategorisierung und Abstrahierung. Das Gehirn kategorisiert ununterbrochen, und zwar jegliche Informationen zu jedem Zeitpunkt, und versucht so, die komplexe Welt andauernd zu vereinfachen und zu organisieren. Ohne Kategorisierung könnten wir nicht effizient mit unserer Umgebung interagieren. Wir wären zum Stillstand verdammt. Ähnliche Prozesse laufen nicht nur auf neuronaler Ebene ab, sondern in jeder organischen Zelle, wie Fabian Scheidler in seinem Buch „Der Stoff, aus dem wir sind. Warum wir Natur und Gesellschaft neu denken müssen" wunderbar dargestellt hat.

Dieses Bild, dass Bewegung und damit Fortschritt nur durch Vereinfachungen möglich sind, lässt sich in analoger Weise auf weitere Entwicklungsbereiche übertragen, von der kognitiven über die emotionale, soziale und organisationale Dimension bis zur moralischen und spirituellen Seite menschlicher Existenz. Gerade weil soziale Systeme hochkomplex sind, können sie sich nur durch die Fähigkeit zur Fokussierung und Kategorisierung weiterentwickeln und im wahrsten Sinn des Wortes „Fortschritte" machen.

Das alles ist Ihnen wahrscheinlich bekannt und völlig klar. Warum lässt sich dann in vielen Organisationen eine übertriebene Zurückhaltung beobachten, das Thema der konstruktiven Vereinfachungen positiv zu sehen? Warum impliziert der Begriff an sich oft bereits eine Abwertung? Warum hört man so oft „Du machst dir das zu einfach!" oder „Das ist aber nicht so einfach!" oder „Man darf das nicht so vereinfachen, die Sache ist viel komplexer!"

Angst vor Vereinfachungen

Diese Angst, Voreingenommenheit oder „Bias", kann verschiedene Ursachen haben. Manchmal steckt das grundsätzlich berechtigte Anliegen dahinter, nichts Wesentliches zu übersehen und im Sinne des Pauluswortes „Prüft alles und behaltet das Gute" (1 Thessalonicher 5,21) zu handeln. Das ist tatsächlich eine wunderbare, auch heute gültige Richtschnur, um in einer VUCA Welt handlungsfähig zu bleiben und die richtigen Entscheidungen treffen zu können. Ein weiterer Aspekt ist, dass man in der deutschsprachigen Welt oft Angst hat, als unwissenschaftlich gescholten zu werden, wenn man vereinfacht. Es gilt, komplexe Sachverhalte differenziert zu untersuchen, zu diskutieren und einzuschätzen. Lieber noch eine Schleife ziehen als vorschnell zu beurteilen! Diese Angst lässt einen nur sehr schwer zu Entscheidungen kommen, weil man immer wieder neue Aspekte ins Treffen führen und berücksichtigen möchte. Dieses berechtigte Anliegen von Forscher:innen kann mit der Zeitkomponente in Konkurrenz geraten, denn offene Fragen, Probleme und Krisen tendieren durch Verzögerung meist größer und schwieriger zu werden. Das merken wir bereits, wenn sich ein Zahn mit Schmerzen meldet oder beim Auto ein Rostfleck sichtbar wird. Man kann natürlich solche Phänomene ignorieren, aussitzen oder ewig diskutieren, aber man kann nicht einfach die Pausetaste drücken und erst dann weitermachen, wenn ein perfekter Plan oder die perfekte Lösung in Sicht ist. Das Leben geht unaufhaltsam weiter. Die Balance zwischen zu schnell und zu langsam ließ sich beim Umgang mit dem SARS-CoV-2 Virus sehr gut beobachten, sei es bei der Frage von Einschränkungen, der Entwicklung geeigneter Impfstoffe oder dem Umgang mit sozialen Auswirkungen.

Manchmal scheint auch eine generelle Scheu vor Veränderungen vorherrschend zu sein, vor den Risiken, die Veränderungen mit sich bringen. Denn diese könnten ja auch scheitern. Die Angst vor dem Scheitern ist oft so stark, dass man immer wieder Gründe findet, die Phase des Planens und Überlegens weiterzuführen und den Zeitpunkt einer Entscheidung hinauszuzögern. Die Bewertung von Fehlern, von Scheitern und von Erfolglosigkeit spielt eine zentrale Rolle dabei, ob wir etwas wagen können und wollen, daher vertiefen wir dieses Thema in Kapitel 10.

7 · Warum es ohne konstruktive Vereinfachungen nicht geht

Ich sehe noch einen Grund, der mir vor allem im kirchlichen Bereich gehäuft begegnet. Kirchliche Führungskräfte scheuen sich oft davor, Entscheidungen zu treffen, weil sie sich nicht dem Vorwurf autoritären Führungsgehabes aussetzen wollen. Im Sinne kollegialer Führung und partizipativer Entscheidungsprozesse ist es ihnen wichtig, möglichst viele Beteiligte und Gremien einzubeziehen. Dieses Prinzip der Synodalität ist nicht nur ein berechtigtes Anliegen, sondern entspricht dem Geist der Erneuerung des Zweiten Vatikanischen Konzils. Aber was, wenn der Wunsch nach maximalem Konsens zu problematischen Verzögerungen bis hin zum gefährlichen Stillstand führt? Haben Sie nicht auch schon oft erlebt, dass sich ein Diskussionsprozess redundant, ermüdend und lähmend entwickelt? Übertreibt eine Führungskraft also das Beteiligungsprinzip, dann scheut sie sich davor, eine Fragestellung zur Entscheidung zu führen. Sie kämpft mit der Balance zwischen zu viel oder zu wenig Beteiligung. Sie will auf keinen Fall als autoritär beurteilt werden. Sie schreckt vielleicht auch vor der Verantwortung zurück, weil sie spürt, dass sie zur Rechenschaft gezogen werden könnte, wenn sie tatsächlich steuert, die Richtung vorgibt und sich bewegt.

Alle diese Gründe sind verständlich und sie verdienen genuines Verständnis. Nach meiner Erfahrung bringt es nichts, darüber moralisierend zu urteilen oder Menschen mit diesen Haltungen vorwurfsvoll anzugreifen. Viel hilfreicher ist es, in achtsamen Gesprächen ihre Rolle als Führungskraft, ihre inneren Leitbilder und Haltungen sowie ihr konkretes Verhalten so zu reflektieren, dass sie einerseits sich selbst besser verstehen lernen und andererseits die Konsequenzen ihres Verhaltens bzw. Nichtverhaltens besser einschätzen können. Solche Prozesse der Selbstreflexivität können schmerzhaft und anstrengend sein, sie sind letztlich aber auch befreiend und eröffnen neue Sichtweisen und Spielräume.

Konstruktiv vereinfachen ist notwendig, hilfreich und unersetzlich, wenn man unter schwierigen und nebulösen Bedingungen innovieren will. Die gute Nachricht: Man kann es lernen!

Prophetisch-kritischer Zugang: Wer zu spät kommt, den bestraft das Leben

Neigen Führungskräfte in der deutschsprachigen Kirchenwelt dazu, zu langsam und zu zögerlich zu entscheiden? Und wenn ja, könnte man das als Belanglosigkeit abtun oder ist der Preis für diesen Hang zum Hinauszögern zu hoch?

Das Zitat in der Überschrift stammt nicht, wie viele glauben, vom Präsidenten der UDSSR, Michail Gorbatschow, sondern vom sowjetischen Diplomaten Gennadi Iwanowitsch Gerassimow. Mir fallen dazu immer wieder klassische Narrative aus der profanen Innovationsforschung ein. Kennen Sie zum Beispiel Steve Sasson? Er war der Ingenieur, der bereits 1975 die erste Digitalkamera entwickelte. Für die jüngeren Leser:innen: Ja, es gab früher auch Fotoapparate, die nach einem anderen technischen Konzept wie heutige Digitalkameras arbeiteten, die meisten mit lichtempfindlichen Filmrollen. Das ungeheure Potential der Erfindung von Sasson wurde jedoch in seiner eigenen Firma nicht erkannt. Es handelte sich dabei um den Weltkonzern Kodak, dessen Manager das Kerngeschäft – Filmrollen für Fotoapparate – nicht gefährden wollten und daher die im eigenen Konzern entwickelte Innovation zurückhielt. Der Rest ist Geschichte: 2012 musste der global tätige US-Konzern Insolvenz anmelden. Vergleichbare

Beispiele gibt es in großer Zahl. Sie säumen die großen Innovationen des letzten Jahrhunderts. Immer wieder waren es große, als unersetzlich geltende Konzerne oder politische Systeme, die zu spät erkannten, dass sich neue Entwicklungen durchzusetzen begannen und dabei ihre Geschäftsmodelle zum Einsturz brachten. Die Haltung „too big to fail" entpuppte sich oft als Falle, weil sie einer letztlich tödlichen Innovationsresistenz Vorschub leistete.

 Disruptive Innovationen

Hoher Preis

Der Preis für Blindheit und Innovationsverweigerung ist gerade für Kirchen sehr hoch. Denn wenn dadurch Menschen vom Glauben entfremdet werden, wenn engagierte Menschen von ergebnisorientiertem Tun abgehalten werden und wenn letztlich die Frohe Botschaft gerade durch diejenigen verdunkelt wird, die berufen und gesendet sind, sie durch Wort und Tat zu verkünden, dann ist meiner Meinung nach Feuer am Dach. Dann stellt sich die grundsätzliche Frage, ob das Werkzeug Kirche nicht dysfunktional geworden ist. Wenn die geforderten Früchte ausbleiben, sollte dann nicht die Axt an den unfruchtbaren Baum gelegt werden?

Sie alle kennen dafür viele Beispiele. Einige sind vor allem in der katholischen Kirche Dauerbrenner. Intern geht es zum Beispiel um den Pflichtzölibat, die Öffnung kirchlicher Ämter für Frauen oder das Verhältnis von allgemeinem und speziellem Priestertum. Wesentlich folgenreicher sind Themen, die alle Menschen betreffen, die also massive Außenwirkung entfalten. Denken Sie an unterschiedliche Formen des Missbrauchs und deren individuelle und systemische Gründe, denken Sie an die für viele Menschen untragbaren Verurteilungen jeglicher sexuellen Handlungen außerhalb der Ehe oder an die Verteufelung von Erkenntnissen zu Geschlechter- und Identitätsfragen. Oft sind es auch Verstrickungen von Kirchen in Finanzskandale oder unmoralische Allianzen mit Machtinhabern und Institutionen, die es vielen Menschen schwer machen, Vertrauen aufzubauen.

Einige dieser Themen führen auch in Kirchen der reformatorischen und orthodoxen bzw. altorientalischen Traditionen zu heftigen Diskussionen, manchmal leider auch zu richtiggehenden Zerreißproben wie bei Fragen der Bedeutung natur- und humanwissenschaftlicher Erkenntnisse oder der Gender- bzw. LGBTQ-Thematik.

Bei allem Verständnis für die vielfältigen und schwierigen Aspekte all dieser Fragen: Sollten sie nicht in erster Linie stärker unter dem Aspekt behandelt und beantwortet werden, was es heute bedeutet, Gott den Weg zu bereiten? „Jedes Tal soll aufgefüllt, jeder Berg und Hügel abgetragen werden; was krumm ist, soll gerade, was zerklüftet ist, zu einem Talgrund werden." (Jesaja 40,4) Was sind die Schlaglöcher, die heute das Kommen Gottes behindern? Was die Hindernisse, die aus dem Weg geräumt werden müssen? Welche krummen Traditionen verhindern heute, dass Menschen Gott erfahren? Welche Stolpersteine machen es unnötig schwer, sich für die Nachfolge Jesu zu entscheiden?

Ich weiß, an diesem Punkt der Debatte betonen manche, dass es sich um weltkirchliche Regelungen oder unaufgebbare Glaubenssätze handelt. Andere verweisen auf Kirchen, die trotz geänderter Regeln genauso im Kontext von Säkularisierung und Moderne marginalisiert werden und an Relevanz verlieren. Aus Innovationssicht betone ich: Innovationen fanden und finden nie unter optimalen Bedingungen statt. Sie stießen und stoßen nie sofort auf allgemeine Begeisterung, sondern sind oft mit massiven Widerständen, Verleumdungen und Verfolgungen konfrontiert. Sie wurden und werden selten von oben – top down – verordnet, sondern entstehen dort, wo das Problembewusstsein am stärksten ist. Es ist eben alles sehr kompliziert, wie ein früherer österreichischer Bundeskanzler zu sagen pflegte und sich damit andauernden Spott einhandelte. Gerade deshalb ist die Kunst der konstruktiven Vereinfachung gefragt.

Bei allen Aktionsideen und Projekten sollte es eine Person geben, die sich im Sinne konkreter Anwaltschaft für konstruktive Einfachheit einsetzt. Sie achtet darauf, dass zunächst klar ist, warum man etwas macht und was man damit erreichen will. Alle Umsetzungsschritte und auch die eingesetzten Mittel wie Zeit, Geld oder andere Ressourcen müssen sich auf diesen definierten Sinn und Zweck beziehen. Ein gutes Verhältnis von Reden und Tun, von Planen und Umsetzen und von Aufwand und Nutzen muss immer im Auge behalten werden.

Hilfreich kann dabei die Unterscheidung zwischen „Musts", „Nice-to-haves" und „No-gos" sein. Was ist absolut notwendig für die jeweilige Sache und darf keinesfalls fehlen? Was kann zwar einen guten Beitrag leisten, kann aber bei Zeit- oder Ressourcenmangel auch verringert werden oder entfallen? Und was darf nicht passieren, weil es das Gute stören oder zerstören würde? Diese einfache Methode führt bei konsequenter Anwendung unweigerlich zu weniger Aufwand und mehr gewünschten Ergebnissen und lässt sich auf alle Maßnahmen, Prozesse, Umstrukturierungen und pastorale Bereiche anwenden.

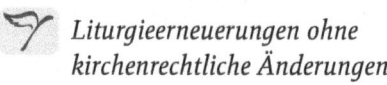

Liturgieerneuerungen ohne kirchenrechtliche Änderungen

Biblische Perspektive:
Liebe – und tu, was du willst!

Wer von Ihnen hat nicht schon erlebt, wie es sich anfühlt, wenn bei kontroversen Diskussionen die Sachebene immer stärker ins Trudeln kommt und stattdessen emotionale, aggressive oder sogar heimtückische Verhaltensweisen Platz greifen? Was geht in einem vor, wenn man merkt: Jetzt zählen nicht mehr Argumente, jetzt kann ich mich nicht mehr darauf verlassen, dass sich alle Beteiligten verstehen wollen, jetzt zählen vielmehr Fragen der Macht, der Dominanz und des Misstrauens? Ich will eine gute Idee, ein durchdachtes Projekt oder ein innovatives Produkt präsentieren und stehe auf einmal als Verdächtiger da! Es werden mir falsche Absichten unterstellt, jedes Wort wird mir im Mund umgedreht und ich kann die Atmosphäre der Verurteilung förmlich riechen!

Wer permanent unter solchen Rahmenbedingungen arbeiten muss, wird heutzutage sagen: Ich werde gemobbt! Mobbing, sowie mögliche Unterformen wie Bullying und Bossing, kann vielfältige Formen annehmen. Es gibt Aufzählungen von über einhundert Verhaltensweisen! Was sie verbindet, ist die bewusste und gezielte Demütigung und das Schikanieren von Menschen. Meistens ist es dabei sehr schwer, strafrechtliche Verfehlungen nachzuweisen, da selten physische Formen der Gewalt angewendet werden. Betroffene empfinden sich oft als Opfer von Psychoterror und entwickeln dementsprechend oft gravierende pathologische Symptome.

7 · Warum es ohne konstruktive Vereinfachungen nicht geht

Mobbing in der Bibel

Die Bücher der Bibel verwenden zwar den Begriff Mobbing nicht. Täten sie es, wäre er bestimmt einer der am häufigsten vorkommenden überhaupt. Mobbing durchzieht die biblischen Bücher nahezu wie ein roter Faden! Auch Jesus war nicht davor gefeit, Opfer unterschiedlicher Mobbingattacken zu werden. Oft wurden seine Aussagen bewusst falsch wiedergegeben. Guten Taten unterstellte man böse, ja dämonische Absichten. Seine Botschaft der universellen und bedingungslosen Liebe wollte man als naiv, untheologisch und blasphemisch diskreditieren. Am Beginn seines Wirkens wird er vom Satan höchstpersönlich in Versuchung geführt, während seines öffentlichen Wirkens sind es traurigerweise die damaligen religiösen Führer, Gesetzeslehrer und theologischen Gelehrten (Frauen waren keine darunter), die Jesus „in Versuchung führen". Sie kennen zum Beispiel wahrscheinlich folgende Stelle:

„Einer von ihnen, ein Gesetzeslehrer, fragte ihn, um ihn auf die Probe zu stellen: Meister, welches Gebot im Gesetz ist das wichtigste? Er antwortete ihm: Du sollst den Herrn, deinen Gott, lieben mit deinem ganzen Herzen und mit deiner ganzen Seele und mit deiner ganzen Vernunft. Das ist das wichtigste und erste Gebot. Das zweite ist ihm gleich: Du sollst deinen Nächsten lieben wie dich selbst. An diesen beiden Geboten hängen das ganze Gesetz und die Propheten." (Matthäus 22,35–40)

Die oftmaligen Versuche, Jesus zu versuchen, hatten überschaubaren Erfolg. Jesu Reaktionen könnten als klassische Lehrbeispiele dafür dienen, wie man solche perfiden Angriffe durchschauen und mit Schlagfertigkeit und Eloquenz ins Leere laufen lassen kann. Da letztlich alle diesbezüglichen Bemühungen scheiterten und die damaligen mächtigen Führer sich immer wieder vor dem Volk blamierten, griffen sie bekanntlich zu härteren Mitteln. Jesu Einstellung zu solchem Mobbingverhalten ist eindeutig: „Es ist unmöglich, dass Verführungen ausbleiben; doch wehe dem, durch den sie kommen. Besser wäre es für ihn, wenn ihm ein Mühlstein um den Hals gehängt und er ins Meer geworfen würde, als dass er einen von diesen Kleinen verführt." (Lukas 17,1–2) Das, was in dieser und vielen anderen Übersetzungen mit „Verführungen" oder „Versuchungen" wiedergegeben wird (in der neuen Einheitsübersetzung ist es mit „Ärgernissen" übersetzt), ist das griechische Wort *skandala* (vgl. auch das Lehnwort Skandale). Als absolut schlimmsten, weil folgenschwersten Skandal bezeichnet Jesus die schon mehrmals von mir genannte Sünde wider den Heiligen Geist. Alle *skandala* weisen auf Verhaltensweisen hin, die negative Gefühle, atmosphärische Verstimmungen und toxische Beziehungskonstellationen zur Folge haben – innerhalb von Menschen und auch in der Beziehung zu Gott. Jemanden „versuchen" hat in diesem Verständnis damit zu tun, jemanden „ins Böse" zu führen, weg vom Guten, weg von Gott. Im Gegensatz dazu hat das griechische *peirasmos*, das in den meisten Bibelstellen für „Versuchung" verwendet wird (wie zum Beispiel in der Vater-Unser-Bitte) neben dem gefährlichen Aspekt zusätzlich eine völlig andere, positive Bedeutung. Es geht dabei darum, jemanden zu erproben und zu testen mit dem Ziel, statt permanenter Selbstüber- oder -unterschätzung zu einer realistischen Einschätzung zu gelangen und hinfort zum konsequenten Besserwerden zu motivieren.

7 · Warum es ohne konstruktive Vereinfachungen nicht geht

Aus 613 mach 2

Beachten Sie, dass die oben zitierte Bibelstelle vom wichtigsten Gebot auch ein Lehrbeispiel für konstruktive Vereinfachung bietet. Im jüdischen Talmud wird bekanntlich die Zahl der in der Tora enthaltenen Regeln mit 613 beziffert, diese Mitzwot teilen sich auf in 365 Verbote (eines für jeden Tag) und 248 Gebote (Zahl der damals bekannten Knochen im menschlichen Körper – die Zahl 613 zielt daher auf die Fülle ab). Die exakte Anzahl zur Zeit Jesu ist zwar schwer feststellbar. Entscheidend ist aber, dass er mit der Zusammenführung zweier ursprünglich getrennter Gebote zum Doppelgebot der Liebe eine unmissverständliche und auf alle Situationen anwendbare Regel schafft. Niemand kann sich ab diesem Zeitpunkt darauf ausreden, sich ob der Fülle und Komplexität der Gesetzesmaterie nicht auszukennen oder diese nicht richtig zu verstehen. Die Liebe zu Gott und zum Nächsten ist ab sofort die absolute Messlatte. An diesen beiden Geboten (die gesunde Eigenliebe darf auch nicht vergessen werden) hängt das ganze Gesetz und die Propheten, wie Jesus betont. Ist das nicht großartig?

Man könnte nun einwenden: Ja, aber es sei doch höchst kompliziert und oft auch unrealistisch zu sagen, was Liebe konkret bedeutet, wie sie sich in tagesaktuellen Entscheidungsprozessen auswirkt oder bei knallharten Fachfragen umgesetzt werden soll.

Ich vermute, dass es dem namentlich unbekannten Gesetzeslehrer ähnlich erging. Der wollte ja seine Frage nach dem wichtigsten Gebot rechtfertigen. Aus diesem Grund fragte er nach: „Und wer ist mein Nächster?" (Lukas 10,29) Man könnte sagen: Der Rest ist Geschichte. Denn die nun folgende Erzählung vom barmherzigen Samariter hat wohl eine in der gesamten Weltliteratur einzigartige Wirkungsgeschichte entfaltet, weit über die Menschen hinaus, für die die Bibel Quelle göttlicher Offenbarung darstellt. Und welche Überraschung: Auch dieses Narrativ beweist, wie gerade in komplexen Situationen durch Vereinfachung ein heilvoller Weg gefunden werden kann. Bekanntlich dreht Jesus die Frage um und fragt den Gesetzeslehrer: „Wer hat sich zum Nächsten des Überfallenen gemacht?"

Liebe konkret

Vereinfachungen können nicht alle Probleme lösen und alle offenen Fragen beantworten, aber sie bieten die nötige Orientierung und vermitteln daher die Steuerungskompetenz, um in die richtige Richtung lenken zu können. Wer herausfinden möchte, was „lieben" in konkreten Situationen bedeutet, findet in solchen Beispielerzählungen und vor allem auch im Vorbild Jesu eine Fülle von Inspiration und Anschauungsmaterial. Sich selbst zum Nächsten machen, sich den Überfallenen und Liegengelassenen aller Art zuwenden, das ist eine konstruktive Vereinfachung der Hunderten Ge- und Verbote. Liebe – und tu was du willst. So hat Augustinus dieses Prinzip auf den Punkt gebracht.

Je mehr Menschen sich in unterschiedlichsten Kontexten diese Fragen nach „Liebe konkret" stellen, umso eher wird dem Kommen des Gottesreiches in diese Welt hinein der Weg bereitet.

Wie in dem Zitat gegen jene, die Ärgernisse verursachen, spricht Jesus immer wieder von den Kleinen, den Unmündigen oder direkt von den Kindern. Es ist bekannt, dass seine offen gelebte Wertschätzung von Menschen, die zu seiner Zeit geringgeschätzt wurden, ihm nicht nur Freundschaften eintrug. Im Gegenteil, oft war es sogar der engste Jüngerkreis, der sich gegen diese Option des Meis-

7 · Warum es ohne konstruktive Vereinfachungen nicht geht

ters für die Schwächeren zur Wehr setzte. Daher verbinden die Evangelisten die Taten und Worte Jesu häufig mit dem auch im deutschen Sprachraum zum Sprichwort gewordenen Logion „Die Ersten werden die Letzten sein und die Letzten die Ersten!". Dieser Aspekt des völlig anderen Charakters des Gottesreichs, dessen Kommen mit Jesus aus Nazaret angebrochen ist, ist also eine zentrale und programmatische Aussage, die kein:e Nachfolger:in Jesu ignorieren oder kleinreden darf.

Zusätzlich dürfen wir nicht vergessen, dass konstruktives Vereinfachen es Menschen mit geringerer Bildung, weniger Fachkompetenz oder einfacherer Denkweise leichter macht, als gleichwertige Bürger:innen am öffentlichen, auch am kirchlichen Leben und an dafür relevanten Diskursen teilzunehmen. Das hat über die theologische hinaus auch hohe demokratiepolitische Bedeutung, gerade in Zeiten zunehmender Verunsicherung und Polarisierung. Wurde nicht in der Coronapandemie der Unterschied zwischen negativen und positiven Vereinfachungen deutlich? Zwischen denen, die der Wahrheit in Liebe dienen wollen, und denen, die unheilvolle Ärgernisse bewirken und so ihren Partikularinteressen folgend ein egoistisches Süppchen kochten?

Biographisch-persönlicher Zugang: Frechheit siegt!

Nach diesem Motto marschierte ich direkt in das Büro des Braumeisters der Brauerei Puntigam und bat um fünf Minuten seiner kostbaren Zeit. „Ich brauche dringend einen Ferialjob, weil ich damit mein Studium finanziere. Ich habe gehört, dass man für einen Job in der Brauerei aber ohne Vitamin B kaum Aussichten hat. Deshalb bin ich hier!" Verblüfft über meine Unverfrorenheit, gab mir der Boss einen Job. Allerdings handelte es sich um das Letzte, um eine der wenigen noch nicht automatisierten Tätigkeiten, um das „Kistenreißen". Unter ohrenbetäubendem Geklirre stand ich zwischen der Waschanlage und der Flaschenfüllung und musste dafür Sorge tragen, dass die Kisten mit der jeweils richtigen Farbe auf dem Fließband vorhanden waren: rot, grün oder blau. Lärm, Eintönigkeit und auch Einsamkeit waren bedrückend. Acht Stunden allein am Fließband zu stehen, noch dazu ohne natürliches Licht, das war eine heftige Erfahrung für mich. Aus lauter Langeweile tüftelte ich aber relativ rasch ein System aus, das die Arbeit derart vereinfachte, dass ich neben dem „Kistenreißen" Zeit fand, heimlich im mitgebrachten Reclam-Büchlein zu lesen (Smartphones gab es noch nicht). Das machte die Situation gleich um einiges erträglicher, denn nun konnte ich mitten im Lärm und in der Monotonie in die Welt der Literatur eintauchen.

Das Thema konstruktive Vereinfachung begleitet mich persönlich schon mein ganzes Leben lang. Egal, was ich tue oder erlebe, mich reizt die Spannung zwischen Komplexitätserhöhung und -verringerung. Ich liebte die Polarität von divergentem und konvergentem Arbeiten, lange bevor ich von diesen Fachbegriffen in der Innovationsforschung und bei Kreativitätsprozessen gehört hatte. Damit meint man, dass in der Kreativphase zur Lösung einer Fragestellung oder eines Problems möglichst viele Ideen gesammelt werden (divergent), auch wenn der Großteil keine Realisierungschance hat. Erst danach arbeitet man bewertend und planerisch weiter und engt damit die in Frage kommenden Lösungen wieder ein (konvergent).

Und wenn ich erlebe, wie konstruktives Vereinfachen wirkt, indem es schnellere Lösungen für tatsächliches Leid und schwierige Probleme ermöglicht, dann fällt es mir schwer, nicht einen Groll gegen diejenigen zu entwickeln, die immer noch einen Grund finden, um ein Projekt hinauszuzögern oder einen Prozess zu verlängern.

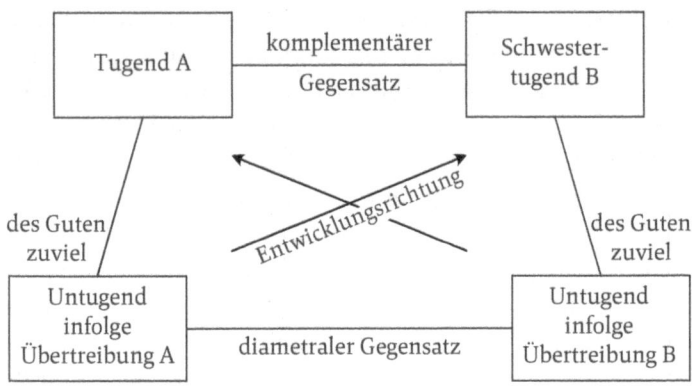

© Prof. Dr. F. Schulz von Thun

Im Sinne dieses Wertequadrats von Schultz von Thun kann die Tugend des Vereinfachens natürlich durch Übertreibung ins Negative kippen. Aber wie viel öfter scheint mir die Tugend der Genauigkeit so übertrieben zu werden, dass unnötigerweise Schaden entsteht bzw. die Linderung von Leid aufgeschoben wird.

Die Geschichte in der Brauerei hatte noch ein Nachspiel. Natürlich checkte der Abteilungsleiter, der in einer gläsernen Box über die Flaschenfüllhalle thronte und somit alles im Blick hatte (Videoüberwachung gab es noch nicht), was ich da heimlich machte. Er beobachtete mich eine Zeit lang und bewunderte, dass ich meinen Job trotz des unerlaubten Lesens genauer und effizienter als die anderen erledigte. Daher gab er mir die Chance, als erster Ferialarbeiter mit einem Gabelstapler zu fahren. Neben der

Fahrgenauigkeit ist bei dieser Tätigkeit hohe Konzentration und Auffassungsgabe relevant, was mich von der zermürbenden Langeweile in der Kistenhalle befreite. Den Rest meiner Studienzeit finanzierte ich dann mit diesem Job. Und das in einem sozialistisch geprägten Betrieb, wo viele Arbeiter (es gab nur Männer) mich zunächst wegen meines Theologiestudiums mobbten. Schließlich wurde ich aber von den meisten als ehrlicher Kollege respektiert und von nicht wenigen wie ein Betriebsseelsorger für alle möglichen Lebens- und Glaubensfragen genutzt. Überflüssig zu erwähnen, dass ich auch als Staplerfahrer möglichst Leerfahrten zu vermeiden und so effizienter zu werden versuchte.

 In den USA gelten Vereinfachungen als cool

Kapitel 8
Begeisterung ist der Schlüssel

Wenn bei einem Fußballspiel endlich das erlösende Tor geschossen wird, springen Tausende Fans auf, reißen ihre Arme hoch, tanzen und hüpfen, jubeln und schreien, fallen sich in die Arme. Millionen Fans von Sport und Kultur lernten solche Erlebnisse durch die erzwungene „Fastenzeit" aufgrund der Pandemie umso intensiver zu schätzen. Ist Ihnen schon einmal aufgefallen, dass die körpersprachlichen Ausdrucksformen von Begeisterung Kulturen übergreifend verblüffend ähnlich sind? Bei den eher Extrovertierten beobachtet man aufspringen, Hände erheben, schreien, sich um den Hals fallen, hüpfen und weinen. Bei den stilleren Menschen sieht man, wie sie sich mit den Händen an den Kopf oder ins Gesicht greifen, dass sie die Augen schließen oder zum Himmel erheben, dass sie tief und langsam atmen oder still weinen vor Freude. Viele erzählen, dass sie sich in solchen Momenten auf beglückende Weise verbunden fühlen mit den anderen Fans oder sogar mit einem schwer zu definierenden größeren „Wir". Mit lauter oder stiller Begeisterung oft verbunden ist die Freude, die sich mimisch meist in strahlenden Gesichtern und leuchtenden Augen manifestiert.

Zwar dauern emotionale Glückszustände meist nicht sehr lange an, sie spielen aber dennoch eine große Rolle für die nachhaltige intrinsische Motivation zu Veränderung, positivem Denken und konkretem Handeln – auch und gerade angesichts von offenen Fragen, nagenden Zweifeln oder externen Widerständen. Biologisch betrachtet sind chemische Botenstoffe oder Neurotransmitter, populärwissenschaftlich häufig Glückshormone genannt, dafür verantwortlich – zum Beispiel Dopamin, Serotonin, Noradrenalin oder Endorphin. Wegen der vergleichbaren Wirkung werden sie auch als „körpereigene Drogen" bezeichnet. Ich finde die Vorstellung erstaunlich, dass ein chemischer Cocktail in unserem Gehirn unser Wohlbefinden steuert, unsere Laune, unser Glücksgefühl, unsere Wahrnehmung und auch unsere Fähigkeit zur Begeisterung. Ist es nicht faszinierend, dass rund hundert Milliarden Nervenzellen in unserem Gehirn mittels elektrischer Impulse sowie chemischer Botenstoffe miteinander kommunizieren und damit unsere Selbsterfahrung und unseren Gemütszustand beeinflussen?

In Momenten der Begeisterung reflektieren allerdings die wenigsten von uns deren neurobiologische Ursachen, wie es Hirnforscher:innen intensiv tun. Im Gegenteil, in der Situation dominieren die Gefühle über die Gedanken; die Emotion über die Ratio, egal ob es sich um ein sportliches oder kulturelles Highlight, eine intensive Liebes- oder Gemeinschaftserfahrung, ein spirituelles Erlebnis oder einen Durchbruch bei einer ausgefuchsten Problemlösung handelt. Wir erleben ein intensives Lustgefühl, das uns befeuert, beflügelt und bestärkt. Begeisterung löst ungeheure Motivation aus. Sie wirkt impulsiv und macht Lust zum Handeln. Am liebsten würde man sofort alles Mögliche anpacken und umsetzen!

Auch wenn das Hoch eines derartigen Glücksgefühls meist nur kurz andauert, haben Menschen eine besondere Möglichkeit, langfristig von diesen Momenten zu profitieren: die Erinnerung. Versetzen Sie sich einmal in Augenblicke der Begeisterung, die Sie selbst erlebt haben. Wahrscheinlich werden Sie dann wie viele Menschen dieses Erinnern als ein nochmaliges Erleben erfahren. Sie spüren wieder die damalige Begeisterung, als ob das auslösende Ereignis plötzlich wieder gegenwärtig wäre. Diese evolutionär gebildete Eigenschaft des vergegenwärtigenden Erinnerns hat enormes Potential. Vertreter:innen der positiven Psychologie betonen die Bedeutung des aktiven Hineinversetzens und Lebendigmachens schöner, heilvoller und befreiender Erlebnisse. Religionswissenschaftlich gesehen, bauen viele Religionen auf strukturierte Formen solcher Erinnerungskultur auf, die meist kalendarisch geprägt sind.

 Die Holocaustüberlebende Edith Eva Eger hilft Traumatisierten

Begeisterung und Erinnerung?

Sie werden sich vielleicht fragen, was denn das Thema Begeisterung mit Erinnerungskultur zu tun hat. Ich war selbst überrascht, als mich mein Nachdenken zu diesem intrinsischen Zusammenhang führte. Denn wenn das Erinnern an positive und negative Erfahrungen, an Begeisterung und Schuld, an Freude und Versagen, eine große Rolle spielt für die Frage von dauerhafter Motivation zu nachhaltigen Veränderungen und Verbesserungen, dann haben wir damit einen entscheidenden Punkt für die Frage von pastoralen Innovationen identifiziert.

Eine dafür paradigmatische biblische Szene finden wir in der Apostelgeschichte. Da begegnet uns dieses Thema in jener existentiellen Situation, in der sich die Apostel und die anderen Jünger:innen zwischen Ostern und Pfingsten befanden, zwischen Leiden, Tod und Auferstehung Jesu und der Ausgießung des Heiligen Geistes (Apostelgeschichte 1,13–14). Existentiell deshalb, weil ja alle außer der Mutter Jesu schuldig geworden waren. Hatten nicht alle trotz anders lautender Beteuerungen in der Stunde der

Bewährung versagt, waren eingeschlafen, sind weggelaufen, haben Jesus ausgeliefert und verleugnet? Haben nicht die großmäuligen Apostel seine Prophezeiungen in den Wind geschlagen und nicht an die Verheißung des Sieges des Lebens über den Tod geglaubt? Andererseits: Waren nicht die vielen positiven, heilvollen und begeisternden Erlebnisse mit Jesus von Nazaret genauso präsent in all den Erinnerungen, die in diesen zehn Tagen zwischen der Himmelfahrt Christi und Pfingsten unweigerlich gepflegt, ausgetauscht und reflektiert wurden?

Das Obergemach als Raum für Innovation

Schauen wir uns die Situation genauer an: Die elf verbliebenen Apostel und die Mutter Jesu, so heißt es im Bericht der Apostelgeschichte, verbrachten zehn Tage gemeinsam in einem Obergemach in Jerusalem, möglicherweise gemeinsam mit etwa 120 Männern und Frauen, die Jesus nachgefolgt waren. Viele Traditionen gehen davon aus, dass es sich dabei um denselben Raum handelt, in dem Jesus mit seinen Weggefährt:innen am Donnerstag vor dem Paschafest das letzte Abendmahl gefeiert hatte (Lukas 22,12), unmittelbar vor dem verzweifelten Gebet im Garten Getsemani und seiner Verhaftung. Wir wissen, dass für die jüdische Religion das Paschafest zentrale Bedeutung hatte. Beim jüdischen Sedermahl fragt bis zum heutigen Tag der jüngste Anwesende, warum denn dieses Mahl gefeiert wird. Die Befreiung durch Mose aus der Knechtschaft in Ägypten soll auf eine Weise erinnernd vergegenwärtigt werden, dass auch heute der Glaube an Gott als bestimmende Kraft erlebt werden kann, inmitten all der Schwierigkeiten und Komplexitäten unseres individuellen und kollektiven Lebens. An diese Tradition hat Jesus bekanntlich angeknüpft, als er nicht zuletzt beim Paschamahl sich als das Lamm offenbart, das die Sünde der Welt hinwegnimmt und alle Menschen ein für alle Mal aus der Knechtschaft der Trennung von Gott befreit.

Diese zehn Tage im Obergemach deute ich daher als ein Ereignis, das durch Raum und Kommunikation definiert wird und in dieser dynamischen Balance die Basis für das eigentliche Pfingstereignis bildet. Bei Innovationsprozessen liegt oft eine gewisse Zeit zwischen dem auslösenden und richtungsweisenden Ereignis und dem Hinausgehen bzw. Agieren. In diesem Fall sind es 50 Tage seit dem Osterereignis bzw. 10 Tage nach der Himmelfahrt Jesu. Bei Paulus waren es sogar vierzehn Jahre vom Damaskuserlebnis bis zu seinem öffentlichen Wirken.

Die Symbolik des Raums: Das Obergemach deutet auf das Erinnern hin, insofern es auch der Ort des letzten gemeinsamen Paschamahls Jesu und seiner Jünger ist. Die engsten Weggefährt:innen Jesu sind zwar bereits durch die Erfahrungen mit dem Auferstandenen zutiefst berührt, aber sie bedürfen noch des Erinnerns – sowohl der vielen gemeinsamen Erlebnisse mit Jesus bis hin zum Höhepunkt beim letzten Abendmahl, als auch ihrer Geschichte von Schuld, Verleugnung, Kleinglauben und Traumatisierung vor allem durch das furchtbare Leiden und Sterben Jesu am Kreuz.

Und nicht zuletzt ist es die Kommunikation untereinander und mit Gott, die prägend ist für die zehn Tage im Obergemach. Das einmütige Gebet und der offene und ehrliche Austausch des gemeinsam und individuell Erlebten bereiten den Boden für das eigentliche Pfingstereignis. Innovationstheoretisch schaffen die „zehn Tage im Obergemach" jenes Innehalten, jene Muße, jenen offenen und zweckfreien Freiheitsraum, in dem alles gedacht, alles erinnert, alles reflektiert werden kann. Tabus werden aufgebrochen, Erfahrungen geteilt und Assoziationen zugelassen. Kreativität und Fantasie können aufblühen, Ideen und Träume entstehen auf dem Nährboden der Freude, der Begeisterung und der Wahrheit, auch in der Konfrontation mit Schuld und Scheitern. Landeplätze des Heiligen Geistes bereiten, so nennen wir dieses Phänomen, das weit über den geistlich-spirituellen Bereich hinaus immer wieder an vielen Orten möglich ist und tatsächlich geschieht. Der Hirnforscher Bernd Hufnagl sagt in diesem Zusammenhang, dass Menschen über etwas verfügen, das er das „neuronale Tagträumernetzwerk" nennt. Ohne dieses in Zeiten der ständigen Ablenkungen und einseitigen Leistungsorientierung oft schwer praktizierbare und in seiner Wirkkraft unterschätzte Potential kann es laut seinen empirischen Forschungen keine Innovationen geben. Die zehn Tage im Obergemach könnte man als eine intensive Aktivierung dieses Tagträumernetzwerks deuten.

Tagträumernetzwerk

Wie es auch bei Jesus sichtbar geworden war, konnten seine Nachfolger:innen erst dann kraft- und wirkungsvoll öffentlich auftreten, nachdem sie ihrem Tagträumernetzwerk Raum und Zeit gegeben hatten. Was dieser Anfang im Obergemach ermöglicht hatte, davon berichtet in weiterer Folge die Apostelgeschichte und legt somit den Grundstein für die globale Kirche als Zeichen und Werkzeug für die Liebe Gottes zu allen Menschen und sein Heil für die ganze Schöpfung. Was bisher daraus geworden ist, lässt sich in den 2000 Jahren seit diesem Ereignis auf vielfältige und staunenswerte Weise beobachten, innerhalb und auch außerhalb der strukturellen und verfassten Grenzen von Kirchen, denn der Geist weht, wo er will! (Johannes 3,8)

Ich bin zutiefst davon überzeugt, dass angesichts aller Herausforderungen der heutigen Zeit Kirchen Orte und Räume bereitstellen sollen, in denen dem Heiligen Geist viele Landeplätze bereitet werden können. Die Wirkungen solcher offenen Freiräume sind nicht berechenbar, so wie die 120 Männer und Frauen wahrscheinlich keine Ahnung hatten, welch wunderbare Früchte am Pfingsttag und danach wachsen und sichtbar werden würden.

Bei aller Notwendigkeit menschlichen Planens, pastoraler Konzepte oder struktureller Neuerungen ermutige ich, kreativ und vielfältig „moderne Obergemächer" zu schaffen oder zumindest zuzulassen – auf allen Ebenen, unhierarchisch und selbstorganisiert, physisch und digital. Wenn diese durch eine konstruktive Erinnerungskultur in Liebe und Wahrheit geprägt sind, wird Gutes und Überraschendes wachsen können. Die Geschwister Begeisterung und Freude sind dabei untrügliche Zeichen dafür, dass man in die richtige Richtung unterwegs ist.

Ich hoffe, dass die Einladung von Papst Franziskus zu einem weltweiten synodalen Weg solche Obergemächer fördert. Dass immer mehr ähnliche Initiativen auf regionaler und lokaler Ebene entstehen, lässt mich hoffen, dass uns auch heute neues Leben und motivierende Begeisterung geschenkt wird, wenn wir das biblische Obergemach zum Vorbild nehmen.

Prophetisch-kritischer Zugang:
Oft zu verkopft!

Wie erleben Sie konkret Begeisterung? Welcher Typ sind Sie – eher der extrovertierte oder der introvertierte? Wann haben Sie zuletzt Begeisterung empfunden, sei es in ihrer beruflichen Tätigkeit oder privat? In welcher konkreten

Situation war das? Könnten Sie die Faktoren benennen, die dazu geführt haben, dass Sie und Ihre Kolleg:innen begeistert waren? Welche Auswirkungen hatte dieses emotionale Intensiverlebnis auf Sie, Ihre Arbeitsweise und die Ergebnisse Ihres Tuns? Welche Veränderungen wurden durch Begeisterung spürbar, zum Beispiel im Umgang mit Resignation und Ermattung oder mit Widerständen und Problemen? Wie verändert sich das Kommunikationsverhalten durch Begeisterung?

Wenn Sie im kirchlichen Bereich engagiert sind, egal ob haupt- oder ehrenamtlich und unabhängig von Ihrer Funktion und Stellung, dann lade ich Sie ein, sich zu erinnern, welche Momente der Begeisterung am Ursprung dieses Ihres Engagements gestanden sind. Was war Ihre erste Liebe, die Sie dazu motiviert hat, sich selbst, Ihre Talente, Ihre Zeit und Ihre Ressourcen für das Reich Gottes einzubringen?

Fast alle Menschen, mit denen ich über solche Fragen ins Gespräch komme, können von derartigen auslösenden Erfahrungen erzählen. Bei manchen sind es richtiggehende Damaskusereignisse wie bei der Bekehrung des fanatischen Christenverfolgers Saulus, der sich nach dieser Erfahrung zum für die Frohbotschaft glühenden Apostel Paulus wandelte. Bei den meisten sind es weniger spektakuläre oder punktuelle Erfahrungen, sondern langsame, oft unscheinbare Prozesse mit vielen Schattierungen. Auch vom Charakter sind solche Ursprungsmomente unterschiedlich. Gemeinsam ist ihnen jedoch das, was hier mit leidenschaftlicher Begeisterung und tief empfundener Freude thematisiert wird. Gemeinsam ist ihnen auch, dass sie nachhaltige Wirkungen auslösen und oft am Beginn jahre- und jahrzehntelangen Engagements stehen. Gemeinsam ist ihnen, dass sie meist höchst individuelle und beeindruckende persönliche Berufungsgeschichten auslösen.

Kalte Asche

Stellen Sie sich auch immer wieder die Frage, was aus dieser ersten Liebe geworden ist? Oft taucht in mir bei solchen Gesprächen das Bild der erkalteten Asche auf. Bei vielen Gelegenheiten und Begegnungen kann ich es förmlich riechen. Dieses Bild beschreibt für mich auf dramatische Weise, dass ein Grundproblem in vielen Kirchen nicht der Umstand ist, dass jedes Feuer herunterbrennt und seine Energie wieder nachlässt, sondern dass die Asche erkaltet ist. In der Asche gibt es keine heiße Glut mehr, die neu entfacht werden könnte. So hat sich der Geruch kalter feuchter Asche breit gemacht: In Besprechungen und Gruppen, in Gottesdiensten und Sakramentenfeiern, in Projekten und Aktionen. „Ich bin gekommen, Feuer auf die Erde zu werfen, und wie wünschte ich, dass es schon entfacht wäre!" (Lukas 12,49) Dieser prophetische Wunsch Jesu kommt mir dann oft in den Sinn. Nicht umsonst spricht der Volksmund vom „Feuer der Begeisterung".

Was tun, wenn Feuer und Wärme fehlen? Was tun, wenn die damit verbundene Ausstrahlung verloren gegangen ist? Denken Sie an das leuchtende Gesicht von Moses nach der Gottesbegegnung am Sinai oder an die Verklärungsszene auf dem Tabor! Ich habe den Eindruck, dass in finanzstarken kirchlichen Organisationen diese Lücke oft kompensiert wird durch zugekaufte Professionalisierung, sowohl in der Planung als auch in der Umsetzung vieler Maßnahmen. Tatsächlich kann das kurzfristig etwas bewirken, etwa mehr Aufmerksamkeit, mehr Besucher:innen oder auch mehr Anerkennung. Professionalisierung ist selbstverständlich notwendig und sinnvoll, damit mehr Qualität entstehen kann. Innovation heißt ja: In allem besser werden, um die Frohe Botschaft deutlicher zu verkünden und für möglichst viele Menschen erlebbar und fruchtbar zu machen.

Wenn das Feuer der Begeisterung fehlt

Das große „Aber" lautet jedoch: Wenn noch so gut gemachte Veranstaltungen, noch so wohl vorbereitete Gottesdienste oder noch so erfolgreiche Sozialinitiativen keine Begeisterung auslösen, was dann? Kennen Sie nicht auch das Phänomen, dass immer weniger Engagierte sich aufreiben für immer mehr verzweifelte Versuche, irgendetwas auf die Beine zu stellen, damit „die Leute kommen"? Und wie selbst der quantitative Erfolg einen schalen Beigeschmack hinterlässt, weil man spürt: Wir haben zwar die Bedürfnisse „fordernder Konsument:innen" (Originalton Michael White und Tom Corcoran in „Rebuilt") befriedigt, aber wir haben die Menschen nicht auf einen Weg der Nachfolge geführt. Wir haben zwar viel unternommen und angeboten, aber zu wenig getan, um sie von Gott und Seiner Botschaft zu begeistern – als Grundlage für die freie und individuelle Entscheidung, das Leben ganz auf Christus auszurichten. Die pastorale Kunst scheint darin zu bestehen, professionelle Arbeit so auszurichten, dass durch hohe Qualität auch quantitative Resonanz entsteht. Professionalität ja, unbedingt und auf allen Ebenen, aber dabei darf man nicht übersehen, dass es die alles Menschliche übersteigende Freude ist, die aus der Begegnung mit Gott fließt, die alles bewirken kann, auch die Verwandlung des größten Sünders in eine:n leidenschaftliche:n Jünger:in Jesu Christi! Ich bin nach wie vor begeistert von der programmatischen Enzyklika *Evangelii Gaudium*, die Papst Franziskus am Beginn seines Pontifikats veröffentlicht hat. Hier die einleitenden Worte: „Die Freude des Evangeliums erfüllt das Herz und das gesamte Leben derer, die Jesus begegnen. Diejenigen, die sich von ihm retten lassen, sind befreit von der Sünde, von der Traurigkeit, von der inneren Leere und von der Vereinsamung. Mit Jesus Christus kommt immer – und immer wieder – die Freude ..."

Ich plädiere daher selbstverständlich nicht für weniger Professionalität, sondern für die Ausrichtung derselben am primären Ziel, dieser Freude, die von Gott kommt, den Weg zu bereiten. Diese Freude bewirkt Begeisterung und den inneren Drang, sich zu bekehren, sein Leben neu auszurichten und in einem neuen Geist zu handeln. Diese Freude bewährt sich gerade auch in Krisen und dunklen Stunden. Sie ist die Quelle der persönlichen Entwicklung, um eine bessere Version meiner selbst, also Abbild des göttlichen Schöpfers, zu werden. Sie ist auch die Kraft, die zu langmütigem und hartnäckigem prophetischem Engagement für eine bessere und gerechtere Welt unerlässlich ist.

 Kirchenmusik

Das Thema Kirchenmusik eignet sich gut dafür, auf drei Erfolgsfaktoren von pastoralen Innovationen hinzuweisen:

Unterscheidung zwischen Basis- und Begeisterungsfaktoren

Der erste Faktor klingt vielleicht kompliziert, wird aber durch Beispiele schnell plausibel. Was ist mit der Unterscheidung zwischen Basis- und Begeisterungsfaktoren gemeint? Basisfaktoren sollen gewährleisten, dass Menschen nicht unzufrieden sind. Diese doppelte Verneinung korreliert mit der Zweifaktorentheorie des Motivationsforschers Frederic Herzberg, der zwei Arten von Einflussgrößen bezüglich der Arbeitsmotivation identifiziert hat:

Zum einen Motivatoren, also Faktoren, die auf den Inhalt der Arbeit bezogen sind und über Zufriedenheit oder Nichtzufriedenheit entscheiden; und zum anderen Hygienefaktoren, die auf den Kontext der Arbeit bezogen sind und Unzufriedenheit bzw. Nichtunzufriedenheit zur Folge haben. Zufriedenheit und Unzufriedenheit sind also zwei unabhängige Eigenschaften. Die Hygienefaktoren oder eben Basisfaktoren entscheiden darüber, ob jemand unzufrieden oder nicht unzufrieden ist. Dazu zählen bei Veranstaltungen zum Beispiel eine hilfreiche Beschilderung, gute Organisation, passende Räumlichkeiten, gutes Soundsystem usw. Die Motivatoren, auch als Begeisterungsfaktoren bekannt, beeinflussen, ob jemand nicht zufrieden bzw. nicht begeistert oder zufrieden und begeistert ist.

Bei Gottesdiensten sind die zwei relevanten Begeisterungsfaktoren die Musik und die Botschaft. Das Riskante ist: Dieselben Faktoren, die positive Gefühle und Gemütszustände auslösen können, können auch negativ berühren. Musik kann unglaubliche Freude, Berührtheit und Resonanz auslösen, sie kann aber auch verärgern, enttäuschen und abstoßen. Was ich von der Zweifaktorentheorie gelernt habe, ist die Tatsache, dass Zufriedenheit bzw. Begeisterung nicht zwangsläufig dann entstehen, wenn keine Gründe für Unzufriedenheit vorliegen. Wie der Name schon sagt, sind die Basisfaktoren aber die Basis und Voraussetzung dafür, dass Begeisterungsfaktoren wirken können.

Ich verdeutliche das gerne mit einem banalen Beispiel: Wenn bei einem Sonntagsgottesdienst, was unverständlicherweise in vielen Gemeinden noch immer der Fall ist, im Bedarfsfall keine ausgeschilderten und sauberen Toiletten verfügbar sind, kann die Musik noch so begeisternd sein – sie wird diese Wirkung nur schwer entfalten können. Oder wenn die weiter entfernt lebende Verwandte deshalb zu spät zur freudig erwarteten Firmung ihres Neffen kommt, weil es nicht genug Parkplätze gab, kann man ihre verständliche üble Laune nicht einfach durch den Hinweis auf die wunderbare Gemeinschaft, die traumhafte Musik oder die spritzige Predigt wegdiskutieren oder kompensieren.

Basis- und Begeisterungsfaktoren hängen zwar zusammen, aber die dahinter liegenden Faktoren sind verschieden und müssen daher getrennt behandelt werden.

Die Bedeutung der Verlässlichkeit

Wir kommen nun zum zweiten Faktor. Wer Kirchenmusik als unerlässlichen Baustein einer Gemeinde einsetzen will, die wieder wachsen möchte, muss sich fragen: Wie können wir gewährleisten, dass ein Mindestmaß an Qualität und Begeisterungspotential in jedem Gottesdienst erlebbar ist, egal ob in einer einfachen Wochentagsmesse, bei einem Begräbnisgottesdienst oder einem Hochamt zu Ostern oder Weihnachten? Klar, das riecht nach Überforderung. Das muss aber nicht so sein. Denn, ob jemand durch Musik berührt wird, liegt nicht an der Quantität. Ich habe neulich bei einem einfachen Gottesdienst eines Sportseelsorgers auf einem Fußballplatz erlebt, wie einige Lieder einer Gastmusikerin die etwa 60 Teilnehmer:innen begeistert haben – nur ihr Gesang begleitet mit ihrer Akustikgitarre. Wenn man neue Menschen dauerhaft gewinnen will für einen echten Weg der Nachfolge und des Engagements, dann müssen bestimmte Qualitäten verlässlich erlebbar sein. Bei Gottesdiensten gehört Musik zu diesen unerlässlichen Qualitäten. Da reicht es nicht zu sagen: Wir bringen eh drei bis fünf Mal eine wunderbare Messe oder ein Oratorium zur Aufführung. Es ist wunderbar, wenn das geschieht. Aber in einem guten Restaurant erwarte ich mir auch an Wochentagen oder wenn ich nur eine Kleinigkeit essen möchte gute Qualität.

Qualität ist das A und O

Damit sind wir beim dritten Erfolgsfaktor, beim Thema Qualität angelangt. Bitte erinnern Sie sich, dass „besser" die Steigerung von „gut" ist, nicht von „viel"! Denn die meisten glauben, mehr Qualität durch mehr Einsatz, mehr Aufwand, mehr Arbeit erreichen zu müssen. Nein, ein simples Butterbrot kann wunderbar munden oder banal wirken. So ist es auch mit Musik. Das Prinzip lautet: Lieber einfach und gut gemacht als schwierig und schlecht. Die Menschen werden sich nicht über Einfachheit beschweren, solange sie das Bemühen, den Einsatz und die Güte wahrnehmen. Zudem erleichtert dieses Prinzip, mehr Menschen mit entsprechenden Talenten zum Mitmachen einzuladen. Die High Performer haben dann noch immer genug Raum, ihre Talente und ihr Können glanzvoll zu zeigen.

Diese Erfolgsfaktoren beruhen auf den Erfahrungen innovativer Initiativen in allen Bereichen. Sie lassen sich auch auf alle kirchlichen Handlungsfelder anwenden und zeigen rasch Wirkung.

Übrigens: Musik öffnet generell eine Fülle von pastoralen Möglichkeiten in allen Handlungsfeldern, nicht nur in der Liturgie. Musik ist quasi ein anthropologisches Konstitutivum und somit eine der Brücken zu allen Menschen. Immer dann, wenn zum Beispiel polarisierende Tendenzen die Gesellschaft spalten, können musikalische Erlebnisse getrennte Gruppen miteinander verbinden und die Bildung von Gemeinschaft fördern. Für viele Menschen, unabhängig ihrer Kultur oder ihres persönlichen Glaubens, hat Musik eine tiefe spirituelle Komponente. Der Dirigent und Schüler von Herbert von Karajan, Riccardo Muti, bekannte etwa in einem Interview zu seinem 80. Geburtstag: „Würde ich nicht an Spirituelles glauben, dann wäre unser Leben eigentlich ein Nichts. Beethoven hat diese Sehnsucht mit Frieden ausgedrückt, Verdi mit Befreiung (libera me). Die Missa solemnis von Beethoven ist für mich das tiefste Gebet, das ein Mensch je kreieren konnte. Viel tiefer und intensiver als das Gebet aller Päpste."

 Lernen von evangelikalen Kirchen?

Reizwort „evangelikal"?

Begeisterung und der Schlüsselfaktor Musik spielt bei evangelikalen und pfingstlerischen Kirchen eine zentrale Rolle. John L. Allen hatte diesen Trend zu stärkerem Evangelikalismus bereits vor Jahren analysiert, und zwar auch in vielen Kirchen der protestantischen Tradition („main stream protestants"). Besonders interessant ist die Entwicklung in der Church of England, wo seit 2004 auch offiziell durch die Bischofskonferenz die pastorale Strategie einer „mixed economy" verfolgt wird. Damit meint man sowohl das berechtigte Nebeneinander von klassischen Pfarrgemeinden und den schon erwähnten sogenannten Fresh Expressions of Church (kurz Fresh X genannt), als auch die Vielfalt von Pfarreien im Geiste der traditionellen „High Church", charismatischen Aufbrüchen wie die Holy Trinity Church in London und diversen kulturell-ethnischen Kirchengemeinden im Zuge der soziologischen Pluralisierung der englischen Gesellschaft.

John Allen beschreibt zum einen die Ursachen, warum aufgrund der vor allem in westlichen Ländern starken

Säkularisierung evangelikale Tendenzen zunehmen. Zum anderen betont er, dass bei aller Unterschiedlichkeit von evangelikalen Sozial- und Ausdrucksformen die Musik immer eine eminente Rolle spielt. Dabei handelt es sich meist um stark emotionalisierende Musik, die mitten ins Herz trifft, die Leute buchstäblich vom Hocker reißt und mit Tanz und erhobenen Händen verbunden sein kann. Der Niedergang volkskirchlicher Traditionen hat offensichtlich ein spirituelles Vakuum geschaffen, in dem neben esoterischen, parapsychologischen und ökospirituellen Angeboten auch evangelikale Initiativen einen attraktiven Markt vorfinden. An dieser Stelle geht es mir nicht um eine Darstellung und kritische Betrachtung evangelikaler Kirchen, sondern um die Frage, was verfasste Kirchen von diesen lernen könnten – die klassische Frage von Innovator:innen!

Gibt es nicht genug ausführliche Stellungnahmen, was im Evangelikalismus alles gefährlich, schlecht und theologisch falsch sein kann? Wer jedoch stellt sich die Frage, warum dieser von Allen konstatierte Trend existiert? Wer fragt, ob es sein könnte, dass verfasste Kirchen genau in jenen Bereichen zu wenig tun, wo evangelikale Kirchen vielleicht manchmal ein Zuviel aufweisen? Viele Menschen reagieren nach dem Besuch evangelikaler Kirchen zunächst so: „Das ist viel zu emotional! Diese Gottesdienste sind zu sehr Show und Event! Mich stört die ausgelassene Stimmung, das Händeheben und Tanzen, das freie Gebet!" Das sind alles berechtigte Beobachtungen. Sie könnten Anlass dazu sein, selbstkritisch zu reflektieren: Sind wir vielleicht zu wenig emotional? Sind unsere Gottesdienste zwar formal „richtig", aber letztlich langweilig und steril? Und wann beten wir so, dass wir ehrlich und herzlich unseren Alltag vor Gott bringen und ihn um fundamentale Wandlung bitten? Wann lobpreisen wir Gott aus ganzem Herzen mit derselben Leidenschaft, wie sie in vielen Psalmen, biblischen Erzählungen und spirituellen Strömungen in der ganzen Menschheit praktiziert wurde und wird?

Langsam, ganz langsam tauchen solche Fragen hinter der dominanten Abwehr- und Rechtfertigungshaltung auch in den verfassten Kirchen im deutschsprachigen Raum auf. Bei geschätzt einer Million Mitgliedern evangelikaler Kirchen ist das wohl eine gute Idee, vor allem, wenn viele Evangelikale ehemalige Mitglieder der eigenen Kirche sind.

Die Prinzipien Dialog und Begegnung sind mir persönlich seit langem wichtiger als Be- und Verurteilungen aus der Distanz, oft fußend auf bloß medialen und einseitig verzerrten Berichten und Wahrnehmungen. Auf meinen Kundschafterreisen habe ich oft beobachtet: Immer dann, wenn kirchliche Führungskräfte sich über die Erfolge von anderen freuen, ja, sich mit anderen mitfreuen können, ist das ein untrügliches Zeichen für Gottes Geist. Er befreit von Neid, Selbstbezogenheit und Dünkel und ermöglicht jene ansteckende Freude, die zu neuem Denken, Fühlen und Handeln motiviert.

Emotionen

Wenn in diesem Kapitel Begeisterung als innovationsrelevanter Faktor postuliert wird, kommt man nicht umhin, generell den Umgang mit Emotionen zu thematisieren. Ich habe oft erlebt, dass eine tendenziell emotionskritische, ja emotionsfeindliche Tradition das Kind mit dem Bade ausgeschüttet hat. Aus lauter Angst vor der Übertreibung und dem bekannt zerstörerischen Potential von Begeisterung und Emotionen generell entstanden Regularien, Tabus und „geistliche" Praktiken, die neben dem berechtigten

Schutz vor der zerstörerischen Kraft von Emotionen zugleich die lebendige und lebensschaffende Dimension der großen weiten Gefühlswelt schlechtgeredet, verleugnet oder ausgetrocknet haben.

Kirchen und andere eher traditionell ausgerichtete Bereiche in Wirtschaft, Politik oder Medien tun sich sehr schwer mit der unausweichlichen emotionalen Seite von Individuen, Gruppen und Organisationen. Dafür gibt es viele Ursachen, auf die ich hier nur andeutungsweise hinweisen will: Eine philosophisch begründete Vorrangstellung der Vernunft über die Gefühle, eine Geringschätzung des Körperlichen, des Triebhaften und der Sexualität, der Missbrauch von Gefühlen und Begeisterungsfähigkeit durch Demagog:innen und radikale Fundamentalist:innen, um nur einige zu benennen. Wie stark eine patriarchale Dominanz in vielen Kulturen damit zu tun hat, ist auch eine spannende Frage, die zunehmend erforscht wird, an dieser Stelle aber nicht tiefer behandelt werden kann.

 Das Konzept „anima – animus"

Offene Frauenfrage

Wenn man die Bedeutung der Geschichtlichkeit von Kirche ernstnimmt, muss kritisch hinterfragt werden, warum das in vielerlei Hinsicht revolutionäre Potential jesuanischer und urkirchlicher Praxis bezüglich Frauen vor allem seit der konstantinischen Wende so sträflich missachtet worden ist. Exegetische und kirchenhistorische Studien belegen zum Beispiel, dass die Rolle von Frauen entgegen den vorherrschenden Kulturen im Mittelmeerraum in vielen Gemeinden nicht nur punktuell, sondern bewusst anders aussah, weil man sich am Vorbild Jesu orientierte.

Fragen der Kompetenzen, der Entscheidungsfindung und der Macht wurden ebenfalls im Bewusstsein diskutiert und gestaltet, dass die Weisungen des Gründers eine deutliche Gesellschaftskritik beinhalteten und herrschende Strukturen auf den Kopf stellten. Denken Sie, an das häufige Jesuswort „So werden die Letzten Erste sein und die Ersten Letzte." Über die Behauptung hinaus hat Jesus diese Haltung am eigenen Leib immer wieder vorgelebt. Im berühmten Philipperhymnus wird diese unerhörte Lebensweise hymnisch besungen: „Der Gott gleich war, hielt nicht daran fest, Gott gleich zu sein, sondern er entäußerte sich selbst, nahm Sklavendasein an und wurde den Menschen gleich. Im Äußeren erfunden als Mensch, erniedrigte er sich selbst und wurde gehorsam bis zum Tod, bis zum Tod am Kreuz." (Philipper 2,6–8)

Den ersten Jünger:innen war klar, dass dieses Vorbild nicht nur für die individuelle oder geistliche Praxis Richtschnur war, sondern auch für die Frage, wie sich die jungen Gemeinden organisieren und strukturieren sollten.

 Exkurs Sexueller Missbrauch

Biblische Perspektive:
Lebensverwandelnde Freude

Der Duden definiert Begeisterung als „Zustand freudiger Erregung, leidenschaftlichen Eifers; von freudig erregter Zustimmung, leidenschaftlicher Anteilnahme getragener Tatendrang; Hochstimmung, Enthusiasmus". Der letzte Begriff ist das griechische Wort für Begeisterung, das etymologisch bedeutet, dass jemand „in Gott" bzw. „von Gott ergriffen oder erfüllt" ist. Diese religiöse Bedeutung, oft auch abwertend für schwärmerische religiöse Übertreibungen gebraucht, hat von der Antike bis in die Neuzeit unterschiedliche Facetten angenommen. Trotz des fatalen Missbrauchs der Begeisterungsfähigkeit vor allem junger Menschen in der Nazizeit wird Begeisterung in vielen Bereichen wie im Sport, bei Motivationstrainings oder in der Pädagogik heute nahezu inflationär verwendet.

Wo kommt der Begriff *nicht* vor? Richtig, in der Bibel! Wie kann das sein? Nun, auch wenn die Begriffe nicht verwendet werden, wird von Begeisterung bzw. Enthusiasmus als vielfältigem und vielschichtigem Phänomen sehr wohl unzählige Male erzählt. Auf einige entscheidende Aspekte möchte ich daher aufmerksam machen: Die Freude, die Ekstase bzw. Verzückung und die lebensverwandelnde Kraft.

Freude

Die Freude wird im Galaterbrief 5,22 als eine der Früchte des Heiligen Geistes genannt. Bei seinem ersten öffentlichen Auftritt in seiner Heimatsynagoge in Nazaret beruft sich Jesus auf den Propheten Jesaja mit den Worten: „Der Geist des Herrn ruht auf mir, weil er mich gesalbt hat. Er hat mich gesandt, den Armen frohe Botschaft zu bringen." (Lukas 4,18) Diese frohe Botschaft bewirkt Freude, vor allem unter widrigen Umständen. Das ist der große Unterschied zu Phänomenen einer medial befeuerten Spaßgesellschaft. Spaß und Gaudi sind bei Gott jedoch nichts per se Verwerfliches. Ich liebe gutes Kabarett, lustige Filme oder beißende Satire. Über Witze, auch blöde, kann ich mich totlachen. Aber diese Erfahrung trägt mich nicht, wenn es mir schlecht geht, wenn ich nicht mehr aus und ein weiß oder wenn ich in Resignation abzurutschen drohe.

Freude im biblischen Sinn ist nichts Gemachtes. Sie ist nicht das Ergebnis oder die Folge von Inszenierungen, psychologischen Tricks oder genialen Gags. Freude als Frucht des Geistes ist ein Geschenk, das aus einer lebendigen Beziehung mit dem lebendigen Gott strömt. Sie erweist sich stärker als Krisen, Konflikte, Krankheiten und Tod. Christ:innen feiern zu Ostern die Auferstehungsfreude. Es wirkt oft paradox, wie Menschen in schlimmsten Situationen diese tiefe Freude im Herzen empfinden. Solche Menschen sind wie eine Kerze, die mitten in der Dunkelheit das Licht Gottes ausstrahlen und anderen Hoffnung geben.

Die Lektüre des Philipperbriefs, des „Briefes der Freude" mit der bekannten Aufforderung „Freut euch im Herrn allezeit! Noch einmal will ich es sagen: freut euch!" (Philipper 4,4) ist für mich immer wieder ein Trost in schwierigen Zeiten und Gemütszuständen. Seitdem ich weiß, dass Paulus dieses fantastische Werk der Weltliteratur im Gefängnis von Ephesos verfasst hat, erstaunt es mich noch mehr, wie wunderbar die Beziehung zu Christus tatsächlich wirkt!

 Programmatisch: Evangelii Gaudium

Ekstase bzw. Verzückung

Was mit Begeisterung bzw. Enthusiasmus gemeint ist, wird in der Bibel oft als Verzückung oder Ekstase beschrieben. Es gibt zwar viele Versuche, diese Phänomene exegetisch zu erklären. Mir scheint jedoch, dass viele Theolog:innen und auch Prediger:innen im deutschen Sprachraum einen großen Bogen um dieses Thema machen oder eher krampfhaft bemüht versuchen, eine logische Erklärung dafür zu finden.

Ein Beispiel aus dem Ersten Testament finde ich bezeichnend. Es handelt sich um die Berufung Sauls zum ersten König von Israel durch den Propheten Samuel. Nach seiner Salbung ereignet sich eine seltsame Szene, die Samuel so vorhersagt: „Beim Eintritt in die Stadt wirst du einer Schar Propheten begegnen, die von der Höhe heruntersteigen. Vor ihnen her erklingen Harfen, Pauken, Flöten und Zithern, während sie selbst in prophetischer Verzückung sind. Da wird nun der Geist des Herrn auf dich übergehen, sodass du mit ihnen in prophetische Verzückung gerätst und in einen anderen Menschen verwandelt wirst." (1 Samuel 10,5–6)

Zwar werden die Merkmale dieser „prophetischen Verzückung" nicht näher definiert, aber die Begleitphänomene geben wichtige Hinweise, die sich immer wieder in der ganzen Bibel finden und die vor allem in den Psalmen dichterischen und verdichteten Ausdruck fanden. Die Szene beschreibt quasi eine Party, geprägt durch Musik und Tanz. Die Menschen erfahren die *Ruach*, den lebendig machenden Geist Gottes. Die Sache wirkt ansteckend. Und sie verwandelt die Betroffenen.

Pfingstlerische Kirchen oder charismatische Bewegungen in anderen Konfessionen behaupten, dass genau diese Erfahrungen auch heute nicht nur möglich sind, sondern die Basis für echte Bekehrungen darstellen. Weniger schwärmerische Kirchen betonen, dass es sich keineswegs um außergewöhnliche Phänomene handelt, sondern genau diese Erfahrungen den Kern von Liturgie und Sakramenten ausmachen. Meine – aus Innovationsperspektive gestellte – Frage ist: Wie und wo ist diese Art von lebensverändernder Begeisterung tatsächlich spürbar? Was hilft uns heute, den Geist Gottes so zu erfahren, dass wir tatsächlich neue Menschen werden? Welche Art des Feierns, des Betens und des Musizierens entzündet in uns das Feuer der Liebe?

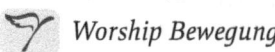 *Worship Bewegung*

Griechische Wörter wie Ekstase werden in vielen Übersetzungen in ihrer emotionalen Stärke abgemildert. So hieß es in der alten Einheitsübersetzung noch „da gerieten alle außer sich", während der Begriff in der neuen, nicht mehr ökumenischen, nun wesentlich weniger emotional übersetzt wird mit „da gerieten alle in Staunen". Mir ist bewusst, wie komplex das Thema Übersetzungen ist. Leider werden aber starke, gefühlsbetonte Begriffe tendenziell immer noch abgeschwächt. Das verstärkt die Tradition, die Welt der Gefühle zu wenig ernst zu nehmen und als essenziellen Teil der Bekehrung und Verwandlung von Menschen zu wenig zu würdigen.

Lebensverwandelnde Kraft

Damit sind wir beim dritten und wichtigsten biblischen Aspekt von Begeisterung angelangt. Das Beispiel von Saul im Alten Testament steht im Kontext vieler biblischer Männer und Frauen, die von Gott nicht nur verändert, sondern zutiefst erneuert und verwandelt wurden. Bei aller Unterschiedlichkeit steht am Beginn solcher „eucharistischer Prozesse" immer eine persönliche Erfahrung, die Begeisterung auslöst, den ganzen Menschen erfasst und die Sehnsucht nach voller Einheit mit Gott verstärkt. Auch in den nachbiblischen Zeiten bis zur Gegenwart sind es solche Menschen, durch die Gott wirkt. Kirchliches Handeln soll diesen Erfahrungen den Weg bereiten und jegliche externe und interne Hindernisse dafür aus dem Weg räumen.

Mit dem Begriff „eucharistische Prozess" möchte ich betonen, dass jegliches Handeln im Namen Jesu und in Seinem Geist Verwandlung zum Ziel hat: individuell, kirchlich und gesellschaftlich. Kein Gottesdienst, keine Gemeinschaft, aber auch keine soziale Aktivität oder Planungsbesprechung sind davon ausgenommen. Je stärker die Bereitschaft ist, auch in ganz alltäglichen und profanen Bereichen dem Heiligen Geist Landeplätze zu bereiten, umso eher wird hier und heute Reich Gottes erfahrbar.

Auf einen Satz zusammengefasst finden wir dieses Phänomen in der Szene der Verklärung: „Während Jesus betete, veränderte sich das Aussehen seines Angesichts und sein Gewand wurde strahlend weiß." (Lukas 9,29) Welch wunderbare Bilder für die verwandelnde Kraft, die durch die Verbindung mit dem göttlichen Licht bewirkt wird! Das Gesicht als Ausdruck der individuellen Person und das Gewand als Symbol der äußeren Ausdrucksformen dieser meiner Person werden selbst leuchtend, weil sie das Licht aufnehmen und widerspiegeln.

Das letzte Buch der Bibel beschreibt diese Wirklichkeit mit dem Bild des neuen, des himmlischen Jerusalems: „Seht, das Zelt Gottes unter den Menschen! Er wird in ihrer Mitte wohnen und sie werden seine Völker sein und er selbst, Gott mit ihnen, wird ihr Gott sein. Er wird jede Träne von ihren Augen abwischen und es wird keinen Tod mehr geben; auch keine Trauer, keine Klage, keine Pein wird es mehr geben; denn das Frühere ist vergangen." (Offenbarung 21,3–4) Dieses himmlische Jerusalem können wir als Christ:innen zwar noch nicht direkt schauen, aber bereits in Grundzügen hier auf Erden *erleben*. Und wenn wir aus einem Grundgefühl der Freude heraus die lebensverwandelnde Kraft unseres Glaubens verkünden, werden andere Menschen auf Christus aufmerksam werden. Da darf dann sogar die eine oder andere „Verzückung" bei uns dabei sein.

Biographisch-persönlicher Zugang:
Im Deep South der USA

Wie bereits erwähnt, verbrachte ich nach meiner Matura an einem Grazer Gymnasium ein Jahr als Austauschschüler im US-amerikanischen Bundesstaat North Carolina. Die Kleinstadt, in der ich bei einer Baptistenfamilie wie ein Sohn aufgenommen wurde, war erst einige Jahre zuvor aus dem Zusammenschluss dreier Dörfer entstanden und hieß fortan Eden. Mir ist bis heute schleierhaft, warum. Denn obwohl ich mit der Zeit die Stadt und ihre Bewohner:innen schätzen lernte, hatte sie wenig Paradiesisches an sich, zumindest im traditionellen Verständnis. Im Gegenteil, am Beginn hatte ich enorme Anpassungsschwierigkeiten an die dort dominante und aus meiner Sicht rückständige, fundamentalistische und teilweise rassistische Kultur. In der Senior High School, die ich besuchte, herrschte zwar aufgrund der Erfolge der Bürgerrechtsbewegung der 60er Jahre keine Rassentrennung mehr. Dennoch gab es kaum gemischte Freundeskreise, keine offenen gemischten Pärchen und bei allem vor allem bei sportlichen und kulturellen Aktivitäten forcierten „school spirit" war immer die Differenz zwischen „us and them" spürbar. Mein erster Konflikt mit meiner Gastmutter eskalierte kurz nach Schulbeginn, weil ich es gewagt hatte, ohne sie zu fragen, drei Mitschüler:innen nach Hause einzuladen. Und „Oh my God!" – einer davon war ein Afroamerikaner!

In den frühen 80er Jahren war North Carolina der Bundesstaat mit dem geringsten Katholikenanteil. Die Mitglieder der kleinen katholischen Pfarrgemeinde versammelten sich daher aus weitem Umkreis. Die Pfarre hatte alle Kennzeichen einer lebendigen Diasporagemeinde. Ich lernte dort nicht nur großartige Menschen und vorbildliche Katholik:innen kennen, sondern entdeckte zu meiner großen Überraschung, dass die katholische Pfarrei die einzige innerhalb der etwa vierzig Kirchengemeinden in Eden war, die nicht nach Rassen getrennt war. Heute würde man sagen, nach Hautfarbe oder ethnischer Zugehörigkeit, denn bekannterweise gibt es nur eine menschliche Rasse.

Da ich in Eden und an meiner Highschool aufgrund meines Exotenstatus und meiner Extrovertiertheit rasch viele Freundschaften schließen konnte, luden mich viele Jungen und Mädchen zu sich in ihre Kirchengemeinde ein. Bis zu diesem Zeitpunkt hatte ich keine Ahnung von der Vielfalt kirchlicher Konfessionen. Okay, ich hatte zwar mitbekommen, dass es so etwas wie Evangelische gab, aber das war es auch schon. In der Steiermark war Anfang der 80er Jahre über 90 Prozent der Bevölkerung katholisch. Neugierig von klein auf, nahm ich also so viele Einladungen wie nur möglich an. Fast jeden Sonntag besuchte ich den Gottesdienst in einer anderen Kirche: Baptisten, Presbyterianer, Methodisten und viele andere Freikirchen, die sich alle als „white" oder „black" identifizierten. Ich fand schnell heraus, dass es auch andere Gottesdienstformen gab als Heilige Messen, dass Kirchengebäude unterschiedlich ausgestattet waren und dass viele mir vertraute Rituale auf unterschiedlichste Weise praktiziert wurden.

Damals machte ich meine ersten Erfahrungen von „black culture". Ich wurde in black churches auf eine Art willkommen geheißen, wie ich es noch nie zuvor erlebt hatte. Die Musik war leidenschaftlich, aus dem Herzen kommend und ins Herz gehend. Die Predigten waren Dialoge mit allen Anwesenden und wollten den Alltag der Menschen mit der biblischen Botschaft verbinden. In allem war eine Begeisterung spürbar, eine Freude, Christ: in sein zu dürfen, eine Dankbarkeit gegenüber der Gnade Gottes und dem Geschenk des Lebens.

Oft waren es einfache Menschen, die nur wenig Schulbildung genossen hatten und die auf der sozialen Leiter ganz unten standen. Männer und Frauen, die inmitten diskriminierender und ungerechter Umstände zutiefst erfasst hatten, worum es geht. Sie erinnerten mich an Jesu Wort: „Ich preise dich, Vater, Herr des Himmels und der Erde, dass du dies vor Weisen und Klugen verborgen, Unmündigen aber offenbart hast. Ja, Vater, so hat es dir gefallen ... Kommt alle zu mir, die ihr mühselig und beladen seid; ich will euch Ruhe verschaffen. Nehmt mein Joch auf euch und lernt von mir; denn ich bin sanftmütig und demütig von Herzen und ihr werdet Ruhe finden für euere Seelen. Denn mein Joch ist sanft und meine Last leicht." (Matthäus 11,25-30)

All das hat mich tief und nachhaltig beeindruckt und beeinflusst. Immer dann, wenn ich in Versuchung gerate, mich besser zu fühlen, zu stolz zu sein oder andere zu verurteilen, helfen mir die Erinnerungen an diese Menschen. Die vielen Begegnungen, das unmittelbare Erleben anderer Kirchen und die Fremdartigkeit mancher kultureller Ausprägungen haben mir geholfen, besser zu verstehen, was meine eigene katholische Herkunft ausmacht und was ich von anderen lernen kann. Seit damals habe ich es mir zur Gewohnheit gemacht, auch in Österreich und in Deutschland regelmäßig andere Kirchengemeinden zu besuchen, dort mitzufeiern oder mit Schwestern und Brüdern in Kontakt und Austausch zu kommen.

Am meisten profitiere ich bis heute davon, wenn ich miterleben darf, wie die Frohe Botschaft weniger mit Worten, sondern durch Taten und die ganz konkrete Atmosphäre so vermittelt wird, dass sie begeistert und Freude schenkt. In diesen Momenten wird die lebensverwandelnde Kraft des Geistes spürbar.

 *Sport für alle*

Kapitel 9
Voneinander lernen:
Werdet wie die Kinder

Der Königsweg zu Innovationen ist das Voneinander-Lernen. So weit, so einfach. Man unterscheidet grundsätzlich zwei Arten von Innovationen: Entweder etwas Bestehendes weiterentwickeln, um es zu verbessern, oder für ein neues Problem eine völlig neue Lösung suchen. Bei beiden Varianten macht es Sinn, sich zunächst einmal umzuschauen, ob es das Gesuchte bereits gibt. Wer hat sich mit einem ähnlichen Thema beschäftigt und bereits eine Lösungsvariante entwickelt? Wo wurde diese schon umgesetzt? Welche positiven oder negativen Erfahrungen wurden dabei gemacht? Gab es unerwünschte Nebenwirkungen? Über welche Details einer Idee hat sich jemand Gedanken gemacht und dabei Lösungen entwickelt, von denen ich profitieren könnte?

In Zeiten der internetbasierten Recherche ist dieser Schritt wesentlich leichter und effizienter möglich als je zuvor in der Geschichte der Menschheit. Die Wahrscheinlichkeit ist sehr groß, dass es nicht das erste Mal ist, dass sich jemand über die Verbesserung oder Erneuerung eines Produktes, einer Dienstleistung oder eines Prozesses Gedanken macht. Im Gegenteil, in den meisten Fällen existieren sogar mehrere Lösungsvarianten, die bereits an vielen Orten in der Praxis angewandt und somit bezüglich ihrer Tauglichkeit getestet wurden. Somit kann ein überschaubarer Aufwand für diese Recherche Zeit und auch Geld sparen helfen.

In allen Naturwissenschaften sowie in der medizinischen oder in der technologischen Forschung ist diese

Herangehensweise selbstverständlich. Inhaltliche Fachpublikationen, thematische Kongresse und internationale Netzwerke stellen sicher, dass keine Ressourcen verschwendet werden durch unnötige und teure Forschungen in bereits erforschten Gebieten.

Ein konkretes Beispiel für internationale und interdisziplinäre Kooperationen sind die durch den Klimawandel verursachten zunehmenden trockeneren Verhältnisse für die Landwirtschaft in vielen Ländern. Bei der Suche nach konstruktiven Antworten auf dieses globale Problem arbeiten unterschiedliche Wissenschaften, Agrarverbände, Saatguthersteller und vor allem auch Bauern und Bäuerinnen zusammen und lernen laufend voneinander. Ein weiteres aktuelles Beispiel konnte man im Zuge der Coronapandemie beobachten. Die rasche Entwicklung geeigneter Impfstoffe und Medikamente, verbunden mit der Erhöhung von Produktions- und Distributionskapazitäten hatte zwar viele Ursachen, eine wesentliche war auf jeden Fall die aufgrund der Dringlichkeit erhöhte Bereitschaft zur Zusammenarbeit.

 Kopieren ist nicht immer schlecht!

Schwieriger gestaltet sich das Thema naturgemäß in hoch kompetitiven Bereichen, etwa im ökonomischen, digitalen oder militärischen Bereich. Diese agieren meist unter strenger Geheimhaltung, weil sich die Betreiber durch Innovationen strategische Vorteile erhoffen. Deshalb fordern Kirchen und NGOs zu Recht, dass für die Einhaltung der Menschenrechte relevante Bereiche nicht in den Händen und unter der Kontrolle von profitorientierten und schwer zu kontrollierenden Unternehmen, Organisationen oder auch Staaten liegen dürfen. Sie sollen in der Verantwortung der internationalen Gemeinschaft liegen, repräsentiert zum

9 · Voneinander lernen: Werdet wie die Kinder

Beispiel durch die Vereinten Nationen oder das Völkerrecht.

Erstaunlich wenig Kooperation

Daher erscheint es im Umkehrschluss nur logisch, dass es nicht kommerziellen Organisationen, vor allem solchen, denen es zentral um menschliche, soziale oder ökologische Fortschritte geht, ein besonderes Anliegen sein müsste, untereinander und miteinander zu kooperieren, sich über Erfahrungen auszutauschen und hilfreiche Erkenntnisse, Materialien und Methoden offen und großzügig zu teilen. So einfach das klingt, so verwunderlich ist es, wie selten dieser Schritt vor allem in Kirchen tatsächlich gemacht wird. Im deutschsprachigen Bereich könnte ich Dutzende Beispiele aufzählen, wo vergleichbare Prozesse zur Lösung gemeinsamer Herausforderungen ohne ausreichenden Austausch oder effiziente Koordination ablaufen.

Bevor wir uns näher mit den Gründen dafür beschäftigen, lassen Sie mich kurz den zweiten Zugang zum Voneinander-Lernen benennen. Es gibt Menschen, nach der Rogers' Bell handelt es sich vorwiegend um die kleine Gruppe der Innovator:innen, die andauernd über Möglichkeiten der Verbesserung nachdenken, im Kleinen und im Großen, im Materiellen und im Geistigen, im Technischen und im Sozialen. Ihnen fallen nicht nur laufend Verbesserungsmöglichkeiten auf, sondern das kreative Potential ihres Gehirns versucht, sofort Ideen und Möglichkeiten zu entwickeln, wie man Unzulänglichkeiten, Fehler und Probleme lösen bzw. verbessern kann. Solche Menschen sind gut beraten, nicht überstürzt von dieser Ideenphase in die Umsetzung zu wechseln, sondern sich mit Partner:innen zu verbünden, die ihre schnellen Ideen einem gründlichen

9 · Voneinander lernen: Werdet wie die Kinder

Check unterziehen inklusive der eingangs erwähnten Recherche. Oft kann so rasch entschieden werden, ob eine Idee überhaupt realistisches Umsetzungspotential besitzt, ob es nicht bereits bessere Lösungen gibt oder ob die Grundidee erfolgsversprechend ist. Sollte letzteres der Fall sein, können hilfreiche Erkenntnisse der Recherche in der Planungsphase berücksichtigt werden. All das erhöht die Wahrscheinlichkeit, dass es zu einer folgenreichen, lösungsorientierten Umsetzung kommt und somit tatsächlich spürbare Verbesserungen, gelindertes Leiden oder gelöste Probleme als Früchte eines Innovationsprozesses gefeiert werden können.

Diese beiden Zugänge – umfassende Recherche und rascher Check, ob neue Ideen grundsätzlich realisierbar sind – sind sowohl für Menschen vom Typ „schneller Brüter" geeignet als auch für diejenigen, die zwar Probleme wahrnehmen, aber noch keine Ahnung haben, wie eine Lösung aussehen könnte. Das heißt: Innovationen sind grundsätzlich mit allen Typen der Rogers' Bell möglich oder umgekehrt gesagt: Jeder Typ, auch der skeptische, kann wertvolle Beiträge zu Innovationen leisten. Bei allen Unterschieden im Zugang zu Neuem ist allen die Bereitschaft zum Voneinander-Lernen gemeinsam – sofern sie ihren Grundtyp konstruktiv leben wollen. Wenn der grundsätzliche Wille dazu gegeben ist, gibt es unendliche Möglichkeiten der Konkretisierung des Innovationsprinzips „Voneinander-Lernen" in allen individuellen und gesellschaftlichen Fragestellungen und Herausforderungen.

Lernen im Kontrast

Ich bin sicher, dass jede:r von Ihnen viele Beispiele aus unterschiedlichen Bereichen benennen könnte, wo dieses Voneinander-Lernen praktiziert wird und wertvolle Früchte trägt, sei es im privaten oder kirchlichen Bereich, bei Vereinen oder Unternehmen. Ich selbst habe während meiner kirchlichen Laufbahn zum Beispiel in der Kinder- und Jugendpastoral, in der Ausbildung von Theologiestudierenden oder in der Presse- und Öffentlichkeitsarbeit sehr von regelmäßigem Austausch profitiert, sowohl innerhalb der eigenen Diözese als auch auf Österreichebene und im Blick auf internationale Entwicklungen. Darüber hinaus gewann der Blick über den katholischen Tellerrand in das weite Spektrum christlicher Kirchen und anderer Religionen eine immer größere Bedeutung, weil in einer plural gewordenen Gesellschaft die unterschiedlichen Positionen und Herangehensweisen helfen, die je eigene Identität und daraus folgende Strategie klarer zu sehen. Dieses „Lernen im Kontrast" erweiterte sich durch den Fokus „Innovation" dann zusätzlich auf Kontakte, Austausch und Diskurs mit Menschen und Organisationen aus Wirtschaft, Sozialbereich, Politik, Technologie oder Kunst und Medien. Zugespitzt könnte ich sagen: Theoretisch profitiere ich von jedem Austausch, auch mit völlig Andersdenkenden, solange das Prinzip Dialog gelebt wird. Dieses setzt voraus, dass ich meine Meinung und meine Fragen zum Ausdruck bringe, zugleich aber offen bin für die Meinungen und Fragen meiner Gegenüber. Echter Dialog ist mit einem Absolutheitsanspruch unvereinbar, wie er von gar nicht wenigen Christ:innen vertreten wird. Sie übersehen oft in evangelisierendem Eifer, dass niemand im Besitz einer absoluten Wahrheit ist. Der bereits zitierte Ausspruch des früheren Bischofs von Aachen, Klaus Hemmerle, scheint für sie nicht zu gelten: „Lass mich dich lernen, dein Denken und Sprechen, dein Fragen und Dasein, damit ich daran die Botschaft neu lernen kann, die ich dir zu überliefern habe."

Für mich kommt in diesem Satz eine demütige sowie respekt- und liebevolle Haltung gegenüber anderen zum Ausdruck. Genau diese Haltung ist wohl ein entscheidendes kulturelles Merkmal des Zweiten Vatikanischen Konzils, der dabei beschlossenen Dokumente und der daraus folgenden Reformen. Papst Paul VI., dessen Verdienst es war, das Konzil nach dem Tod seines charismatischen Vorgängers Johannes XXIII. erfolgreich fortzuführen, hat in seiner Antrittsenzyklika *Ecclesiam Suam* einen wahrhaften Dialog zum entscheidenden Prinzip der Kirche erklärt und damit de facto einen Schlussstrich unter kirchliche Praktiken zu ziehen versucht, die mit der dogmatischen oder moralischen Keule um sich dreschen. Der emeritierte Würzburger Fundamentaltheologe Elmar Klinger hat das einmal sehr nachdrücklich so formuliert: „Man kann die Kirche ohne Dialog überhaupt nicht denken." Die Zeiten der Dialogverweigerung und der mitunter polemischen Abgrenzung anderen gegenüber sind mit dem Zweiten Vatikanischen Konzil endgültig aufgehoben im dialektischen Sinne. Die Enzyklika *Fratelli Tutti*, von Papst Franziskus mitten in der Coronakrise im Jahr 2020 veröffentlicht, konkretisiert diese demütige Bereitschaft der Kirche, mit allen Menschen und Organisationen guten Willens auf Augenhöhe zu kooperieren, die sich für eine solidarische, gerechte und friedliche Welt einsetzen.

Wenn nun das Voneinander-Lernen eine so unerlässliche und erfolgsversprechende Strategie ist, muss man sich fragen, warum es nicht intensiver praktiziert wird? Zu dieser Frage konnte ich beobachten, dass die Bereitschaft zum Voneinander-Lernen in kirchlichen Organisationen von einigen Faktoren massiv beeinflusst wird: Zunächst von der jeweiligen Position in der Hierarchie der Kirche, dann vom Grad der Ideologisierung und dem damit verbundenen organisationskulturellem Ver- oder Misstrauen, und schließlich vom persönlichen Verständnis von Stärke und Macht.

 Sind Hierarchien innovationsfeindlich?

Innovation als „Teamsport"

In welchen Kontexten wird dieses Voneinander-Lernen nun am ehesten praktiziert? Welche systemischen Rahmenbedingungen fördern es? Sind Innovationen in erster Linie das Werk von Einzelkämpfer:innen oder besonders talentierten High Performern? In unserer Medienwelt gewinnen viele den Eindruck: Ohne Steve Jobs wäre Apple doch nie so erfolgreich geworden, ohne Elon Musk gäbe es weder Tesla noch Space X, und ohne Mutter Teresa keine Missionarinnen der Nächstenliebe. Dabei übersieht man leicht, dass hinter den meisten erfolgreichen Gründungen, Start-ups und Organisationen multikompetente Teams stecken, wie wir im Kapitel 6 ausgeführt haben. Branchenunabhängig lässt sich das bei der Verbesserung von Produkten oder Dienstleistungen beobachten, aber auch bei prozessualen Innovationen oder paradigmatischen Veränderungen des Geschäftsmodells oder der grundlegenden Positionierung. Warum also nicht Innovation als Teamsport bezeichnen?

Welche besondere Haltung zeichnet innovative Teams aus? Vor allem, dass sie voneinander und auch von anderen lernen wollen. Sie interessieren sich prinzipiell für Menschen, für alle möglichen Branchen und generell für Fremdes. Wo die Mehrheit Berührungsängste hat, gehen sie näher ran, wollen genau hinschauen, nachfragen und sich austauschen. Auch wenn manchmal eine gewisse Schwellenangst spürbar ist, finden sie Wege, mit diesen so umzugehen, dass letztlich Vertrauen entsteht und Austausch möglich wird. Innovative Teams lieben und leben das Voneinander-Lernen. Das bedeutet nicht, dass jede:r einzelne im Team diese Eigenschaft besitzen muss. Doch als Team ist ihnen bewusst, dass Problemlösungen, Erfindungen und Verbesserungen mit größerer Wahrscheinlichkeit erreicht werden, wenn sie neugierig sind sowie bereit, voneinander und von anderen zu lernen.

Branchenübergreifender Austausch

Was viele überrascht, ist die Tatsache, dass gerade branchenübergreifender Austausch außerordentlich produktiv sein kann. Natürlich geht es in diesem Fall weniger um fachspezifische Aspekte, sondern vielmehr um die grundsätzlichen Prinzipien und entscheidenden Qualitäten, die innovative Prozesse erfolgreich machen. Da lernen Topmanager von Sozialarbeiterinnen, Künstlerinnen von Unternehmern und Pfarrer von Handwerkerinnen. Profitorientierte Unternehmen setzen sich mit NGOs zusammen, Start-up Gründerinnen mit multinationalen Vorständen und Medienprofis mit Studierenden. Internationale Konferenzen und Austauschprogramme bringen Menschen unterschiedlicher Kulturen an einen Tisch und erzielen mit geringeren Kosten messbar nachhaltigere Wirkungen als Treffen mit „more of the same".

Alle, die solche Erfahrungen machen konnten, vor allem in jungem Alter, berichten, dass sie dadurch lebenslang in ihrer Selbst- und Weltsicht geprägt wurden. Erst durch die Differenz, durch den Kontrast, durch das Erlebnis des Anders-Seins haben sie die eigene Herkunft, ihre Prägungen und handlungsleitenden Paradigmen besser wahrnehmen und verstehen können. Dass durch solche Erfahrungen auch der so notwendige Respekt vor anderen Sichtweisen, Kulturen und Lebenseinstellungen wächst, ist mehr als ein angenehmer Nebeneffekt. Dieser Respekt ist ein entscheidender friedensstiftender Faktor. Wo er fehlt oder sogar durch Vorurteile, Chauvinismus oder Rassismus ins Gegenteil verkehrt wird, ist ein friedliches Zusammenleben innerhalb einer Gesellschaft und zwischen unterschiedlichen Nationen gefährdet. Die fürchterlichen Kriege in der Ukraine, aber auch in Syrien, im Jemen, in Irak, Afghanistan oder Myanmar und auch in vielen afrikanischen und mittelamerikanischen Ländern beweisen diese These auf erschütternde Weise.

Innovative Teams kreieren immer wieder friedliche und lustvolle Möglichkeiten des Voneinander-Lernens. Sie verstehen sich nicht als die Expert:innen für alles und jedes, sondern bringen Menschen zusammen, die bereit sind zu geben und zu nehmen. Sie bemühen sich um einen inspirierenden Austausch, der alle Beteiligten motiviert und bereichert. Voneinander lernen ist der Schlüssel zu neuen Lösungen. Keiner weiß alles und niemand kann nichts. Oft sind es gerade Kontraste, die ein schärferes Sehen und unerwartete Aha-Effekte auslösen.

Wer verstehen will, wie sich die Welt entwickelt und welche Trends beachtet werden müssen, die das eigene Handeln maßgeblich beeinflussen, wird sich mit Menschen aller Schichten und Herkünfte intensiv auseinandersetzen, in Beziehung treten, empathisch zuhören und aufhören, vorschnell zu be- und verurteilen.

Methodisch gibt es viele Möglichkeiten, das Voneinander-Lernen zu gestalten. Generell lässt sich ein Trend feststellen, dabei unterschiedliche Ebenen des Lernens zu berücksichtigen. So werden z. B. kognitive, emotionale, kulturelle oder handlungsorientierte Aspekte gleichermaßen angesprochen. Art of Hosting, Design-Thinking, diverse Konzepte von Outdoor-Aktivitäten, interkulturelle Methoden oder Auseinandersetzung mit Kunst in vielfältiger Form schaffen eine Fülle von Möglichkeiten, auf individuelle Vorlieben oder organisationskulturelle Aspekte einzugehen. Allen gemeinsam ist, dass zunächst durch Vertrauensbildung eine empathische und wertschätzende Atmosphäre entsteht. Das schafft die Basis dafür, dass sich die eigenen Horizonte weiten und Denkmuster verändern, sowohl durch Begeisterung als auch durch Irritationen und Provokationen.

In lokalen Kirchengemeinden habe ich zum Beispiel beobachtet, dass viele nachhaltig von der Zielorientierung kommerzieller Unternehmen lernen. Wenn sie verinnerlichen, die simple Frage zu stellen: „Warum und wozu machen wir das eigentlich?", bevor sie eine Aktion, ein Projekt oder einen wiederkehrenden Prozess einfach machen, schafft das die Basis für Veränderungen, Neuausrichtungen und auch Vereinfachungen. Oder wenn ein:e Pfarrer:in besser versteht, woran es liegt, ob man neue Ehrenamtliche gewinnen und motivieren kann, weil er oder sie sich mit Leiter:innen mittelständischer Unternehmen ausgetauscht hat.

Prophetisch-kritischer Zugang:
Naiv, unrealistisch, erfolglos!

Voneinander lernen, dass ich nicht lache! Wie naiv ist das denn! Viele Erwachsene und vor allem Führungskräfte halten die soeben beschriebene kindlich-neugierige Haltung zwar für nett, aber sicherlich nicht kompatibel mit dem dominanten wettbewerbsorientierten globalen Wirtschaftssystem, auch nicht mit den kirchlichen Realitäten, ganz bestimmt nicht in den reichen und mächtigen Kirchenorganisationen im deutschsprachigen Raum!

Seien wir ehrlich: Nicht Offenheit und Kooperation führen zum Erfolg, sondern Stärke, Marktdominanz, beinharte Konkurrenz und strikte Geheimhaltung. Wer vertrauensvoll agiert, den bestraft das System, und zwar gnadenlos. Sie meinen, so würde das vielleicht in knallharten Privatkonzernen gesagt und praktiziert, aber sicher nicht in Kirchen? Weit gefehlt!

Als viele Diözesen rund um die Jahrtausendwende im Zuge der durch Einnahmenrückgänge angestoßenen Restrukturierungsprozesse die internationale Beratungsagentur McKinsey engagierten, wurde der langjährige Senior Direktor von McKinsey Deutschland, Thomas von Mitschke-Collande, gefragt: Welche Unterschiede haben Sie zwischen privaten Konzernen und kirchlichen Bistümern wahrgenommen? Seine Antwort vor etwa zwanzig Jahren verblüfft mich und viele kirchlich Engagierte bis heute. Er nannte drei Beobachtungen: Erstens herrsche in kirchlichen Organisationen eine stärkere Misstrauenskultur als in Wirtschaftsunternehmen. Zweitens leisteten sich kirchliche Organisationen schlechtere Führungskräfte. Und drittens gäben sich kirchliche Organisationen schneller mit Mittelmaß zufrieden.

Überraschen Sie diese Antworten? Oder bestätigen sie die Erfahrungen, die Sie mit oder in kirchlichen Organisationen gemacht haben? Wenn diese Analyse auch nur einigermaßen zutrifft, ist das eine Bankrotterklärung. Stellen Sie sich das vor: Private Unternehmen, die im knallharten globalen Wettbewerb stehen, haben eine bessere Vertrauenskultur als Kirchen, die doch die ganze Zeit von Liebe, Gemeinschaft und Vertrauen reden! Kirchen, die nach der

Weisung Jesu ein besonderes Augenmerk auf den Charakter, die Haltungen und die Praxis von Führungskräften legen sollten, strafen diese Vorgabe einer dienenden Leitung („Wer unter euch der Größte sein will, soll euer Diener sein." – Markus 10,43) mit Lügen und lassen hochgradig inkompetente und überforderte Leiter (ja, nahezu ausschließlich Männer!) mit allen negativen Folgen jahrelang fuhrwerken! Und statt Exzellenz anzustreben, weil es doch um den größten Schatz geht, den man sich nur denken kann, um die Frohe Botschaft, ja um das Heil der ganzen Welt, gibt man sich mit enttäuschendem Mittelmaß zufrieden, um dann über ausbleibende Früchte zu lamentieren und alles Mögliche dafür verantwortlich zu machen, nur nicht sich selbst! Wen wundert es da, dass viele einer solchen Kirche den Rücken kehren!

Unchristlicher Kapitalismus

In der Logik eines kulturell hegemonialen Kapitalismus wird die Einschätzung wohl stimmen, dass der Mensch des Menschen Wolf sei, dem daher ein vertrauensvolles, offenes Voneinander-Lernen diametral entgegensteht. Die lateinische Sentenz „homo homini lupus est" aus der Komödie Asinaria (Eseleien) des römischen Komödiendichters Titus Maccius Plautus (ca. 254–184 v. Chr.) ist bekannt. Darin sagt der Kaufmann zu Leonida: „Lupus est homo homini, non homo, quom qualis sit non novit." Auf Deutsch: „Ein Wolf ist der Mensch dem Menschen, kein Mensch, solange er nicht weiß, welcher Art der andere ist." Bekannt wurde dieser Ausspruch durch den englischen Staatstheoretiker und Philosophen Thomas Hobbes. Hobbes gebraucht ihn als Beschreibung für das Verhältnis zwischen den einzelnen von Menschenhand geschaffenen

Staaten: „Nun sind sicher beide Sätze wahr: Der Mensch ist ein Gott für den Menschen, und: Der Mensch ist ein Wolf für den Menschen; jener, wenn man die Bürger untereinander, dieser, wenn man die Staaten untereinander vergleicht. Dort nähert man sich durch Gerechtigkeit, Liebe und alle Tugenden des Friedens der Ähnlichkeit mit Gott; hier müssen selbst die Guten bei der Verdorbenheit der Schlechten ihres Schutzes wegen die kriegerischen Tugenden, die Gewalt und die List, d.h. die Raubsucht der wilden Tiere, zu Hilfe nehmen." Hobbes benutzt den Satz für das potenziell destruktive Verhältnis der Staaten zueinander als logische Weiterentwicklung für den von ihm angenommenen Naturzustand der Menschen untereinander (Krieg aller gegen alle – bellum omnium contra omnes), welcher zur Staatsentstehung mit der tendenziellen Monopolisierung der Gewalt führte.

Bietet das Christentum aber nicht einen radikalen Gegenentwurf zu diesem „kulturell, politisch und ökonomisch dominanten Kapitalismus, der die Zukunft prägen wird?" (Rainer Bucher). Und Bucher weiter über den Kapitalismus und die prophetisch-praktische Rolle des Christentums: „Neben seinen unbestreitbaren Vorzügen (Dynamik und Innovation, Sprengung vormoderner Essentialismen, Wohlstandssteigerung) dürfen seine ebenso unbestreitbaren sozialethischen Defizite (externalisierte ökologische Kosten, Produktion globaler und lokaler Ungerechtigkeit, Gnadenlosigkeit gegenüber den nicht Wettbewerbsfähigen), aber auch die Versuchungen seiner kulturellen Hegemonialität nicht übersehen werden. Das Christentum hat einen Schatz von Ressourcen, die eine Chance bieten, dem kulturell hegemonialen Kapitalismus nicht zu verfallen. Diese Ressourcen zur Verfügung zu stellen, breit und vielfältig, leicht zugänglich, ohne Integrationspflicht und in unaufdringlicher Antreffbarkeit, das ist eine zentrale Aufgabe des Christentums heute. Der Schlüssel für die Zukunft der Kirchen wird darin liegen, ob sie diese Botschaft glaubhaft in Wort und Tat vermitteln können."

Schön und gut, aber sollten sich Kirchen nicht selbst an der Nase nehmen, bevor sie die „Welt" bekehren, belehren und missionieren wollen? Sind nicht viele kirchliche Organisationen genauso von einer Kultur der Abkapselung, des Misstrauens und der Präpotenz gekennzeichnet wie die ach so böse kapitalistische Welt? Allein auf Gemeindeebene kenne ich wenige, die nicht nur schöne Worte verlieren, sondern tatsächlich voneinander lernen. Bei wiederkehrenden pastoralen Prozessen wie der Sakramentenvorbereitung oder den traditionellen Feiern im Laufe des Kirchenjahres gibt es kaum Verantwortliche, die konsequent Ausschau nach gelungenen Beispielen in Nachbarpfarreien oder auch in externen Kontexten halten. Wäre es nicht logisch, z. B. die eigene Firmvorbereitung durch den Austausch mit besonders erfolgreichen Vereinen und innovativen Jugendinitiativen zu qualifizieren? Warum lernen so wenige Pfarrer von mittelständischen Unternehmer:innen, wie man die richtigen Mitarbeiter:innen gewinnen, motivieren und weiterbilden kann?

In der Coronakrise gab es zwar beeindruckende Beispiele kreativer Problemlösungen, aber viele spielten sich isoliert und nebeneinander ab, anstatt durch stärkeren Austausch die verständlicherweise anfangshafte Mittelmäßigkeit zu verbessern und wirklich exzellent zu werden. Was hilft es, wenn der x-te Gottesdienst amateurhaft gestreamt wird? Warum haben die gut ausgestatteten Diözesen die Zeit zwischen dem ersten und dem zweiten Lockdown nicht genutzt, um unterschiedliche gottesdienstliche Online-Formate professionell zu entwickeln und überregional anzubieten? Hat denn wirklich keiner gecheckt, dass die mittelalterliche territoriale Verfasstheit unserer Kirchen

Prophetisch-kritischer Zugang

in der digitalen Welt nicht der Weisheit letzter Schluss sein kann?

Es drängt sich mir ein Verdacht auf, warum das Voneinander-Lernen kaum praktiziert wird, weder auf Gemeindeebene noch auf Landeskirchen- oder Diözesanebene. Viele Entscheidungsträger:innen sind einfach zu stolz. Sie wollen sich von niemandem etwas sagen lassen. Sie berufen sich auf ihre Amtsautorität und verwechseln diese mit Fachkompetenz. Sie wollen sich nicht in die Karten schauen lassen. Erfolge von anderen machen sie neidisch und vergiften ihr Herz. Abteilungen verhalten sich wie Silos. Jedem ist das Hemd näher als der Rock. Man faselt von Vertrauen und Gemeinschaft und praktiziert Misstrauen und Vereinzelung.

Daneben gibt es aber auch viele Engagierte, die nach vielen vergeblichen Versuchen, auf gelungene Beispiele hinzuweisen, einfach frustriert aufgeben, weil sie von den netten „Kolleg:innen" oder Kircheninsidern ignoriert, belächelt oder bekämpft werden.

Fremdprophetie: Im Grunde gut!

Als wunderbares Beispiel von Fremdprophetie zum Thema dieses Kapitels empfand ich das Buch „Im Grunde gut. Eine neue Geschichte der Menschheit" von Rutger Bregman. Er sagt über sein Werk: „Wissenschaftler der unterschiedlichsten Disziplinen, von Biologen über Archäologen bis zu Psychologen, haben sich von dem vorherrschenden zynischen Menschenbild entfernt. Ich habe ihre Untersuchungen in meinem Buch zusammengefasst, weil ich gemerkt habe, dass noch niemand die Verbindung zwischen den revolutionären wissenschaftlichen Entdeckungen der vergangenen 20 Jahre gezogen hatte."

9 · Voneinander lernen: Werdet wie die Kinder

Der junge niederländische Historiker geht vom oben zitierten Ausspruch „Der Mensch ist des Menschen Wolf" und dem Gegenentwurf von Jean-Jacques Rousseau aus. Der viel belächelten Ansicht des französischen Philosophen, wonach der Mensch in seinem ursprünglichen, natürlichen Zustand gut gewesen sei und erst durch die Zivilisation verdorben wurde, kann der Holländer Bregman einiges abgewinnen. In seinem Buch stellt er sich der Frage: Ist der Mensch im Grunde gut oder böse? Dabei untersucht er Forschungen der Evolutionsbiologie und kommt zum Schluss, dass sich gerade nicht der „Homo lupus", also die aggressive Variante des Wolfs, als Hund durchgesetzt hat, sondern der „Homo Puppy", also der liebenswerte, sanfte, kooperative und empathische Typ. Er schreibt: „Was Hunde im Vergleich zu Wölfen sind, sind wir verglichen mit Neandertalern."

Dann analysiert Bregman klassische sozialpsychologische Experimente wie zum Beispiel das „Stanford-Prison"- oder das „Milgram"-Experiment, die bis heute an vielen Psychologielehrstühlen als unumstößliche, wissenschaftliche Erkenntnisse gelehrt werden. Kern der Ergebnisse dieser Experimente ist, dass der Mensch angeblich in Extremsituationen egoistisch handelt und in erster Linie den eigenen Vorteil sucht. Bregman destruiert auf glaubwürdige Weise diese Schlussfolgerung und weist nach, dass viele Versuche unter fragwürdigen, unwissenschaftlichen Rahmenbedingungen durchgeführt und evaluiert wurden. Außerdem unterzieht Bregman bekannte Medienberichte über Gewalttaten oder Katastrophen einer gründlichen Untersuchung. Dabei stellt er fest, dass durch manipulative Berichterstattung und leider auch einseitige Rezeption der Medienkonsument:innen immer wieder der Eindruck erweckt wurde und wird, dass Menschen immer rücksichtsloser und egoistischer werden. „Alles wird immer schlechter" – dieses kulturpessimistische Narrativ hat katastrophale Auswirkungen, weil es massiv das politische Handeln von der lokalen bis zur globalen Ebene bestimmt. Auch wenn natürlich Egoismus, Grausamkeiten und Gewalt Realität sind (Bregman stellt sich diesem Thema radikal bis zur Auschwitzfrage), sind in den meisten Fällen die meisten Menschen in einem überdurchschnittlichen Ausmaß bereit, anderen zu helfen, ja sogar für fremde unbekannte Notleidende ihr eigenes Leben zu riskieren. Sehr beeindruckt hat mich das Kapitel, in dem er das Gefängnissystem in den USA mit dem in Norwegen vergleicht. Während sich in den USA ein Konzept durchgesetzt hat, das auf Bestrafung und Rache aufbaut, hat sich in Norwegen ein beachtliches System der Wiedergutmachung und Resozialisierung etabliert. Die messbaren Ergebnisse sind beeindruckend. Für mich spiegelt der norwegische Ansatz einen impliziten jesuanischen Geist der Barmherzigkeit, Liebe und Versöhnung wider, obwohl der hoch säkularisierte Staat Norwegen das in dieser Form natürlich nicht explizit intendiert hatte.

 Hat der „Herr der Fliegen" recht?

Welches Menschenbild?

Entscheidend für pastorale Innovationen ist, wie solche Forschungen Christ:innen und Kirchen helfen können, ihre Sendung authentischer und glaubwürdiger zu leben. Denn das Paradigma, dass der Mensch prinzipiell verdorben, schlecht und sündhaft sei, ist ja nicht nur die Ansicht von Philosoph:innen, es ist auch die Grundlage manch traditionellen Christentums, ja auch der rationalen Aufklärung, und letztlich von Kapitalismus und sogar Kommunismus. Alle diese Ideologien gehen in unterschiedlichen Ausprägungen von der sogenannten „Fassadentheorie" aus, wonach die Zivilisation nur eine dünne Fassade ist, die beim geringsten Anlass einstürzt.

Diese Theorie ist für Rutger Bregman grundlegend falsch. Kein Wunder, dass er für sein Projekt anfänglich wenig Unterstützung bekam: „Ein deutscher Verlag lehnte meinen Buchvorschlag entschieden ab: Die Deutschen würden nicht an das Gute im Menschen glauben." Eine Ansicht, die der Philosoph Peter Sloterdijk kürzlich in einem Aufsatz zur Corona-Krise bestätigte: „Es wirkt immer rufschädigend, wenn der Verdacht aufkommt, man sei ein guter Mensch."

Rutger Bregman hat Erfahrung mit dieser Art von Benachteiligung: „Wer sich für den Menschen einsetzt, wird auf Schritt und Tritt verspottet und beschimpft. Man wäre naiv. Einfältig." Und man tritt gegen eine Hydra an: „Für jedes menschenfeindliche Argument, das man für ungültig erklärt, kriegt man zwei zurück. Die Fassadentheorie ist ein Zombie, der sich weigert zu sterben."

Gerade unter jungen Menschen gibt es aber einen unübersehbaren Paradigmenwechsel. Viele haben durchschaut, dass dieses Narrativ des bösen Menschen den Mächtigen in die Hände spielt. Denn wenn Menschen grundlegend schlecht sind, dann braucht es autoritäre Herrscher, mächtige CEOs und eine alles kontrollierende Bürokratie, weil Menschen einander ja nicht vertrauen können. Bregmans Conclusio: „Ich bin überzeugt, wenn wir die großen Fragen unserer Zeit angehen wollen, sei es die Klimakrise oder Armut, dann brauchen wir in unserer zivilisierten Welt ein neues Menschenbild."

Biblische Perspektive:
Auch Jesus lernte durch das Leben

Wer die erfolgreichsten Skirennläufer:innen aller Zeiten wie Lindsey Vonn, Mikaela Shiffrin, Hermann Maier oder Marcel Hirscher fragen würde, wie bei ihnen alles begonnen hat, würde zu hören bekommen: „Als Kind habe ich tolle Skifahrer:innen gesehen und wollte das unbedingt auch machen. Mir hat es voll getaugt und dann bin ich immer ehrgeiziger geworden ..." Ja, Kinder beobachten etwas oder jemanden, sind fasziniert und wollen es einfach nachmachen, oder genauer gesagt: selbst machen! Das gilt für Sport, Musik oder Handwerk und auch für Wissenschaften. Gilt es auch für den Glauben und die Kirchen?

Die Erfahrung zeigt: Wer an der Erneuerung von Pfarrgemeinden mitwirken will, braucht dazu nur eine Voraussetzung: Voneinander lernen *wollen*. Das Wort Jesu „Wenn ihr nicht umkehrt und werdet wie die Kinder, könnt ihr nicht in das Himmelreich kommen." (Matthäus 18,3) gilt radikal für Innovation generell und für Innovationen in der Kirche speziell. Umkehren heißt, den verführerischen Weg des Stolzes, der Resignation, der Depression, des Neids und der Selbstbezogenheit zu verlassen und eine neue Richtung einzuschlagen. Neugierig und hoffnungsvoll wie Kinder lassen sich engagierte Menschen dann faszinieren von Pfarren wie z.B. der Church of the Nativity in Baltimore. Ihre Erfahrungen von beständigem Rückgang zu neuem Wachstum sind im Buch „Rebuilt" und weiteren Publikationen gut beschrieben. Von Pfarrer Michael White und seinem Partner Tom Corcoran haben wir gelernt, dass es keine „Wunderwuzzis" braucht, sondern Menschen, die lernen wollen so wie Kinder: Durch Miterleben, Faszination, nachmachen, selbst ausprobieren, scheitern, aber nicht aufgeben, sondern es wieder und wieder versuchen.

9 · Voneinander lernen: Werdet wie die Kinder

Denn wie schon betont: Keine:r kann oder weiß alles, und keine:r kann oder weiß nichts. Dieses konstitutive Prinzip stand am Beginn der Herausbildung von lokalen christlichen Gemeinden, die man später Kirchen nannte. Offenbar war es ein entscheidender Erfolgsfaktor, um die schwierigen Anfangsjahre unter extrem ungünstigen Rahmenbedingungen zu überstehen. Es gibt viele biblische Belege dafür, eines der bekanntesten ist dieser Text:

„Es gibt verschiedene Gnadengaben, aber es ist derselbe Geist. Es gibt verschiedene Dienste, aber es ist derselbe Herr. Es gibt verschiedene Kräfte, aber es ist derselbe Gott, der alles in allen wirkt. Jedem aber wird die Offenbarung des Geistes verliehen zum allgemeinen Nutzen. Dem einen wird durch den Geist das Wort der Weisheit gegeben, einem anderen durch denselben Geist das Wort der Erkenntnis, einem anderen in demselben Geist Glaubenskraft, einem anderen die Gabe, Krankheiten zu heilen in ein und demselben Geist, einem anderen machtvoll wirkende Kräfte, einem anderen die Prophetengabe, einem anderen die Fähigkeit zur Unterscheidung der Geister, wieder einem anderen verschiedene Arten der Zungenrede, einem anderen schließlich die Gabe der Auslegung der Zungenreden. Alles das aber wirkt ein und derselbe Geist, indem er einem jeden zuteilt, wie er will." (1 Korinther 12,4–11)

Die indikative Formulierung geht davon aus, dass es tatsächlich in jeder Gemeinde, egal ob klein oder groß, ob erfolgreich oder gescheitert, bereits ausreichende Begabungen für Innovation und Vitalisierung *gibt*. Gott hat bereits vielfältigen Samen für neues Wachstum gesät. Da spielt offensichtlich die dreifaltige Dimension eine Rolle. Gnadengaben bevollmächtigen, sie machen also einen Menschen in ganz bestimmten Bereichen kompetent, vorausgesetzt, man akzeptiert und entwickelt die geschenkten

Gaben durch konsequentes Lernen und Üben. Diese Gaben korrelieren mit der göttlichen Person des Geistes. Dienste oder Aufgaben konkretisieren in einem Sozialsystem das Engagement eines Menschen. Diese korrelieren mit der göttlichen Person des „Herrn", als des Sohnes Jesus Christus. Die „Kräfte" kann man nahe am griechischen Begriff mit „Energien" übersetzen und der göttlichen Person des Schöpfers und Vaters zuordnen.

 Energie als zentrale biblische Kategorie

Von der Heidin gelernt

Von Jesus wird eine Begebenheit berichtet, mit der sich fromme Menschen oft sehr schwertun. Denn sie zeigt ihn selbst als Lernenden. Für viele ist das eine unerhörte Vorstellung, denn Jesus ist doch der Sohn Gottes und damit von Anfang an vollkommen. Mir liegt es fern, diese Glaubensidee als naiv oder theologisch falsch hinzustellen. Doch auf einer grundsätzlichen Ebene hat eine solche Vorstellung unglaubliche Konsequenzen. Denn damit würde das volle Menschsein Jesu letztlich relativiert. Sein Leben und vor allem sein Leiden und Sterben würden ihre Vorbildwirkung verlieren. Denn als Sohn Gottes habe er das natürlich bewältigen können – aber wir „normalen" Menschen könnten das nicht. Um solche Fragestellungen ging es auch bei den großen theologischen Auseinandersetzungen der ersten Jahrhunderte und Konzilien.

Worum geht es nun bei unserer Bibelstelle? In der dramatischen Begegnung mit einer fremden, heidnischen Frau, einmal als Kanaanäerin (Matthäus 15,21–28), einmal als Syrophönizierin (Markus 7,24–30) bezeichnet, ändert Jesus offensichtlich sein Denken und sein Verhalten.

9 · Voneinander lernen: Werdet wie die Kinder

Warum erwähne ich sie zu diesem Thema noch einmal? Offensichtlich lässt sich Jesus davon überzeugen, dass der exklusive Anspruch eines Volkes auf das Heil Gottes falsch ist. Die mutige und selbstbewusste Frau, deren Namen nicht überliefert ist, *überredet* Jesus nicht, sondern *überzeugt* ihn mit klugen und schlagfertigen Argumenten. Jesus ist davon so beeindruckt, dass er nicht nur ihrem Wunsch entsprechend ihre Tochter heilt, sondern voller Bewunderung ihren Glauben als riesengroß (auf Griechisch: *megalé*) preist. Über diese Perikope hat meine Frau eine exegetische Diplomarbeit verfasst, die mein Denken und Glauben nachhaltig geprägt hat. Mir ist damals klar geworden, dass Gott mit jedem Menschen unabhängig von Geschlecht, Religion, sozialem Status oder sexueller Orientierung eine Beziehung eingehen möchte. Diese absolute Gleichwertigkeit übersteigt alle menschlichen Kategorien und auch alle geistlichen Hierarchien. Die Enzyklika *Fratelli Tutti* von Papst Franziskus kleidet dieses theologische Paradigma in ein offizielles päpstliches Dokument. Der Bischof von Rom richtet sich damit sowohl an die globale Menschheitsfamilie als auch an alle Kirchen. Mit der Einladung zu einem weltweiten synodalen Prozess machte er dann aus seinen Worten konkrete Taten. Scharf jegliche Form von Klerikalismus verurteilend, lädt er jede Katholikin und jeden Katholiken und darüber hinaus alle Menschen guten Willens ein, sich mit den eigenen Meinungen, Vorstellungen und Ideen für eine bessere Welt einzubringen. Man könnte sagen: Dieser Papst zeigt sich so als Verfechter des Voneinander-Lernens.

Biographisch-persönlicher Zugang: Kriegstraumatisiert

Neugier oder Wissensdurst ist die Basis von Innovation. Es geht um die Bereitschaft, ja die Lust, sich neuen, ungewohnten und komplexen Situationen oder Ideen auszusetzen. William McDougall definierte Neugier als „Instinkt, bestehend aus einer Antriebskomponente, einer Affektkomponente und einer Verhaltenskomponente". Er bezeichnete Neugier als den wichtigsten Kern der Motivation. Sie sei die Grundlage für die besonderen wissenschaftlichen und kulturellen Leistungen der Menschen. Bei Kleinkindern ist Neugier schon vor dem Auftreten der Sprache zu beobachten. Ohne die Neugier kann sich kein Mensch oder auch kein Säugetier entwickeln. Neugier hat darüber hinaus auch problematische Seiten, wenn sie zum Beispiel ein aggressives Begehren weckt, das – so die Thesen von René Girard – letztlich zu vielen Konflikten und Kriegen führen kann.

Ich selbst war von klein auf ein neugieriger und experimentierfreudiger Mensch. Meine Eltern würden mich wahrscheinlich als kleinen Draufgänger bezeichnen, der als Bub und auch noch als Jugendlicher immer wieder in waghalsige Abenteuer geraten ist, ja sie geradezu gesucht hat. Sie hätten sich sicher ein bisschen mehr Zurückhaltung und Vorsicht gewünscht. Nachträglich betrachtet bin ich heute sehr dankbar dafür, dass ich oft einen „Schutzengel" hatte, der mich in gefahrvollen Situationen vor physischen oder psychischen Schäden bewahrte. Oft hatte ich als Kind und Jugendlicher zu wenig Respekt und Angst vor Gefahren und Herausforderungen. Ich musste das Gleichgewicht zwischen Regression und Aggression erst durch „trial and error" lernen. Positiv interpretiert glaube ich, dass mir meine Eltern und meine Umgebung ein so starkes

Urvertrauen ermöglicht hatten, dass ich neugierig und offen auf fremde Welten und unbekannte Menschen zugehen konnte und wollte.

Als ich ein Teenager wurde, legte ich besonders großen Wert darauf, meinen eigenen Weg zu gehen, mir meine eigenen Meinungen zu bilden und selbst herauszufinden, was ich glauben, tun und lassen wollte. Als Zweitgeborener lebte ich den Archetyp des Rebellen und Kämpfers, der vorgegebene Autoritäten und Traditionen in Frage stellte und bereit war, für das eigene Verständnis eines freien Lebens auch spürbare Nachteile auf sich zu nehmen.

Gott sei Dank hatte ich als junger Erwachsener, Ehemann und Vater die Gelegenheit, diese Periode meines Lebens im Nachhinein mit meinem Vater zu besprechen und intensiv zu reflektieren. Einige Jahre vor seinem Tod im Jahr 2010 kulminierten diese Gespräche in einer Serie von Interviews, die ich mit seiner Zustimmung aufzeichnete. Uns war bewusst: Wir wollten vor seinem Tod seine reichhaltigen Lebenserfahrungen für die Nachwelt festhalten. Über ein halbes Jahr lang trafen wir uns einmal in der Woche und redeten über alles, was ihm wichtig war – für mich ein unvergessliches Erlebnis, das mich noch enger mit meinem Vater verbunden hat.

Erst in dieser Lebensphase wurde mir bewusst, wie viele Sorgen und Kummer ich meinen Eltern oft ungewollt bereitet hatte. Angesichts der Tatsache, dass mein Vater ohne Vorerfahrungen mit seinen vier jugendlichen Söhnen zurechtkommen musste, war diese Aufarbeitung für uns beide heilsam. Denn er war erst neun Jahre alt, als sein Vater, der so wie ich Georg Plank hieß, von der deutschen Wehrmacht eingezogen wurde und in den Krieg ziehen musste, einen Krieg, den er als Hitlerkritiker zutiefst ablehnte. 1945, mein Vater war inzwischen dreizehn Jahre alt, traf die volle Wucht dieses horrenden Krieges die Heimat meines Vaters. Im sogenannten Wechselgebiet, einem Gebirgszug zwischen Wien und Graz, wurde am 8. Mai 1945 noch gekämpft. Bis zum letzten Kriegstag wurden sogenannte Verräter und Fahnenflüchtlinge von Nationalsozialisten öffentlich gehenkt. Dann, nach der bedingungslosen Kapitulation, wurden viele Frauen und Mädchen von sowjetischen Soldaten brutal vergewaltigt, oft vor den Augen von Kindern. Auch das musste mein Vater als Bursch miterleben. Dann richtete sich seine ganze Hoffnung auf die Heimkehr seines geliebten Vaters. Bei jeder Zugankunft von Heimkehrern wurde diese Hoffnung enttäuscht, bis Ende Juni 1945 die Nachricht einlangte, dass der Wehrmachtsangehörige Georg Plank, mein Großvater, beim Rückzug aus Russland im Grenzgebiet von Polen und der Tschechoslowakei „heldenhaft" gefallen sei. Wie nachhaltig traumatisch diese Erfahrung für meinen Vater wirkte, wurde mir erst nach und nach bewusst. Je älter ich werde, umso mehr verstehe ich, wie die fürchterlichen Folgen jedes Krieges über Generationen nachwirken. Ich empfinde daher bei allen Nachrichten über kriegerische Auseinandersetzungen, egal, ob nah oder fern, einen tiefen Schmerz, der vermutlich damit zu tun hat, dass in meiner Familiengeschichte Kriege so viel Zerstörung angerichtet haben. Obwohl ich ein „Nachgeborener" bin, der sich intellektuell lang und ausführlich mit der Zeit des Nationalsozialismus und den beiden Weltkriegen beschäftigt hat, werde ich immer wieder von heftigen Emotionen gepackt, wenn ich von Holocaustüberlebenden höre oder von Kriegsverbrechen in so vielen Ländern wie aktuell in der Ukraine, aber auch in vielen Ländern Afrikas oder des Mittleren Ostens. Da fühle ich nach wie vor Fassungslosigkeit, Ohnmacht und Wut.

Mein Vater hatte also nicht die Chance gehabt, seinen Vater als Teenager zu erleben. Daher konnte er nur schwer verstehen, warum wir, seine Söhne, als Pubertierende plötzlich gegen ihn rebellierten oder ihn sogar offen hinterfragten und kritisierten. Er registrierte auch unsere kritische Haltung gegenüber Schule und Kirche im Geiste der 68er Bewegung als schmerzliches Phänomen und empfand sie als völlig überzogen und unverständlich. Klar, hätte er doch so gerne eine höhere Schulbildung genossen, was 1945 einfach nicht möglich gewesen war und seine ganze berufliche Laufbahn negativ beeinflusste.

Angesichts dieser Rahmenbedingungen bin ich umso dankbarer, mit wieviel Freiheit ich meinen eigenen Weg gehen und finden konnte. Das ist mir eine wichtige Motivation, in meinem eigenen Verhalten sei es als Vater, Ehepartner oder Führungskraft und jetzt Gründer das Prinzip zu leben, möglichst große Freiräume zur selbständigen und eigenverantwortlichen Entfaltung zur Verfügung zu stellen. Damit rede ich keiner Laissez-faire Pädagogik das Wort, sondern baue auf einem für mich jesuanischen Menschenbild auf, das in jedem Menschen unabhängig von äußerlichen Faktoren das Gute sieht und durch Liebe weckt, ja zärtlich wachküsst.

Kapitel 10
Scheitern, Krisen und Widerstände

Über viele wichtige Aspekte von Innovation habe ich in diesem Buch bereits geschrieben, wie zum Beispiel über Erfolg, über Typen von Innovation, über Arten und Phasen von Innovation, über Kreativität und methodische Zugänge zur Ideenfindung und vieles mehr. Aus meiner Erfahrung gibt es aber zwei unerlässliche Themen, die oft übersehen werden oder wider besseres Wissen in der Praxis ignoriert werden. Diese sollen in den beiden letzten Kapiteln zur Sprache kommen. Worum geht es?

Das eine Thema ist die Frage des Scheiterns. Nahezu alle Innovator:innen betonen, dass ihr Weg zu Erfolgen immer gepflastert war mit schmerzlichen Erfahrungen des Scheiterns, des Widerstands und des Unverstandenseins. Solche Erfahrungen führen immer wieder auch zu persönlichen Krisen. Das andere Thema ist die organisationale Körpersprache.

Bei diversen Innovationsausbildungen werden immer wieder Beispiele von berühmten Erfinder:innen oder Innovator:innen erzählt wie zum Beispiel die bereits erwähnte Geschichte von Thomas Alva Edison, der angeblich mehrere Tausende – gescheiterte – Versuche benötigte, bis er endlich eine brauchbare Glühbirne erzeugen konnte.

Solche Anekdoten führen zu Innovationsweisheiten wie der folgenden: „Innovations are 1 % inspiration and 99 % transpiration!" – Ausdauer, Fleiß und Schweiß seien also wichtiger als noch so kreative Ideen.

Feigenblatt Fehlerkultur?

Auch wenn in den letzten Jahren das Thema Scheitern auch in westlichen Ländern aus einem negativen Schattendasein befreit wurde und immer mehr Organisationen versuchen, eine positive Fehlerkultur aufzubauen, muss man feststellen: Diese ersten Schritte haben noch lange keinen echten Systemwandel bewirkt. Zu schwer lastet eine jahrhundertelange Geschichte auf unseren Gesellschaften, in der aus unterschiedlichen Motiven Fehler, Scheitern und Krisen vorwiegend negativ bewertet wurden und werden.

Fehler ist gleich Schuld?

Eine Wurzel liegt in manchen religiösen Traditionen oder deren fehlgeleiteten praktischen Anwendungen, die Fehler mit Schuld und Sünde gleichsetzen. Dass vor allem seit der Aufklärung diese Traditionslinie verstärkt entmythologisiert und dann psychologisiert und moralisiert wurde, hat die Sache nicht leichter gemacht. Fehler zu machen, bedeutet nach dieser Logik ein schlechter Mensch zu sein und umgekehrt: Ein guter Mensch macht keine oder möglichst wenig Fehler. Heilige seien demnach untadelige, sündenfreie Männer und Frauen gewesen. Vollkommen zu sein, würde dann konsequenterweise bedeuten: Keine Fehler machen, keine Sünden begehen und damit wie Gott zu sein.

Welch ein sprechendes Beispiel für die These des bereits erwähnten Friedemann Schulz von Thun, der anhand des aristotelischen Wertequadrats aufgezeigt hat: Das Gute kippt durch Übertreibung ins Negative! Denn sowohl die religiöse als auch die moralische Dimension von Schuld und Sünde gehören zwar zur Entwicklung eines Menschen dazu. Sie sind Ausformungen der Freiheit, die Gott in seiner Liebe jedem Menschen schenkt. Es geht beim Thema Scheitern im Zusammenhang mit Innovation gerade nicht in erster Linie um die Suche nach schuldigen Menschen und deren sündhaftem oder unmoralischem Verhalten. In den meisten Fällen hat das Scheitern, egal ob vorläufig oder dauerhaft, ganz konkrete Ursachen. Viele davon lassen sich durch wissenschaftliche Analysen, gemeinsame Reflexion und ehrliche Bereitschaft zum Voneinander-Lernen erkunden. Das ist dann die Basis für Verbesserungen oder neue kreative Ideen, das angestrebte Ziel zu erreichen. Solche Reflexionen und Evaluationen basieren auf einem Verständnis von Scheitern als etwas zutiefst Menschliches.

Wir wissen, dass der Mensch im Vergleich zu allen anderen Säugetieren als biologische Frühgeburt und dementsprechend unreif das Licht der Welt erblickt. Weder die körperliche noch die psychisch-emotionale und schon gar nicht die neurologische Entwicklung lässt ein Überleben ohne fremde Hilfe und Unterstützung von außen zu. Jeder Mensch ist ab der Geburt über Jahre abhängig von der Zuwendung, Pflege und vor allem von der empathischen Liebe anderer Menschen, wie Joachim Bauer in seinem jüngsten Buch „Das empathische Gen" neurowissenschaftlich nachgewiesen hat. Entgegen den Behauptungen mancher traditionell katholischer und anderer christlicher Gruppen müssen diese Bezugspersonen nicht notwendigerweise mit den biologischen Eltern übereinstimmen. Es trifft eher das afrikanische Sprichwort zu, wonach sinngemäß ein Kind zu zeugen nur zwei Leute für eine kurze Zeit benötigt, wohingegen ein Kind zu einem reifen Erwachsenen zu erziehen, für viele Jahre ein ganzes Dorf braucht.

Diese sozialen Aspekte lassen sich theologisch als Verwirklichung des umfassenden Liebesgebotes als dem zentralen Lebensprinzip deuten. Wenn sie fehlen oder defizitär sind, erleidet ein Mensch schwere und oft bleibende Schäden. In der gewaltigen Entwicklung, die ein Baby in den ersten Monaten und Jahren durchläuft, ist das Nichtgelingen und Scheitern geradezu eine notwendige Bedingung für diese physischen, psychischen, emotionalen und sozialen Lernprozesse. Denken Sie nur an das Erlernen der sinnlichen Wahrnehmung, an die Verarbeitung externer Reize, an die Fähigkeit, sich selbst zu bewegen oder eine Sprache zu erlernen. Das sind nur einige Beispiele für die Tatsache, dass Entwicklung und Lernen konstitutiv an die Dimensionen des Fehlermachens und Scheiterns gebunden sind. Warum sollte es bei Erwachsenen anders sein? Könnte es sein, dass manche dringend notwendigen Entwicklungen im individuellen, sozialen und politischen Bereich deshalb so langsam und so zäh verlaufen, weil die Sanktionsmechanismen bei Fehlern und daraus resultierend die Angst vor dem Scheitern große und manchmal unüberwindliche Hindernisse auf dem Weg innovativer Prozesse darstellen?

Kapitalismus verzeiht nicht

Eine andere Wurzel für die negative Bewertung von Fehlern liegt im Wesen des profitorientierten Kapitalismus, der unsere Gesellschaften massiv transformiert hat und bis in die tiefsten Schichten hinein prägt. Da Fehler, misslungene Versuche und Sackgassen Kosten verursachen, verringern sie die Markt- und Wettbewerbsfähigkeit. Sie sind daher logischerweise als negativ zu bewerten. Im Kapitalismus geht es nicht nur darum, Erfolg zu haben, sondern möglichst schnell Erfolg zu haben, schneller als alle anderen. Wer zuerst und Erster ist, dominiert alle anderen – „the winner takes it all!"

Gerade in der deutschsprachigen Kirchenwelt scheint diese kapitalistische Marktlogik in vielen Bereichen so stark Platz gegriffen zu haben, dass sie begonnen hat, die organisationale Körpersprache zu korrumpieren. Dann kann es passieren, dass Menschen, die mit solchen kirchlichen Organisationen in Berührung kommen, kaum oder nicht mehr erleben, was mit Froher Botschaft gemeint ist. Das kann selbst bei fachlich professioneller Arbeit der Fall sein, egal ob im gemeindlichen oder caritativ-diakonalen Kontext oder im Bildungs- und Gesundheitsbereich. Die Missbrauchskrise, die Jahrzehnte und Jahrhunderte systematischer pädagogischer, sexueller und geistlicher Gewalt offenbar gemacht hat, ist ein tragisches Beispiel für diese These. Aber auch die Tendenz, dass innerhalb kirchlicher Organisationen die „Diktatur der Exceltabellen" immer stärker zugenommen hat (Zitat des ehemaligen Leiters des Medienreferats der Ordensgemeinschaften Österreichs und aktuellen Präsidenten der katholischen Aktion Österreichs, Ferdinand Kaineder). Gemeint ist damit, dass bei der Abwägung unterschiedlichster Aspekte für zukunftsrelevante Entscheidungen die Frage der monetären Kosten immer mehr in den Mittelpunkt gerückt ist und damit pastorale, geistliche und missionarische Ziele immer stärker marginalisiert wurden – bis zur Grenze der Selbstaufgabe und Unkenntlichmachung des jesuanischen Sendungsauftrags.

Wenn Sie diese Einschätzung für übertrieben halten, halte ich mit der Frage dagegen: Wie erklären Sie sich, dass die großen verfassten Kirchen so stark an Mitgliederzustimmung und Rückhalt in der gesamten Bevölkerung verloren haben und noch immer verlieren, obwohl sie in

Tausenden Einrichtungen und Institutionen mit hunderttausenden Mitarbeiter:innen und Milliardenumsätzen mitten in der Gesellschaft nahezu flächendeckend präsent sind und wirken? Als ehemaliger Leiter der Öffentlichkeitsarbeit einer großen Diözese glaube ich nicht, dass die Ursache vorrangig in einem schlechten Marketing oder einer unzureichenden Öffentlichkeitsarbeit liegt, auch wenn diese Bereiche selbstverständlich ständiger Innovationen bedürfen.

Widerstände als Energie

Eine dritte Wurzel liegt in der Bewertung eines Phänomens, das wohl kaum einem oder einer Innovator:in oder generell Menschen mit neuen Ideen oder Veränderungsvorschlägen erspart bleibt: Widerstände! Eigentlich ist es verständlich, warum das so ist. Denn es scheint etwas völlig Normales zu sein, dass das aus der Physik bekannte Trägheitsgesetz der Massen auch auf die Veränderungsbereitschaft individueller Personen und sozialer Systeme zutrifft. Warum sollte man ohne Not etwas ändern? Ist nicht ein bestimmter Leidensdruck notwendig, um Widerstände aufzulösen und endlich etwas anders zu machen? Ist es nicht naiv zu glauben, die Leute hätten geradezu auf neue Ideen und Vorschläge gewartet und würden sich dementsprechend darüber freuen und zum Mitmachen bereit erklären?

So formuliert wird wohl jeder dieser Banalität zustimmen. Eh klar! Dennoch spüren wir immer wieder eine mehr oder weniger bittere Enttäuschung, wenn unsere persönliche Begeisterung hinter einer Idee am Widerstand der anderen abprallt. Es ist, als ob unsere Liebe auf keine Gegenliebe stößt, sondern auf Ablehnung und Unverständnis. Besonders schmerzlich ist das in den Fällen, wo es uns

vertraute Menschen aus dem Familienkreis, aus der Kolleg:
innenschaft oder aus dem Freundeskreis sind, die unsere
Vorschläge abwartend, skeptisch, ignorant oder offen
widerständig behandeln. Daher ist es eine essenzielle
Frage, wie wir mit Widerständen umgehen oder besser formuliert: Welches Bild, welche innere Vorstellung und welche unbewusste Bewertung ich bezüglich Widerständen
habe. Es könnte sein, dass ich sie als persönliche Ablehnung empfinde oder als kränkende Ignoranz. Es könnte
auch sein, dass ich anderen mangelnde Veränderungsbereitschaft unterstelle und sie als unbelehrbare Sturschädel abstemple. Es könnte auch sein, dass ich Widerstände
vorrangig als systemische Machtfrage deute und daher als
aggressiven Akt der jeweils Stärkeren empfinde.

 Warum wird Widerstand negativ bewertet?

Auch wenn es unangenehm ist oder nervt: Widerstand ist
für mich ein unerlässlicher Baustein für starke innovative
Projekte, die den Stürmen der Zeit standhalten können,
vergleichbar einem Baum in alpinen Höhen, der sich aufgrund der widrigen Wetterverhältnisse umso stärker verwurzeln wird. Auch wenn es manchmal persönlich enttäuschend ist oder dringend notwendige Prozesse etwas
länger dauern, lade ich ein, mit Widerständen nicht nur
zu rechnen, sondern sie geradezu herauszufordern, ja, als
Energie zu nutzen! Kennen Sie das alte Seglersprichwort:
Wenn Gegenwind aufzieht, jammere nicht darüber, sondern setze die Segel neu! Dann können Sie in ehrlichen
und offenen Diskursen lustvoll und kreativ gemeinsam
die besten Lösungen suchen und finden. Hilfreich ist es,
dabei als Orientierung die gemeinsamen Zielsetzungen im
Auge zu behalten!

Was ist das Gute im Schlechten?

Vom aus Österreich stammenden und dann Jahrzehnte in Palo Alto in Kaliforniern lehrenden Philosophen, Psychotherapeuten und Kommunikationswissenschaftler Paul Watzlawick (1921–2007) stammt die Frage: Was ist das Gute im Schlechten?

Er wollte damit betonen, dass der Mensch als freies Wesen grundsätzlich in jeder Situation seines Lebens die Möglichkeit hat, sich genau diese Frage zu stellen. Das jeweilige Schlechte, ob es nun in Form von Krankheit, Gewalt, Terror oder Einsamkeit zuschlägt, ob es sich um psychische, physische oder materielle Bedrängnisse handelt oder ob man dem Tod ins Auge schaut, dieses wie immer geartete und individuell wahrgenommene und durchlittene „Schlechte" wird mit dieser Frage auf keinen Fall gut geredet, beschwichtigt oder weggetröstet. Nein, im Gegenteil: Nur die ehrliche Wahrnehmung des jeweiligen Schlechten erlaubt die oben zitierte Frage. Sie ist damit Ausdruck menschlicher Freiheit auch in der größten Unfreiheit, menschlicher Würde auch im schlimmsten Ausgegrenztsein und Ausdruck der Sinnhaftigkeit des Lebens auch vor jeglichem Abgrund.

 Das „Stockdale Paradox"

Aus Innovationssicht fällt diese Haltung leichter, wenn sie nicht nur individuell angestrebt wird, sondern zur Haltung von Teams wird, die Tag für Tag zusammenarbeiten. Wir hatten ja im Kapitel 6 bereits festgestellt, dass empirisch gesehen hinter den meisten großartigen Innovationen keine Einzelpersonen stecken, und seien sie noch so talentiert und kompetent, sondern in der Regel multifunktionale Teams, die sich mit ihren Stärken und Schwächen wie ein

Orchester mit unterschiedlichen Instrumenten oder ein Sportteam mit verschiedenen Rollen perfekt ergänzen. Ein gutes Team wird kontinuierlich an der Haltung arbeiten, dass Rückschläge und Fehler normal sind und als Pflastersteine genutzt werden können auf dem Weg zu Erfolgen. Diese Haltung ist aber nicht nur ein innerliches Commitment, sondern sie wird auch Tag für Tag gelebt: Im ehrlichen Austausch, in dem nicht nur die Schokoladenseite gezeigt und besprochen wird; in der Verpflichtung, gerade bei schwierigen Themen ehrliches und konstruktives Feedback zu geben; und in der Bereitschaft, tagtäglich die erfolgsrelevanten Fähigkeiten und Kompetenzen anzustreben und regelmäßig zu üben.

Diese Art von Teampraxis ist mindestens genauso wichtig wie punktuelle Events wie zum Beispiel die seit einigen Jahren populären „Fuck-Up Nights", wenn nicht sogar wichtiger.

Im Kreuz ist Heil

Aus theologischer Perspektive korreliert die Aufforderung, im Schlechten das Gute zu sehen, mit der zentralen Aussage der Frohen Botschaft: Im Kreuz ist Heil! Persönlich wurde ich zu diesem Thema in den letzten Jahren durch die Forschungen der Fundamentaltheologin Hildegund Keul aus Würzburg über Vulnerabilität (Verwundbarkeit) stark inspiriert. Wahrscheinlich lag das auch daran, dass ich sie zum ersten Mal bei der österreichischen Pastoraltagung im Salzburger Bildungshaus St. Virgil dazu sprechen hörte. Ich hatte mich ein Jahr davor entschieden, die von mir hochgeschätzte Anstellung in der Diözese Graz-Seckau aufzugeben, um in aller Freiheit *Pastoralinnovation* gründen zu können und mit dieser Initiative überregional, konfessionsoffen und quer-institutionell verfügbar zu sein. Ein Jahr später hatte ich vielfach am eigenen Leib erfahren, was es heißt, eine Komfortzone zu verlassen. Trotz aller offenen Fragen und diskussionswürdigen Kritikpunkte (vgl. die Initiative "#OutInChurch – für eine Kirche ohne Angst", die u.a. dienstrechtlichen Diskriminierungen in Kirchen aufgrund der sexuellen Orientierung bekämpft) sind kirchliche Anstellungen im deutschsprachigen Raum vor allem im weltweiten Kontext überdurchschnittlich gut geregelt. Sie bieten allen Mitarbeiter:innen finanzielle Sicherheit und dienstrechtliche Rahmenbedingungen, die es leider weder global noch in allen gesellschaftlichen Bereichen in dieser Qualität gibt. Wie so oft im Leben wurden mir diese Privilegien erst dann bewusst, als ich sie nicht mehr genießen konnte und auch nicht mehr wollte. Neben dem finanziellen Risiko als freier Unternehmer hatte ich aber viel stärker unterschätzt, was es in einer hierarchischen Organisation bedeutet, auf Status zu verzichten. Daher berührten mich die Ausführungen von Professorin Keul existenziell. Ich fühlte mich persönlich angesprochen und zutiefst verstanden. Es tröstete und ermutigte mich, zu hören, wie zentral die Botschaft ist, dass sich Gott in Jesus verwundbar gemacht hatte und ich ihm nun auf neue Weise nachfolgen durfte.

Die Grundthese von Hildegund Keul lautet: „Verwundbar zu sein ist wahrlich nicht immer angenehm. Zugleich eröffnet Vulnerabilität die Chance, dass Menschen berührbar und empathisch sind, einander Zuwendung schenken und solidarisch handeln. Humanität lebt aus der Bereitschaft, für andere Menschen ein Wagnis einzugehen." Sie geht von der Tatsache aus, dass Menschen verwundbar sind. Viele sehen das als Defizit, die christliche Botschaft jedoch als eine Chance für Mitmenschlichkeit und Empathie. Sie fragt konsequent: „Inwiefern sind Wunden ein

Ort der Kommunikation, insbesondere in Liebe und Zuneigung, Fürsorge und Zärtlichkeit?" Für sie übt die menschliche Verwundbarkeit im persönlichen und politischen, sozialen und kulturellen, und nicht zuletzt im religiösen Leben eine unerhörte Macht aus. Zugleich gehören Verwundungen, Gewalt und Leid zu den Kernthemen christlicher Theologie.

Einfach Glück gehabt!

Einen letzten Aspekt zum Thema Scheitern möchte ich mit „Zufall" überschreiben. Man könnte auch sagen: Glück oder Pech gehabt! Oder aus gläubiger Sicht: Die Gnade Gottes erlebt zu haben oder in der Krise auch das Schweigen und die Ferne Gottes wie Jesus im Garten von Getsemani. In vielen Gesprächen mit Unternehmer:innen, die nach oft entbehrungsreichen Gründungsjahren und vielen Rückschlägen dann entweder erfolgreich geworden sind oder endgültig scheiterten, habe ich immer wieder gehört: „Ehrlich gesagt, ich habe einfach Glück gehabt!" oder: „Verdammt, ich habe alles versucht, aber dann kam die Finanzkrise oder Nine-Eleven oder die teuren Energiepreise und haben alles kaputt gemacht!"

Auch die sogenannten Level 5 Führungskräfte im Buch „Good to Great" von Jim Collins weisen in ihrer Bescheidenheit jegliches Lob weit von sich. Nicht sie seien es gewesen, die maßgeblich zum Erfolg ihres Unternehmens beigetragen hätten. Diese Top-Führungskräfte meinen das Ernst! Sie sind zum einen überzeugt, dass der Erfolg ihres Unternehmens immer ein Teamerfolg ist. Zum anderen sagen viele in aller Offenheit: „Ich habe einfach viel Glück gehabt" oder „Ich war zur richtigen Zeit am richtigen Ort" oder „Ich hatte einfach den richtigen Riecher, ohne es mit Fakten belegen zu können".

Ich schreibe diese Zeilen an einem Tag, an dem ich in Mittelitalien viele Orte gesehen habe, die durch die Erdbeben im Jahr 2009 und im Jahr 2016 massiv beschädigt wurden. Bis heute ragen viele Ruinen wie kaputte Zähne eines Gebisses in den Himmel, während am Rande der Dörfer und Städte viele Menschen noch immer in hastig errichteten provisorischen Bungalows wohnen müssen. Die Urgewalt eines Erdbebens ist unvorstellbar. Innerhalb von ein paar Sekunden werden in Jahren aufgebaute Häuser und Städte dem Erdboden gleichgemacht. Der Wiederaufbau kostet nicht nur Milliarden, sondern dauert Jahre und Jahrzehnte. Ähnlich ist es mit anderen Naturkatastrophen. Denken Sie an den verheerenden indonesischen Tsunami in den Weihnachtstagen 2004 oder an die vielen, durch den menschengemachten Klimawandel häufiger auftretenden Hurrikans, Überflutungen oder Dürren. Solche Gewalten treffen Tausende, ja Millionen von Menschen unvorbereitet und unschuldig. Sie zählen mittlerweile zu den Hauptursachen von Fluchtbewegungen weltweit. Viele verlieren ihr Leben oder ihr Leben ändert sich radikal, weil sie alle Grundlagen verloren haben. Im Sonntagsevangelium vor meinem Besuch im Erdbebengebiet wird Jesus gefragt, ob Menschen, die von solchen Katastrophen betroffen sind, schlechtere sprich schuldigere Menschen seien als andere. Sie kennen die Antwort Jesu. Sie ist an Deutlichkeit nicht zu überbieten, vgl. Lukas 13,4. Ob ein Erdbeben den fatalen Einsturz des erwähnten Turms von Schiloach verursacht hatte, ist leider nicht überliefert.

Es gibt also auch temporäres und schlimmer noch, endgültiges Scheitern, ohne dass man dafür Gründe ausmachen kann. Es passiert einfach. „Shit happens" oder „No risk, no fun!" lesen wir auf so manchem T-Shirt. Die brennende Frage nach dem Warum geht ins Leere und bleibt eine schmerzhafte, offene Wunde. Die Spannung, einerseits Erfolg zu wollen und andererseits Scheitern als Teil von Innovation zu betrachten und zu akzeptieren, kann und will ich weder wegdiskutieren noch schönreden. Ich selbst lebe in der Hoffnung, dass sich solche Spannungen letztlich aufheben in einer größeren Wirklichkeit, die ich jetzt nur erahnen oder in himmlischen Momenten spüren kann.

Prophetisch-kritischer Zugang: Die brutale Wahrheit anerkennen

Ich meditiere regelmäßig die Tageslesungen, die im liturgischen Kalender der katholischen Kirche vorgesehen sind. Neben der Inspiration durch diese biblischen Texte fühle ich mich durch die Lektüre mit Millionen von Menschen aller Kulturen und Länder auf dem ganzen Erdkreis verbunden, die am selben Tag die gleichen Botschaften lesen oder im Gottesdienst hören. Ich vertraue darauf und bete darum, dass Gottes Wort bei vielen Menschen auf fruchtbaren Boden fällt.

Warum erwähne ich das an dieser Stelle? Das Tagesevangelium des Tages, an dem ich diesen Text in einem Hochtal der italienischen Abruzzen schreibe, passt sehr gut zum Thema des Scheiterns. Da fragt Petrus Jesus, wie oft er seinen Bruder vergeben solle. Sieben Mal? Die Antwort Jesu ist überraschend und vielleicht auch überfordernd zugleich: Sieben mal siebzig Mal! Das bedeutet, wir sollten immer und ständig bereit sein, zu verzeihen. Aber warum? Wo Menschen zusammenleben und zusammenarbeiten, gibt es unweigerlich und andauernd Gründe und Anlässe für Verärgerungen, Kränkungen oder Verletzungen. Mich ärgert es zum Beispiel, wenn meine Kolleg:innen etwas Vereinbartes nicht erledigen, weil sie es schlicht und einfach vergessen haben! Natürlich kann das jedem einmal passieren und in den meisten Fällen ist es auch nicht böse gemeint. Dennoch hat es negative Auswirkungen und ich frage mich: Wenn du so leicht etwas vergisst, warum machst du dir nicht einfach Notizen? Warum soll ich die Folgen deiner Vergesslichkeit ausbaden?

Dieses Beispiel will zeigen: Oft sind es solche Kleinigkeiten, die Arbeitsbeziehungen und eine konkrete Team- oder Organisationskultur negativ beeinträchtigen. Viel schlimmer ist es, wenn Menschen absichtlich andere verletzen, lächerlich machen oder Böses tun. Von der Wirkung her ist es allerdings oft sekundär, ob ein Fehler mit Absicht gemacht wurde oder nicht. Die entscheidende Frage ist, wie wir unsere Bereitschaft zum Verzeihen stärken können. Denn ohne Verzeihen entwickeln sich kleine Konflikte möglicherweise zu gefährlichen Geschwüren, die den Leib einer Familie, eines Vereins, eines Unternehmens oder einer Organisation krank machen und verzehren.

Jesus verlangt also nichts Unmögliches, im Gegenteil: Er macht deutlich, dass ohne die Bereitschaft, Fehler einzugestehen und zu bereuen und ohne die Bereitschaft, einander zu verzeihen, jegliches menschliche Miteinander unmöglich ist. Die Alternative ist Spaltung, Verbitterung, Hass, Verletzung und Krieg.

Eine einzige Bedingung

Von daher wird verständlich, warum in den Evangelien tatsächlich nur diese *eine Bedingung* genannt wird für die heilende Vergebung Gottes. Im Vaterunser heißt es „Vergib uns unsere Schuld wie auch wir vergeben unseren Schuldigern". Die neue Einheitsübersetzung formuliert näher am griechischen Urtext: „Wenn ihr nämlich den Menschen ihre Verfehlungen vergebt, wird euer himmlischer Vater auch euch vergeben. Wenn ihr aber den Menschen nicht vergebt, dann wird euer Vater auch eure Verfehlungen nicht vergeben." (Matthäus 6,14–15)

In der dominanten Kultur unserer Zeit fällt es manchen Menschen nicht nur schwer, die Fehler anderer zu verzeihen. Noch schwieriger kann es sein, das eigene Versagen zu akzeptieren und sich selbst in Barmherzigkeit zu verzeihen. Verstärkt durch Social Media, exzessive Werbung und Optimierungswahn hat sich der Druck, ja der Zwang immens erhöht, immer stark, kompetent und fehlerfrei zu sein. Man darf einfach nicht schwach sein. Man darf nicht scheitern. Man darf nicht aufgeben. Und wenn schon nicht das Sein mit diesen Forderungen mithalten kann, so muss man wenigstens den Schein aufrechterhalten. Das paulinische Bekenntnis „Wenn ich schwach bin, bin ich stark!" (2 Korinther 12,10) erscheint vielen Zeitgenoss:innen heute nicht nur paradox, sondern absolut unverständlich. Der Kontext dieses Zitats macht deutlich, unter welch miserablen, ja hoffnungslosen Rahmenbedingungen Paulus die meiste Zeit gearbeitet hat. Moderne Innovationsstudien betonen ebenfalls, dass man nicht warten darf, bis die Gelegenheiten günstig erscheinen. Innovator:innen scheren sich wenig darum, wie es eine Anekdote verdeutlicht: „Alle sagten: Es geht nicht! Bis einer kam und es einfach tat – nicht wissend, dass es nicht geht!"

Paulus erzählt von einem persönlichen Leiden, das ihn so quält, dass er Gott drei Mal anfleht, ihn von diesem „Stachel, einem Boten Satans" zu befreien. Wir wissen nicht genau, worunter Paulus gelitten hat. Er deutet dieses Leiden als Schutz davor, sich selbst zu überheben, sich zu wichtig zu nehmen, sich zu viel auf seine Stärke einzubilden. Durch Kampf mit diesem „Stachel" erkennt er noch tiefer, worum es im christlichen Glauben geht: „Es genügt dir meine Gnade; denn die Kraft wird in der Schwachheit vollendet. Ich will mich also viel lieber meiner Schwachheiten rühmen, damit die Kraft Christi bei mir Wohnung nimmt. Darum habe ich Gefallen an meinen Schwachheiten, an Schmähungen, Notlagen, Verfolgungen und Bedrängnissen um Christi willen; denn wenn ich schwach bin, dann bin ich stark." (2 Korinther 12,9–10)

In Analogie zum Gebot der Nächstenliebe könnte man also heute sagen: „Du sollst deinem Nächsten verzeihen wie dir selbst" oder in der Formulierung des Vaterunsers: „Du sollst deinem Nächsten die Schuld erlassen wie dir selbst."

Vertrauen ist die Basis

In den letzten Jahren ist es in vielen Unternehmen und auch in kirchlichen Organisationen en vogue geworden, über Fehlerkultur zu sprechen. Man gönnt sich Seminare zu diesem Thema, engagiert kompetente Berater:innen und entwickelt Unterlagen, in denen diese Fehlerkultur detailliert beschrieben und in konkrete Maßnahmen gegossen wird. Das sind wichtige Schritte, die aber nicht darüber hinwegtäuschen können, dass dabei das Pferd von hinten aufgezäumt wird. Was meine ich damit?

Fehlerkultur als konstruktiver Umgang mit Fehlern, Scheitern und Konflikten kann nicht von oben verordnet werden, sondern baut auf eine unerlässliche Basis auf. Diese Basis heißt Vertrauen. Der amerikanische Unternehmensberater und praktizierende Katholik Patrick Lencioni hat diese Dynamik mit einer Pyramide dargestellt:

Team-Pyramide nach Patrick Lencioni:

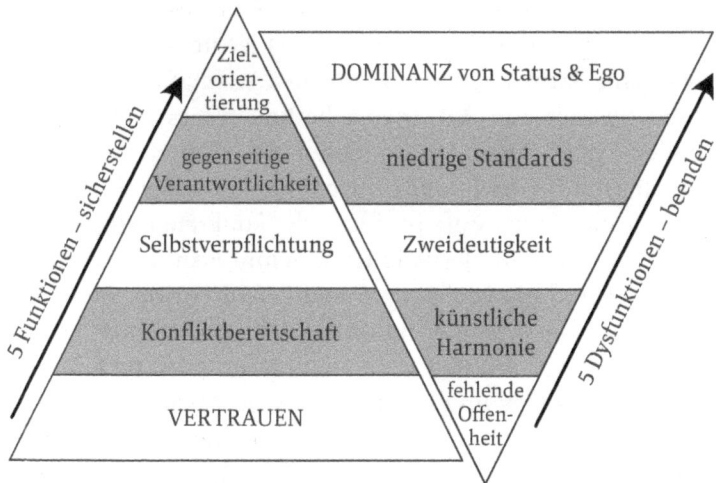

Quelle: Patrick Lencioni – Roman zur Teamentwicklung:
„Die 5 Dysfunktionen eines Teams"

Er beschreibt damit die fünf Dysfunktionen eines Teams, denen fünf positive Funktionen entsprechen. Die Basis der Pyramide bildet das Vertrauen. Die nächste Stufe ist dann bereits die hier thematisierte Fähigkeit, mit Konflikten umzugehen. Der Vollständigkeit halber erwähne ich die drei weiteren Stufen, die immer auf der vorherigen aufbauen müssen: Nach der Vertrauensbildung und der Konfliktfähigkeit kommt das Commitment, also die gegenseitige Verpflichtung, eine gemeinsame Vision, die daraus folgende Strategie und die daraus abgeleiteten Ziele und Maßnahmen mit allen Mitteln und Fähigkeiten zu verfolgen und umzusetzen. Die vierte Stufe kommt in kirchlichen Organisationen nach meiner Einschätzung oft viel zu kurz. Auf Englisch heißt Sie „Accountability", was man sowohl mit Rechenschaft als auch mit Verantwortung übersetzen kann. Sie merken, wie es Stufe für Stufe herausfordernder wird. Wie leicht fällt es Ihnen, einen Kollegen oder eine Kollegin darauf aufmerksam zu machen, wenn sie etwas vergessen haben, qualitativ schlechte Arbeit leisten oder eine Sache nicht wie besprochen erledigt wurde? Drücken Sie sich um das Thema herum, bis es nicht mehr anders geht? Oder konfrontieren Sie ihre Kolleg:innen knallhart mit Vorwürfen? Lencioni hat bei seiner Pyramide immer die fünfte Stufe im Blick: die konkreten angestrebten Ergebnisse, die Jesus Früchte nennt. Erinnern wir uns an das Gleichnis vom Feigenbaum. Da droht der Besitzer, diesen zu fällen, weil er im dritten Jahr noch immer keine Früchte bringt und stattdessen dem Nährboden und damit anderen Pflanzen und Bäumen wichtige Ressourcen raubt.

Diese Pyramide von Patrick Lencioni habe ich oft in der Arbeit mit kirchlichen Organisationen verwendet. Sie hat vielen geholfen, einerseits die richtige Reihenfolge einzuhalten und andererseits den Blick auf die langfristige Vision und die konkreten Früchte zu richten. Immer dann, wenn es auf einer Stufe schwer wird, einen konstruktiven Weg zu finden, empfiehlt Lencioni, eine Stufe zurückzugehen und so die Basis zu erneuern und zu festigen.

Wenn man merkt, dass zum Beispiel ein Konflikt eskaliert und die schönsten Papiere über Fehlerkultur nichts mehr helfen, sollte man sich Zeit nehmen, das Vertrauen zwischen allen Beteiligten wieder zu stärken. Es gibt viele Empfehlungen und Methoden, wie das geschehen kann. Ich möchte in diesem Zusammenhang vor allem auf eine zentrale Haltung hinweisen: Dass die Führungskräfte in einem Team sich verwundbar machen. Denn solange sich Führungskräfte mit der Aura der Unfehlbarkeit oder des „ich weiß immer alles besser" umgeben, solange sie auf ehrliche Kritik und offenes Feedback beleidigt oder aggressiv reagieren, solange sie sich als etwas Besseres fühlen und entsprechend benehmen, kann echtes Vertrauen nicht wachsen. Verwundbarkeit bedeutet nicht, in einer Art Dauerzerknirschung ständig um Verzeihung zu bitten oder sich als schwach und demütig darzustellen. Menschen und vor allem Führungskräfte, die im Blick auf Jesu Vorbild Verwundbarkeit zulassen und tagtäglich leben, entwickeln in Wirklichkeit eine innere Stärke, eine tragfähige Gelassenheit und eine glaubwürdige Empathie, aus denen heraus ein solides Fundament für das Haus jeder Organisation entsteht. Dieses Fundament ist auf dem Felsen Jesus Christus gebaut.

Wer seinen oder ihren Beitrag für eine derartige Kultur leistet, hat es nicht mehr nötig, Fehler zu spiritualisieren oder zu moralisieren. Sowohl das beliebte Kleinreden als auch das eskalierende Aufbauschen sind dann Straßengräben, die man durch eine offene Kultur des Verzeihens vermeiden lernt.

Aus meiner jahrzehntelangen Arbeit in vielen kirchlichen Organisationen habe ich gelernt, dass es ein leicht erkennbares, ja nahezu untrügliches Merkmal für eine schlechte, kränkende und krankmachende Organisations- und Fehlerkultur gibt: Zynismus. Vielleicht können Sie diese destruktive Eigenschaft immer wieder bei sich selbst und bei anderen beobachten. Und ich hoffe, dass Sie diese Warnsignale bemerken und richtig deuten können. Denn wenn man Zynismus in seinen vielen Ausformungen und Spielarten Raum gibt, wird dieser ihn sich nehmen. Wie sagt ein altes Sprichwort: Beim Essen kommt der Hunger!

Übung macht den Meister

Ein letzter Aspekt aus prophetischer Sichtweise greift uralte religiöse und christliche Traditionen auf: das Üben – lateinisch Exerzitium. Keine Innovation fällt vom Himmel. Kein

Same entwickelt sich innerhalb kürzester Zeit zu einem großen Baum. Keine Sportart erlernt man in einem Tag und kein:e Musiker:in beherrscht sein oder ihr Instrument in einer Woche. So banal und logisch das klingt, so wenig wird dieses Prinzip im kirchlichen Alltag praktiziert. Das trifft einerseits auf viele wiederkehrende Aktionen und Prozesse zu, bei denen ich oft wenig Entwicklung wahrnehme. Man macht im Großen und Ganzen „more of the same" und wundert sich, dass die erwünschten Wirkungen sehr mager ausfallen. Da können Fragen wie z.B. „Wie können wir es besser machen?", „Wie können wir die Qualität erhöhen", oder „Was können wir tun, damit es besser schmeckt oder wohltuender wirkt?" weiterhelfen. Die Haltung des Übens betrifft selbstverständlich ganz besonders alles Neue. Wie oft habe ich erlebt, dass man eine gute Idee begeistert aufgreift, ein Projektteam bildet, einen Plan erstellt, sich an die Umsetzung macht und dann enttäuscht ist, weil die erwarteten Erfolge ausbleiben oder zu gering sind. Statt sich nun zu fragen, wie man es besser machen könnte und welche Aspekte man eventuell intensiver trainieren müsste, beendet man das Projekt, erklärt es als gescheitert und wendet sich der nächsten Idee zu. „Wir haben ja gleich gesagt, das wird nicht klappen!" Diesen zynischen Satz habe ich sehr oft gehört.

Klar ist: So kann es nicht funktionieren! Alles Neue braucht Geduld, Ausdauer und regelmäßige Übung, damit es langsam und beharrlich wachsen kann. Diese weise Kombination finde ich im Psalm 51,12 so formuliert: „Ein reines Herz erschaffe mir, Gott, und einen festen Geist erwecke mir neu."

Biblische Perspektive:
Spirituelle Muskeln trainieren

Im Buch der Bücher, der Bibel, ist nach christlichem Glauben die Heilsgeschichte Gottes von der Schöpfung bis zur Erlösung durch Jesus Christus verdichtet dargestellt. Diese unglaublich vielfältige Sammlung ist über einen Zeitraum von mehr als 1000 Jahren entstanden, wurde oftmals redigiert und ist sowohl das Heilige Buch der jüdischen Religion (der Teil, der im Großen und Ganzen oft als das Erste oder Alte Testament bezeichnet wird) als auch der vielgestaltigen Christenheit. Allerdings wurde die genaue Zusammensetzung erst Jahrhunderte nach Jesu Leben auf Erden kanonisch, also verbindlich festgelegt, und hat sich in der Geschichte immer wieder im Detail verändert, z. B. in der Reformation.

Das Überraschende und bei aller Diversität inhaltlich Gemeinsame aller biblischen Texte ist wohl, dass sich das Heil niemals auf einfachen Wegen ereignet. Warum einfach, wenn es kompliziert auch geht? – so könnte man sich etwas salopp fragen. Egal welche biblischen Texte Sie unter die Lupe nehmen, es gibt immer Schwierigkeiten, Gewalt, Widerstände, Auseinandersetzungen, Probleme, Leiden und Tod.

Wie kann man sich das erklären? Mein verehrter Lehrer in alttestamentlicher Exegese, Professor Johannes Marböck, hat mir vor etwa 40 Jahren erstmals die Augen geöffnet für eine Sichtweise der biblischen Bücher, die mir bis dahin verschlossen gewesen war. Kurz gesagt wurde mir durch seine Lehren deutlich, dass in den biblischen Überlieferungen das menschliche Leben, ja die ganze Schöpfung mit allen Aspekten von den tiefsten Glücksmomenten bis zu den schrecklichsten Erfahrungen von Leid, Gewalt und Tod zur Sprache kommt. Nichts, aber auch gar nichts wird ausgelassen. Und jeder Aspekt wird konfrontiert mit dem Glauben, dem unerhörten Glauben, dass trotz oder gerade in diesen dramatischen Erfahrungen des Scheiterns, des Leidens und des Todes der allmächtige Gott der Liebe und des Heils wirkt und erfahren werden kann.

Unerlässliches Leid?

Ich lade Sie daher ein, vielleicht noch stärker als Sie es bisher schon gemacht haben, das Thema Scheitern als eine mögliche Perspektive ihrer Bibellektüre einzunehmen. Sie werden vermutlich nicht nur entdecken, wie nahezu unerlässlich leidvolle Erfahrungen sind, um dem neuen und wahren Leben zum Durchbruch zu verhelfen. Sie werden dadurch zur Erkenntnis gelangen, dass es eine Illusion ist zu glauben, für Innovationen stünden Autobahnen bereit, auf denen man möglichst bequem und rasch von A nach B kommt. Im Gegenteil: Im Regelfall werden es maximal Landstraßen, Feldwege oder Saumpfade sein, auf denen Sie unterwegs sein werden, wenn Sie Erneuerung und Verbesserung anstreben. Ja, manchmal müssen Sie sich mit der Machete durch den Dschungel kämpfen!

Die Desillusionierung, sprich die Vorstellung, es gebe einfache Lösungen für komplexe Probleme, stellt eine positive Ent-täuschung dar, also eine bittersüße Erfahrung, die uns von listigen Täuschungen befreit.

Biblische Perspektive

Lebensgefährliche Heimat

Ein biblisches Beispiel möchte ich in diesem Zusammenhang explizit ansprechen. Es geht um die berühmte Erzählung im Lukasevangelium, als Jesus zum ersten Mal in seiner Heimatsynagoge in Nazaret aus der Schriftrolle vorliest und – nachdem alle Augen auf ihn gerichtet sind – die berühmten Worte spricht: „Heute ist dieses Schriftwort vor euren Ohren erfüllt worden" (Lukas 4,21)

Was sich nach dieser Aussage abspielt, ist eine der dramatischsten Szenen, die mir im Leben Jesu und in der Bibel überhaupt bekannt sind. Innerhalb weniger Minuten können wir am Beginn des öffentlichen Wirkens Jesu denselben Spannungsbogen beobachten, der am Ende seines Wirkens vom Einzug in Jerusalem am Palmsonntag bis zur Verurteilung zum Tod am Kreuz am Karfreitag sichtbar wird. Die Menschen reagieren auf seine Botschaft zunächst mit Staunen, Bewunderung und Begeisterung. Jesus lässt sich davon jedoch nicht einlullen, im Gegenteil: Er verschärft die Botschaft des Propheten Jesaja, die er soeben vorgelesen hat, und warnt die frommen Juden und Jüdinnen davor, sich des Heils allzu sicher zu fühlen. Er provoziert mit zwei Beispielen, wo Gott inmitten schrecklicher Not gerade nicht Mitglieder des auserwählten Volkes gerettet hat, sondern eine heidnische Frau und einen heidnischen Mann – also Fremde, ja Ausländer:innen! Das bringt die Stimmung schlagartig zum Kippen. So etwas will man nicht hören. Das will man sich nicht sagen lassen! Solche Neuerungen können den Leuten gestohlen bleiben! Wer so etwas verkündet, den soll der Teufel holen! Pointe am Rande: Diesem war genau das unmittelbar vor dieser Szene gerade nicht gelungen (vgl. die Versuchung Jesu in der Wüste, Lukas 4,1–12). Vom Hosianna bis zum Crucifige ist es ein kurzer Weg und ein kurzer Zeitraum. Am liebsten hätten sie dem Mann aus Ihrer Mitte, den sie von klein auf kannten, gleich hier und jetzt den Garaus gemacht.

Solche dramatischen Szenen sollen uns keine Angst einjagen. Sie wollen uns aber eine realistische Vorstellung davon vermitteln, was passiert, wenn man Bestehendes verändern oder gar verbessern will und wie gefährlich es war und ist, wenn man es wagt, traditionelle Ansichten und Urteile in einem neuen Licht zu sehen. Wer immer den aktuell modernen und hippen Begriff Innovation in den Mund nimmt, sollte sich bewusst sein, dass innovative Wege nicht zu den einfachen oder leichten Wegen zählen. Die Ablehnung und der Widerstand gerade der Menschen, die man zu kennen vermeint und zu denen man eine jahrelange Beziehung hat, schmerzt.

Ich glaube, dass Jesus diese Erfahrung nur deshalb bestehen konnte, weil er, wie vorhin schon erwähnt, sich durch einen intensiven Initiationsritus in der Wüste auf diese Herausforderungen vorbereitet hatte. Er hatte durch Fasten und Gebet gelernt, seine spirituellen Muskeln so zu stärken, dass er nicht nur dem teuflischen Widersacher von Angesicht zu Angesicht widerstehen konnte, sondern auch der Versuchung, „Everybody's Darling" zu werden.

Jedes Mal, wenn ich diese Bibelstelle im Gottesdienst höre oder sie selbst in der Bibel lese, verblüfft mich der letzte Vers: „Er aber schritt mitten durch sie hindurch und ging weg." (Lukas 4,30)

Ich deute diese eigentümliche Formulierung als eine Lösung zweiter Ordnung im Sinne moderner Lerntheorien zum Beispiel eines Paul Watzlawick. Der Konflikt hatte sich so zugespitzt, dass Jesus buchstäblich am Abgrund stand. Er reagiert jedoch nicht in herkömmlicher Weise, weder mit Kapitulation noch mit einem Gegenangriff, sondern durch eine Pessach-Handlung (hebräisch für vorüberschreiten, griechisch: *pascha*): Jesus schreitet durch sie hindurch.

Das heißt, er beschreibt von Anfang an völlig neue Wege, um mit Gewalt, Ablehnung und Widerstand umzugehen. Er schreitet an seinem Dorf vorbei, ja er bricht mit seiner Heimatstadt, um offen und verfügbar zu werden für die universale Heilsdimension, die er ein paar Minuten vorher in der Synagoge aus der Buchrolle des Propheten Jesaja verkündet hatte. Er hält sich an sein eigenes Wort: „Heute ist das Schriftwort erfüllt worden."

Biographisch-persönlicher Zugang: Oh selige Vergesslichkeit!

Ich besitze eine Eigenschaft, die zwar negativ konnotiert ist, mir das Leben aber oft wesentlich erleichtert, gerade als ein Mensch, der nach der Rogers' Bell mit hoher Wahrscheinlichkeit ein Innovator ist: Ich vergesse schnell und ich vergesse viel! Vor allem Ereignisse, die unangenehm, peinlich oder schmerzlich waren. Sie mögen das als problematische Verdrängung sehen. Das kann leicht sein, aber für mich ist diese Eigenschaft deshalb so hilfreich, weil es mir wie vielen Innovator:innen so ergeht, dass mein Weg zu dem einen oder anderen sichtbaren Erfolg gepflastert ist mit wesentlich mehr Misserfolgen. Erst wenn ich mit Freund:innen und Kolleg:innen über frühere Zeiten nachdenke und mich darüber in geselliger Runde austausche, fallen mir alle möglichen Projekte ein, von denen ich und auch andere am Beginn begeistert waren, die wir auch mit viel Schwung angegangen sind, und die dennoch entweder bereits in der Umsetzung abgewürgt wurden oder sich nach der Implementierung als nicht zielführend herausstellten.

Selbst wenn ich mich an solche Erfahrungen des Scheiterns erinnere, gelingt es mir in den meisten Fällen,

Gefühle wie Trauer, Wut oder Enttäuschung nicht so groß werden zu lassen, dass sie die grundsätzliche Freude, die mich erfüllt und das grundsätzliche Vertrauen, aus dem heraus ich jeden Tag neu beginnen darf, ernsthaft gefährden. Über vieles kann ich sogar herzhaft lachen, auch wenn mir im Augenblick, als ich diese Erfahrungen machen musste, alles andere als zum Lachen zumute gewesen war. Übrigens geht es mir nicht nur im beruflichen Bereich so, sondern vor allem auch in meinen persönlichen Beziehungen. Heftige Konflikte, böse Streitereien oder verbitterte Diskussionen – ich habe diese Kämpfe gekämpft, aber an die wenigsten kann ich mich erinnern, die wenigsten empfinde ich als belastend und ich schaffe es schwer, dauerhaft nachtragend zu sein.

Dieses Phänomen sehe ich nicht als meine persönliche Leistung oder erlernte Fähigkeit. Ich empfinde es immer wieder als erstaunliches Geschenk, das ich mir weder erarbeitet noch redlich verdient habe. Es ist wie eine Gabe der kindlichen Gelassenheit, die ich zugleich als Aufgabe betrachte. Sie war einer der Hauptgründe, warum ich mich mit fast 50 Jahren entschlossen hatte, vom diözesanen Angestellten zum selbständigen Jungunternehmer zu mutieren und *Pastoralinnovation* zu gründen. Ich hatte bis dahin bereits genügend Erfahrungen gesammelt, um mir keine Illusionen zu machen.

Mir war klar, dass ich ab sofort ein wesentlich riskanteres Leben führen würde als bisher. Ich rechnete mit Rückschlägen, mit Unverständnis und mit Widerstand. Womit ich nicht gerechnet hatte, waren manche Verleumdungen hinter meinem Rücken, oft von Menschen, die ich nicht kannte und die mich auch nicht persönlich kannten. Mir ist bis heute schleierhaft, warum sie dennoch negative Urteile über mich verbreiteten, ohne jemals persönlich mit mir gesprochen zu haben. So etwas ging auch mir an die

Nieren, und ich musste hart darum kämpfen, solchen Menschen innerlich verzeihen zu können. Ich wusste aber, wenn ich diese spirituelle Arbeit nicht leistete, dann würde ich meiner Gründung und meiner Berufung erheblichen Schaden zufügen. Wenn Enttäuschung und Groll sich in mir breit machen könnten, würden Sie wie Säure meine Freude und meine Hoffnung zersetzen.

Daher bin ich dankbar dafür, dass immer dann, wenn ich es am Nötigsten hatte und habe, Menschen in mein Leben traten, die – manchmal ohne es zu wissen – mich trösteten und aufrichteten. Und natürlich motiviert mich auch die eine oder andere jetzt bereits sichtbare Frucht meiner und unserer Bemühungen.

Kapitel 11
Organisationale Körpersprache

„Culture eats strategy for breakfast", dieses Zitat des aus Österreich stammenden Pioniers für menschengerechtes Management, Peter Drucker, bringt es auf den Punkt: Die besten Innovationsstrategien und die aufwendigsten Strukturreformen sind auf Sand gebaut, wenn es im Kern nicht um die Entwicklung einer neuen Organisationskultur geht. Es geht um Werte, die nicht nur postuliert, sondern von den Menschen einer Organisation glaubwürdig gelebt werden – durch ihr Sein und durch ihr Tun. Was erleben die Menschen, die in irgendeiner Weise mit einer Organisation zu tun haben, ob als Engagierte, Kund:innen, Gäste oder Geschäftspartner:innen, tatsächlich?

Um das herauszufinden, kann eine einfache Frage helfen: Was möchte ich, dass die Menschen, die mein und unser Tun, meine und unsere Organisation erlebt haben, zu Hause in der Familie oder am nächsten Tag an ihrem Arbeitsplatz erzählen? Dabei geht es um mehr als einen sachlichen Bericht, sondern um die emotionale Reaktion auf das ganzheitlich Erlebte. Wäre es nicht schön, wenn kirchliche Organisationen ihre zentrale Botschaft durch ihre Strukturen, Entscheidungsprozesse, Kommunikationsqualität, Umgang mit Ressourcen usw. quasi körpersprachlich zum Ausdruck brächten? Wäre das nicht viel glaubwürdiger als die vielen, ja oft allzu vielen Worte und Texte? Und umgekehrt: Ist es nicht oft so, dass die Körpersprache von Gemeinden oder anderen Initiativen ihre postulierte Botschaft konterkariert? Wir brauchen dabei nicht nur an den Extremfall von Missbrauch in jeder Form zu denken, sondern an vergleichbar harmlosere Aspekte wie

11 · Organisationale Körpersprache

zum Beispiel Unfreundlichkeit, Ungeduld, Hektik oder an die Tendenz, sich in präpotenter Weise besser als andere zu fühlen und diese „Anderen" dauernd zu be- und verurteilen.

Ich habe mir daher angewöhnt, in der Regel weniger von Organisations- oder Unternehmenskultur zu sprechen, sondern von organisationaler Körpersprache – analog zur Körpersprache eines individuellen Menschen. Da spielen bekanntlich alle Formen der Gestik, Körperhaltung und Körperbewegung und die unterschiedlichen Formen der Blickkontakte sowie das Distanzverhalten eine Rolle. Man unterscheidet dabei zwischen Makro- und Mikroexpressionen. Während erstere sinnlich erkennbar sind, können die meisten Menschen Mikroexpressionen der Körpersprache nicht bewusst wahrnehmen. Objektiv sind Mikroexpressionen nur mit Zeitlupenaufnahmen sichtbar zu machen, mit oft erstaunlichen Ergebnissen.

Expert:innen haben herausgefunden, dass die meisten Signale der Körpersprache unbewusste Gesten darstellen, mit denen der Körper auf die Gesprächssituation, die Gefühlswelt oder den Auftritt des Gegenübers reagiert. Bei einer schlechten Neuigkeit, wie etwa einer Kündigung oder der Überbringung einer Todesnachricht, wird es einem Menschen kaum gelingen, seine Betroffenheit nicht auch durch Signale des Gesichtes oder der Körperhaltung zu offenbaren. Gleiches gilt im umgekehrten Fall für freudige Überraschungen. Auch Gefühlszustände wie Angst, Langeweile, Spannung oder Selbstbewusstsein können sich in unbewusster Körpersprache widerspiegeln. Der Haptikforscher Martin Grunwald hat festgestellt, dass sich Menschen täglich bis zu 400-mal selbst im Gesicht berühren – in der Regel unbewusst. In Stresssituationen kann sich diese Zahl sogar verdoppeln.

Natürlich gibt es auch bewusste Signale, die angelernt oder antrainiert werden können, wie etwa Anlächeln, ein gezielter Blick, ein ausdrucksloses „Pokerface", ein selbstbewusster Händedruck zur Begrüßung, eine aufrechte Körperhaltung oder Reaktionen wie Kopfschütteln, Nicken oder das häufige Spiegeln, bei dem man verbal und mimisch auf das Gegenüber mit den gleichen Worten und Gesten reagiert. Spannend ist auch die Frage, welche körpersprachlichen Signale für alle Menschen gleich sind und welche kulturell und sozial geprägt sind – eine Frage, auf die ich hier zwar nicht eingehen kann, die aber in der Verkündigung und Inkulturation des Glaubens unbedingt berücksichtigt werden muss.

Körpersprache lügt nicht!

Eine lustige Begebenheit fällt mir dazu ein, die sich einmal mit meinem damaligen Chef zutrug. Nach einem längeren Austausch über berufliche Fragen sagte er zu mir: „Großartig, Georg, dass du so viele Ideen hast!", zugleich hob er beide Hände und hielt sie abwehrend in meine Richtung. Lächelnd erwiderte ich ihm: „Du weißt schon: Körpersprache lügt nicht!" Da musste auch er schmunzeln, denn in Wirklichkeit erzeugten meine vielen Vorschläge und Ideen bei ihm einen Druck, der ihm angesichts seiner bereits überfordernden Arbeitslast einfach zu viel war.

Auch organisationale Körpersprache lügt in der Regel nicht. Wenn neu zugezogene Familien zum Beispiel wissen wollen, ob und wo es kirchliche Angebote für junge Familien gibt, werden sie heute in der Regel Onlinesuchmaschinen konsultieren. Hoffentlich werden dabei relevante kirchliche Informationen gelistet, und hoffentlich werden die Suchenden auf den einen oder anderen Link klicken.

Doch was passiert dann? Wie präsentiert sich eine Pfarrgemeinde durch ihre Homepage? Wirkt sie einladend? Freundlich? Insiderisch? Verständlich? Attraktiv?

Father Michael White von der Church of the Nativity in Baltimore, betont, dass für viele Menschen die Homepage einer Gemeinde heutzutage das erste Eingangsportal ist, das sie wahrnehmen. Wenn dieser Eingang abweisend wirkt, kommen die Menschen gar nicht erst zur physischen Location. Sind sich die Gestalter:innen kirchlicher Websites dieser Wirkung bewusst?

Bei einem Workshop mit Vertreter:innen verschiedener Kirchen haben wir über zwanzig Aspekte gesammelt, die alle Ausdruck der organisationalen Körpersprache sind. Sie reichen von den verwendeten Medien über architektonische und bauliche Elemente bis zu den offensichtlichen kommunikativ-emotionalen Charakteristika. Methodisch kann man sehr gut lernen, worauf man achten muss. Zentral ist aber die dahinter liegende Haltung. Denn noch einmal: Körpersprache lügt nicht! Wenn man nur den Schein verbessern oder aufpeppen möchte, gibt es vielleicht kurzfristige Erfolge, aber mit großer Wahrscheinlichkeit kaum nachhaltige Wirkungen. Nur wer das Sein, das innerste Wesen, ja die Identität einer Organisation reformiert und innoviert, mit dem Ziel, sie glaubwürdiger, authentischer und vor allem liebevoller zu entwickeln, wird dauerhaft von den Menschen anders wahrgenommen und stärker akzeptiert werden. Nur wer die Botschaft, die man in Wort und vor allem Tat verkünden möchte, zunächst einmal selbst ernst nimmt, an sich heranlässt und sich selbst durch sie verwandeln lässt, wird eine positive missionarische Wirkung entfalten. Dann werden „automatisch" auch andere sich engagieren und einen für sie passenden Weg der Nachfolge gehen wollen.

11 · Organisationale Körpersprache

Diskrepanzen zwischen Ideal und Realität

Nun gibt es in jeder Organisation Klüfte zwischen dem Ist-Zustand und dem Soll-Zustand, zwischen den Idealen und der Realität sowie zwischen den angestrebten und behaupteten Werten und den tatsächlich gelebten. Nach meiner Einschätzung sind solche Diskrepanzen zwischen der angestrebten, oder schärfer gesagt, der behaupteten Kultur, wie sie z. B. in Pastoralplänen, Homepages oder Predigten beschrieben wird, und der tatsächlich erlebten Kultur in Kirchen wesentlich größer als in vielen Wirtschaftsunternehmen. Und was mich noch sorgenvoller stimmt: Diese Diskrepanzen werden tendenziell stärker geleugnet. Dafür gibt es mehrere Gründe.

Zum einen geht es in religiösen Organisationen um viel mehr als nur um wirtschaftliche Kennzahlen. Daher empfindet man mögliche Diskrepanzen nicht nur als menschliches Scheitern, sondern als Sünde, was bei manchen Menschen leicht zu Verdrängungen führt. Einen anderen Grund sehe ich darin, dass in manchen kirchlichen Bereichen wenig Bewusstsein für die Marktsituation herrscht, in der man sich heutzutage unweigerlich befindet. Viele kirchliche Bereiche konnten diesbezüglich in den letzten Jahrzehnten zwar enorme Fortschritte machen, zum Beispiel im Bildungs- oder Sozialbereich, grundsätzlich also überall dort, wo man sich notgedrungen in unmittelbarem Wettbewerb mit anderen Anbietern beweisen musste.

Daher ist es vor allem der territoriale Bereich, der die größten Diskrepanzen und deren stärkste Leugnung aufweist. Pfarreien und Kirchengemeinden haben meist ein geringes Marktbewusstsein. Noch dazu hat in Ländern mit einem Pflichtbeitrag wie in Deutschland und in Österreich schlechte Performance auch kaum Auswirkungen auf die finanzielle Ausstattung. Wenn schlechte Musik, unfreundliche Insider oder belanglose Predigten zu einem verschärften Rückgang der Mitfeiernden bei Gottesdiensten führen, bekommen weder die Akteur:innen weniger bezahlt noch werden die Budgets gekürzt.

Ein weiteres Beispiel: Fast alle lokalen Kirchengemeinden unterschiedlicher Konfessionen, die ich in den letzten Jahren besucht habe, behaupten von sich: „Wir sind eine gastfreundliche Gemeinde. Bei uns sind alle willkommen!" Deckt sich diese Behauptung mit dem, was Neuzugezogene oder zufällig vorbeikommende fremde Menschen erleben? Leider habe ich mich in neun von zehn Gemeinden nach meinem Besuch fremder gefühlt als zu Beginn. Erst wenn eine Gemeinde solche Rückmeldungen ernstnimmt und hart an einem Kulturwandel arbeitet, wechselt sie vom Behauptungs- in den Erlebnismodus.

Ist Innovation überhaupt möglich?

Gibt es Chancen für nachhaltige kulturelle Reformen und Innovationen? Ich bin zutiefst überzeugt: Ja! Denken Sie etwa an einen Menschen, der endlich gesünder leben will. Ein paar Kilo abnehmen, mehr Bewegung, gesündere Ernährung ... Kennen Sie das? Kennen Sie die vielen Geschichten des Scheiterns und der Frustration? Kennen Sie auch Leute, die es tatsächlich geschafft haben? Wenn ja, dann bietet sich die Chance des Voneinander-Lernens. Die einzige Voraussetzung ist der echte Wille, es von jetzt an tatsächlich besser zu machen. Alles andere ist erlernbar, kann geübt werden, ist ein Weg, der mit dem ersten Schritt in die richtige Richtung beginnt.

Nach dem anhaltenden Rückgang von Kirchenmitgliedern, Gottesdienstfeiernden und Ehrenamtlichen der letzten Jahrzehnte ist man bescheiden geworden, man freut sich über jeden auch noch so kleinen Fortschritt. Der Druck, rasch Erfolge im Sinne einer fragwürdigen kirchlichen Sozialisierung liefern und damit unter anderem auch die eigene Anstellung rechtfertigen zu müssen, hat deutlich nachgelassen. Dadurch öffnet sich ein „window of opportunity", also eine günstige Gelegenheit, um in Pfarrgemeinden, Bildungshäusern, Schulen oder Sozialinitiativen in kirchlicher Trägerschaft eine neue experimentelle Kultur zuzulassen. Mittlerweile haben wohl auch die hartnäckigsten Verfechter:innen einer Rückkehr in die Idyllen der Vergangenheit eingesehen, dass es zwecklos ist, alle Energien in Prozesse und Traditionen zu stecken, die vielleicht lange Zeit gut wirkten, aber unter heutigen Bedingungen hochgradig dysfunktional geworden sind.

Im Kontext der allerorts laufenden Umstrukturierungen ließen sich jetzt neue Rahmenbedingungen für die Arbeit aller Haupt- und Ehrenamtlichen definieren. In der katholischen Kirche sollte die von Papst Franziskus mit dem Pfingstfest 2022 verordnete, revolutionäre Kurienreform möglichst rasch und umfassend auch auf lokaler Ebene radikale Folgen haben. Revolutionär deshalb, weil erstmals nicht das Weihesakrament für die Übernahme von Führungspositionen relevant ist, sondern die allen gemeinsame Taufe und – auch das ist nicht selbstverständlich, aber unerlässlich – die erforderlichen Kompetenzen. Damit setzt der Papst einen Befreiungsschlag gegen eine klerikale Selbstfesselung, die allen – Priestern und nichtgeweihten Gläubigen – mehr schadet als nutzt. Und es stehen allen kirchenrechtlichen „Laien" nahezu alle Türen für gabenorientiertes Engagement offen – Männern und Frauen.

Diese Entwicklung könnte als Rückenwind für Kirchengemeinden wirken, die den prekären Ort der aktuellen Talsohle als Chance nutzen wollen, um mehr als nur oberflächliches Change-Management zu betreiben. Denn statt dem Gestrigen nachzuweinen, könnten sie lebendige, evangeliumsgemäße und attraktive Orte einer neuen pastoralen Kultur werden. Solche Orte würden es Menschen aller Milieus ermöglichen, existenziell zu erleben, was mit „Froher Botschaft" und „Reich Gottes" gemeint ist. Das geht nur in einer Kultur der Freiheit und der Verantwortung. Und genau das ermöglicht eine radikal neue organisationale Körpersprache.

Prophetisch-kritischer Zugang: Evolutionäre Organisationen

Wie diese Kultur aussehen könnte, habe ich vorwiegend in außerkirchlichen Kontexten wie Firmen, Organisationen, NGOs oder Kulturinitiativen kennengelernt, quasi als Fremdprophetie. Mit wenigen Ausnahmen kaum wahrgenommen von kirchlichen Führungskräften und theologischer Reflexion, sind in der „Welt" neue, vielfältige und faszinierende Formen von Organisiertheit entstanden. Die handlungsleitende Frage lautet dabei: Wie können neue Organisationen gebildet und bestehende so transformiert werden, dass sie effektiver und effizienter den je eigenen Auftrag und die genuine Sendung erfüllen? Vorrang hat dabei nicht die Tradition, sondern das Ziel, der Sinn und Zweck der eigenen Existenz, auf Englisch mit *purpose* auf den Punkt gebracht. Welcher *purpose* bildet die klare Vorgabe für jegliche strukturelle und kulturelle Veränderung in Kirchen? Laut der dogmatischen Konzilskonstitution *Lumen Gentium* ist der *purpose* der Kirche, Zeichen und Werkzeug für die Liebe Gottes zu sein und die daraus wachsende Verbundenheit aller Menschen in einer pluralen Welt erfahrbar zu machen.

Beispiel innovative Sakramentenvorbereitung

Warum investieren nahezu alle Pfarrgemeinden nach wie vor so viel Zeit und Energie in die Erstkommunion- oder Konfirmandenvorbereitung, obwohl die meisten darin Engagierten mit den Wirkungen absolut nicht zufrieden sind? Warum beklagen also viele zwar den überschaubaren, nachhaltigen Erfolg, verändern aber nur in minimalen Dosierungen, was sie konkret tun – ohne fundamentalen kulturellen Wandel, ohne eine neue Körpersprache?

Wie diese aussehen könnte, habe ich bei diesem pastoralen Handlungsfeld von der jungen Theologin Evelyn Gollenz gelernt. Kern ihrer Forschungen war es, die mehrheitlich kaum kirchlich sozialisierten Menschen, die als Kinder, Eltern oder Pat:innen an der Erstkommunion teilnehmen, nicht als defizitär zu betrachten, sondern sie mit ihren Erfahrungen ernst zu nehmen und wertzuschätzen. Dabei spielt es absolut keine Rolle, ob jemand explizit gläubig ist oder kirchlich praktizierend, in welcher Familienform jemand lebt oder aus welchem Milieu oder welcher Kultur er oder sie kommt. Alle sind eingeladen, so wie sie es möchten, ihr Leben und ihre Erfahrungen zur Sprache zu bringen – und damit ihre Freuden und Sorgen, ihre Hoffnungen und Ängste. Das ganze Leben hat Platz, egal, ob es das Familienleben, die Kinder, die privaten oder beruflichen Erfahrungen betrifft – alles ist Basis für ein gemeinsames Entdecken, wie ein Leben in Liebe, Friede und Gemeinschaft gelingen kann – natürlich auch im Blick auf Jesus, auf den Glauben und die Gemeinschaft der Gläubigen. Sie können sich vorstellen, dass ein solcher Paradigmenwechsel sich auf alles auswirkt: Auf die Inhalte, die Methodik, die diversen Aktivitäten, die Art der Kommunikation, die Gestaltung der einzelnen Treffen bis hin zu

Möglichkeiten des Engagements mit dem, was jede:r hat, kann und gerne tut.

Gerade in zunehmend multikulturellen Kontexten, wie es mittlerweile nicht nur in Stadtgemeinden, sondern auch am Land immer mehr zum Regelfall wird, ist dann etwa ein pastoraler Erfolg, wenn sich Familien aus unterschiedlichen Kulturen besser kennen und verstehen lernen. Oder wenn neue dauerhafte Beziehungen und gemeinsame Aktivitäten zwischen den Kindern und Erwachsenen entstehen, ja wenn sich sogar neue Freundschaften entwickeln. Wenn Vorurteile, Verdächtigungen und Misstrauen durch wertschätzenden Erfahrungsaustausch abgebaut werden und stattdessen Vertrauen und Zusammenhalt wachsen, sind das nicht Früchte im Geiste Jesu? Durch einen solchen kulturellen Wandel wird eine Gemeinde erlebbares Zeichen und Werkzeug für die Liebe Gottes, also Sakrament im besten Sinn des Wortes. Und das unabhängig davon, wie viele der Kinder und Familien nach dem kirchlichen Fest die althergebrachten als kirchlich titulierten Handlungsvollzüge mitmachen oder nicht.

Wer diesen tiefen Sinn ernst nimmt, wird alles tun, um sich zu befreien vom triebhaften Wunsch, ja von der bedrängenden Sucht nach Selbsterhaltung hin zu echter Existenzrelevanz für das Leben der Menschen. Dieses Prinzip lässt sich auf alle pastoralen Bereiche anwenden. Ein solcher Kulturwandel entspricht der vom Konzil geforderten Rückbesinnung auf die Spur Jesu, der in jedem Menschen, auch in den „Zöllnern, Huren und Sündern" das göttliche Sein wahrgenommen und durch empathische Zuwendung und Liebe geweckt hat! Dieser Wandel muss auch neue Initiativen prägen, damit sie neue Früchte bringen können.

Gemeinden, die sich in aller Freiheit in den Dienst aller Menschen von heute stellen und sich immer wieder fragen, wo die Frohe Botschaft bereits im Leben der Menschen präsent ist und wirkt, weil sie Ja zum Leben sagen, weil sie versuchen, die Liebe zu leben, weil sie Konflikte gewaltfrei lösen wollen oder weil sie solidarisch sind mit Menschen in Not.

Mit der Initiative GOTT.VOLL hat etwa Fresh X Deutschland eingeladen, sich mit Gott auf eine solche Entdeckungsreise zu begeben. Das Ziel: Gott dort zu entdecken, wo er schon vor langer Zeit hingezogen und präsent ist. Dazu wurde ein Kartenset mit Impulsfragen entwickelt. Es lädt dazu ein, sich 40 Tage mit Gott auf eine Reise zu begeben, hinzugehen, hinzuhören, hinzusehen und wahrzunehmen. Es geht darum, sich offen auf das eigene Umfeld, die eigene Stadt, die Nachbarn, Freund:innen und Fremde einzulassen. Offen auch dafür, Gott dort zu entdecken, wo kirchlich sozialisierte Menschen ihn gerade nicht vermuten!

Eine so gelebte neue, bescheidenere und aufmerksamere Kultur wird „von selbst" (wörtlich „automatisch" bei Markus 4,28) attraktiv für neue Menschen und für den Wunsch, sich aktiv einzubringen. Ob das für alle oder in den bisherigen Formen geschehen wird, bleibt offen. Vielleicht entstehen jedoch neue und vielfältige Ausdrucksweisen des einen Glaubens, der einen Taufe und des einen Geheimnisses? Global und auch im deutschsprachigen Raum sind in den letzten Jahren und Jahrzehnten viele solcher Projekte und neue Sozialformen entstanden, die Hoffnung geben. Sie bilden zusätzlich die Basis dafür, dass immer mehr traditionelle oder neue Initiativen voneinander lernen und so auf neue und erneuerte Weise glaubwürdig und attraktiv Kirche in der heutigen Zeit sein können.

Drei Charakteristika einer neuen Kultur

Durch die erwähnten Begegnungen mit außerkirchlichen Organisationen, die angesichts komplexer Aufgabenstellungen zu einer völlig neuen Kultur gefunden haben, wurde ich sowohl irritiert als auch inspiriert. Was ich in solchen neuen Szenen erlebe, ist für mich oft „christlicher" als in vielen kirchlichen Organisationen. Konkret sind es drei gemeinsame Merkmale, die bei aller Unterschiedlichkeit das Sein und das Handeln dieser neuen „evolutiven" Organisationen prägen. „Evolutiv" deshalb, weil Frederic Laloux in seinem Buch „Reinventing Organizations" historisch nachgewiesen hat, dass sich nicht nur der Mensch als Individuum evolutionär entwickelt, sondern auch die menschlichen Formen von Sozialisierung und Organisierung. 2021 hat der deutsche Priester und Schriftsteller Peter Klasvogt dieses Buch als Ressource für kirchliche Erneuerung aufgegriffen und rezipiert (vgl. Peter Klasvogt, Kirche neu erfinden).

Das erste Merkmal ist das *Prinzip der Selbstführung*. Neue Organisationen verzichten großteils auf eine klassische Hierarchie. Oft gibt es nicht einmal Vorgesetzte im herkömmlichen Sinn. Man geht von einer fundamentalen Gleichheit und Gleichwertigkeit aller Mitarbeiter:innen aus. Man vertraut einander, dass jede:r bereit ist, das ihm/ihr Mögliche für die gemeinsame Vision und die gemeinsam vereinbarten Ziele zu leisten.

Konsequent umgesetzt, zeigen sich Wirkungen wie größere Selbstständigkeit, ein stärkeres Gefühl der Wertschätzung und eine spürbar stärkere Problemlösungskompetenz. Warum soll der oder die Höherrangige automatisch mehr Fachkompetenz besitzen? Im Gegenteil: Je komplexer die Welt, desto überforderter sind Führungskräfte in hierarchischen Organisationen. Wenn alle Entscheidungsprozesse streng pyramidal verlaufen, dauert es oft viel zu lange, bis sich gute Konzepte durchsetzen können. Viele scheitern, weil es unmöglich ist, den „wichtigen" Leuten die Plausibilität zu vermitteln. Den Entscheidern fehlt schlicht und einfach oft die Fachkompetenz, die Muße, um sich in Ruhe mit Neuem auseinanderzusetzen, und oft auch die Bereitschaft für eine qualifizierte Bewertung. Da entsteht leicht ein Klima der Frustration und des Misstrauens. Leitung wird als behindernd und machtorientiert erlebt. Umgekehrt fühlen sich Führungskräfte missverstanden und überfordert. Viele kämpfen mit extremen Symptomen wie Burnout, Versagensängsten oder Panikattacken. Mittlerweile sind psychische Krankheiten und auch Suizide bei Leiter:innen kirchlicher Gemeinden keine Seltenheit mehr, ja häufiger anzutreffen als in anderen Bereichen. Offensichtlich hat die Coronakrise diesen Trend noch verstärkt. Klassische Hierarchien bürden den scheinbar privilegierten Führungskräften eine kaum mehr bewältigbare Last auf.

Im territorialen Bereich der Kirche könnten und sollten daher in Zukunft wesentlich weniger Entscheidungen seitens der zentralen Ordinariate oder Landeskirchen getroffen werden. Die Strukturreformen eröffnen die Chance, Ermöglichungsräume zu schaffen mit klaren und unterstützenden Rahmenbedingungen. Innerhalb dieser könnten die lokalen Akteur:innen eigenverantwortlich Ziele definieren, Schwerpunkte setzen, Ressourcen zuweisen und konsequenterweise auch die Folgen verantworten. Erleichtert wird so eine subsidiäre Drehung in der katholischen Kirche durch die Aufweichung des kirchenrechtlichen Korsetts der Rechtsperson „Pfarrei". Da und dort werden diese scheinbaren Nachteile vieler Restrukturierungsprozesse bereits als Vorteil entdeckt, bilden sich Ritzen in alten Gemäuern, durch die frische Luft und neues

Licht eindringen können, entstehen sprichwörtliche Spielräume, wo alle lustvoll, frei und kreativ zusammenwirken können.

Wenn Sie sich auf persönliche Erfahrungen mit Unternehmen oder Initiativen einlassen, die das Prinzip der Selbstführung bei sich leben, werden Sie verstehen, was ich mit christlichem Geist meine. Ein konkretes Beispiel finden Sie am Abschluss dieses Kapitels. Das Jesus-Wort vom dienenden Leiten und sein Vorbild bei der Zeichenhandlung der Fußwaschung wird dort glaubhaft gelebt und zeitigt wunderbare Wirkungen.

Das zweite Merkmal dieser neuen Organisationen ist *das gemeinsame Bemühen um Ganzheitlichkeit*. Die Arbeit wird nicht nur als notwendiger Job zum Geldverdienen betrachtet, sondern als Ort des Lebens und der persönlichen Berufung. Im Unterschied zu klassischen Organisationen wird dies allerdings nicht einfach von den Arbeitgeber:innen als Haltung gefordert, sondern bewusst durch die Organisationskultur auf vielen Ebenen gefördert. In zahlreichen Firmen und auch in der Kirche findet ja oft ein destruktives Versteckspiel statt. Die Menschen überlegen sich sehr gut, welche ihrer Seiten sie zeigen und welche sie verbergen. Erinnern Sie sich an Patrick Lencioni, einer meiner Inspiratoren aus den USA, der die Bedeutung einer Vertrauenskultur als Basis für alle anderen Stufen einer ergebnisorientierten Unternehmenspyramide betont. Wenn Menschen spüren, dass sie sich zeigen können, wie sie sind, dass ihre Gedanken, Gefühle und ihre individuelle Geschichte ernst genommen werden, wollen sie sich mit ihrer Arbeit und den gemeinsamen Zielen identifizieren. Sie werden motiviert sein, gemeinsam die Werte und Haltungen zu definieren und zu leben, die Voraussetzung für eine lernfähige Organisation sind. Menschen, die erleben, wie sie in all ihren Facetten wachsen und sich entwickeln können, werden tatsächlich eher zu lebendigen Bausteinen eines lebendigen Systems als bloße Erfüllungsgehilf:innen oder Befehlsempfänger:innen.

Das dritte Merkmal all dieser sehr unterschiedlichen Organisationen ist das *Bauen auf einem gemeinsamen Sinn*. Im Unterschied zu traditionellen hierarchischen Organisationen wird dieser Sinn aber nicht übergeordnet vorgegeben oder in oft als pseudopartizipativ erlebten Prozessen definiert („Leitbild", „Unternehmensvision", „Zukunftsbild" etc.), sondern in einem evolutionären Prozess im Blick auf alle Rahmenbedingungen fortlaufend gesucht und immer wieder neu definiert. Dieser Orientierung gebende Sinn entsteht im gemeinsamen Gehen, im Fallen und Wiederaufstehen. Problemlösungen sind nicht das Resultat von langen Sitzungen oder spezialisierten Planungen, sondern von kreativen Prozessen aller Beteiligten. Jede:r Einzelne bemüht sich, nicht dem eigenen Ego narzisstisch Raum zu geben, sondern bringt die je eigenen Talente und Fähigkeiten für das große Ganze ein.

 *Exkurs lokale Gemeinde*

Biblische Perspektive:
Leib werden und sein

Die biblischen Bücher spannen einen ungeheuren Bogen von der Schöpfungs- und Paradieserzählung im ersten Buch Genesis bis zum Motiv des neuen Himmels und der neuen Erde im letzten Buch, der geheimen Offenbarung des Johannes. Durchgängiges Motiv: Immer dann, wenn Menschen individuell und gemeinschaftlich in Verbundenheit mit ihrem Schöpfer leben, herrschen quasi paradiesische, angstfreie und „schamlose" (weil frei von Gewalt und

Zwang), liebevolle Zustände – in der jüdischen Tradition *Shalom* genannt. Warum ging uns dann das Paradies verloren? Die heilige Katharina von Siena hat bereits im Mittelalter im Blick auf die Verkündigungsszene, als der Engel Gabriel die junge Frau Maria besuchte, die Freiheit betont. Gott respektiere den freien Willen jedes Menschen. Im Blick auf Maria schreibt die Kirchenlehrerin, ohne ihr Ja und dem Ja jedes Menschen zum Willen Gottes könne weder Gutes noch Böses geschehen.

Aus dieser liebevollen Freiheit folgt eine vielfältige Geschichte. Denn immer wieder entscheiden sich Menschen gegen den Willen Gottes und verursachen somit Brüche, Leiden und Tod. Das wird in nahezu allen biblischen Büchern verdeutlicht. Die Erlösung aus diesem verhängnisvollen Zusammenhang von Schuld und Tod geschieht nach traditioneller Lehre durch die Menschwerdung Gottes. Der Johannesprolog besingt dieses Ereignis so: „... und das Wort ist Fleisch geworden und hat unter uns gewohnt." (Johannes 1,14)

Der Pastoraltheologe, Organisationsentwickler und Spezialist für Palliative Care, Andreas Heller, hat diesen zentralen Glaubenssatz aufgegriffen und im Blick auf organisationale Körpersprache formuliert: „... und das Wort ist Organisation geworden."

Wenn die Erlösung ermöglicht wurde, indem der Schöpfer Geschöpf wurde, der Unendliche in die Zeit kam und der Allmächtige als ohnmächtiges Kind und als der wehrlose Mann am Kreuz offenbart wurde, dann sehen wir hier den Schlüssel für die Frage einer neuen organisationalen Körpersprache. Denn Menschsein konkretisiert sich ja nicht nur individuell, sondern immer auch sozial, kollektiv und organisational. Yuval Harari hat in seiner „Kurzen Geschichte der Menschheit" beschrieben, wie Menschen hunderttausende Jahre lang als nomadische Wildbeuter gelebt hatten. Diese Lebensweise benötigte nur einen minimalen Grad an Organisiertheit. Erst durch die neolithische Revolution vor etwa 10.000 Jahren und die damit verbundene Sesshaftigkeit haben sich Kulturen und Zivilisationen gebildet. Daraus haben sich immer größere und interdependentere politische, wirtschaftliche, kulturelle und auch religiöse Organisationen entwickelt. Bis in die Gegenwart haben diese Formen des Menschseins in Organisationen vielfältige und globale Ausmaße angenommen, deren Komplexität viele, auch viele Expert:innen, vor ungeheuer schwierige Fragen stellt und immer wieder auch überfordert.

Schluss mit Opfern

Im Hebräerbrief, den ich immer als eine höchst eigenartige, ja geheimnisvolle Komposition erlebt habe, wird die Menschwerdung als Kontrastprogramm zur bisherigen traditionellen, dominanten Opferkultur beschrieben: „Durch die Opfer wird Jahr für Jahr die Erinnerung an die Sünden wachgerufen. Es ist ja unmöglich, dass Stier und Bocksblut Sünden wegnimmt. Darum spricht Christus bei seinem Eintritt in die Welt: Opfer und Gaben hast du nicht gewollt, einen Leib aber hast du mir bereitet." (Hebräer 10,3–5) Die Conclusio dieser Überlegungen: „Wir gehen auf einem neuen und lebendigen Weg, den Christus uns durch den Vorhang hindurch, das heißt durch sein Fleisch, bereitet hat." (Hebräer 10,20)

Offensichtlich spielen auch hier der „Leib" und die „Fleischwerdung" eine zentrale Rolle. Heller deutet diesen Leib eben als Organisation. Wie recht er hat! Denn wer immer die leibliche, also organisationale Dimension des Menschseins wie Strukturen, Ressourcen, rechtliche Rahmenbedingungen, interne Abläufe und Prozesse und letztlich alles, was systemisch betrachtet Organisationen ausmacht, als unwesentlich oder sogar ungeistlich diskreditiert, befindet sich christlich und theologisch gesehen auf einem gewaltigen Holzweg. Genau diese äußerlichen Aspekte sind es nämlich, durch die auch heute alle Menschen die Zuwendung und das Heil Gottes erfahren und erleben sollen. Dieser organisationale Leib ist berufen, die Sünde, also die Absonderung und Trennung von Gott und Mensch, aufzuheben und zu einer neuen befreienden Verbundenheit zu führen.

Am Beispiel Jesu kann jeder Mensch und jede Organisation lernen, wie dieser Leib beschaffen sein muss, damit durch ihn die Frohe Botschaft lebt und erlebt wird. Wenn Sie die Worte und vor allem die Taten Jesu aus dieser Perspektive lesen, werden Sie vielfältige Inspirationen bekommen, wie die Sozialsysteme und Organisationen, in denen Sie Teil sind und mitwirken, immer mehr verwandelt werden können in den Leib Christi.

Dabei werden sie immer mehr entdecken, wie revolutionär Jesus bereits zu seiner Zeit dachte und handelte. Ich habe schon öfter auf das häufig überlieferte Jesuswort verwiesen: „Die Ersten werden die Letzten sein." bzw. „Die Letzten werden die Ersten sein." Wie oft musste Jesus mit Vorwürfen aus dem innersten Jüngerkreis und mit Widerständen von Seiten der damaligen religiösen Führer und Gelehrten kämpfen, die ihm vorwarfen, dass er sich mit Zöllnern, Huren und Sündern umgab und sogar mit ihnen zu Tische lag und Mahl hielt. Oder denken Sie an die Personalauswahl Jesu. Waren das High Performer, Spitzengelehrte oder Topmanager? Egal, ob sie an den Zwölferkreis denken oder an den erweiterten Jünger:innenkreis oder an die Frauen, die ihn auch materiell unterstützten. All diese Menschen kamen aus verschiedensten sozialen und beruflichen Hintergründen. Sie spiegelten die ganze Gesellschaft wider. Sie haben oft und lange kaum verstanden, worum es Jesus überhaupt ging. Sie haben teilweise kläglich versagt und konnten ihre vollmundigen Versprechungen nicht einhalten. Und dennoch hat Jesus nach seiner Auferstehung dieses Team nicht einfach ausgetauscht, sondern ihnen neues Vertrauen geschenkt. So konnte diese kleine, unbedeutende Gruppe den Anfang jener Bewegung und auch Organisation setzen, die wir heute als vielfältige und weltumspannende Kirche kennen. Wer hätte sich in den ersten Jahrhunderten vorstellen können, dass 2000 Jahre später über eine Milliarde Christ:innen in den größten sozialen Systemen der Welt organisiert sein würden?

Kreatives Chaos in der Urkirche?

Im Roman „Das Reich Gottes" von Emmanuel Carrère beschreibt der Autor eindrücklich das Ringen um die organisationale Gestalt von Kirche in den ersten nachchristlichen Jahrhunderten. Er fragt nach der Kraft, mit der es gelingt, an Dinge zu glauben, gegen die der Verstand rebelliert, und eine revolutionäre Ethik zu vertreten, die den Schwachen zum Starken erklärt. Mal ironisch, mal mit dringlichem Ernst zeichnet Carrère das Fresko einer antiken Welt, die in vielen Zügen unserer heutigen ähnelt. Zwei Lebenskrisen stellen den Autor vor die Frage, wie Menschen an Dinge glauben können, die dem Verstand entgegenstehen. Er begibt sich auf die Fährte des Revolutionärs Paulus und des Intellektuellen Lukas. Carrère zeichnet das Bild einer Welt, die vom Pragmatismus des Römischen Reiches beherrscht ist und doch durchdrungen ist vom Wunsch nach tieferem Sinn und Gemeinschaft.

Wir müssen uns bewusst sein, dass es bezüglich der konkreten Organisation von Kirche von Jesus keinen Masterplan, ja kaum konkrete Anweisungen gab. Offensichtlich galt von Anfang an nur das eine Kriterium: Wie kann durch die jeweilige Gestalt von Kirche am besten die Frohe Botschaft verkündet und dem Reich Gottes der Weg bereitet werden? Oder wie ein mir bekannter Markenentwickler es formulierte: „Wie kann mehr Liebe in die Welt kommen?"

Die ganze Kirchengeschichte ist eine beeindruckende und vielfältige Geschichte von heilvollen Verwirklichungen dieses Auftrags Jesu, in alle Welt zu gehen und allen Menschen die Frohe Botschaft zu verkünden. Sie ist aber zugleich voll von Versagen, Schuld und ständiger Notwendigkeit zur Umkehr und Erneuerung. Heute im 21. Jahrhundert bedeutet diese Erneuerung mehr denn je auch eine fundamentale Erneuerung der organisationalen Körpersprache.

Biographisch-persönlicher Zugang: Draußen warten Überraschungen!

Table Mountains, also Tafelberge, gibt es viele auf dieser Welt. Gemeinsames Merkmal ist das flache Plateau und das Fehlen eines Gipfels. Einer dieser Tafelberge wurde mir von meinem besten amerikanischen Freund vor über 30 Jahren empfohlen. Er befindet sich im Bundesstaat North Carolina. Als meine Frau und ich von Florida ausgehend eine Rundreise im Osten der USA antraten, machten wir uns auf die Suche nach diesem Berg mit seiner angeblich besonderen Ausstrahlung.

Damals gab es noch kein Internet und kein GPS. In der hereinbrechenden Dunkelheit mussten wir lange suchen, bis wir endlich, kilometerlangen Schotterstraßen folgend, auf dem Plateau angelangt waren. Nach der Übernachtung in unserem alten Kombi begegnete ich frühmorgens einem Jogger. Wie in den USA üblich, wechselten wir ein paar Worte. Er erzählte, dass er Trainer in einem Outdoorcamp sei. Als er mein tiefes Interesse spürte, lud er uns ein, das Einverständnis der Gruppe vorausgesetzt, als Beobachter ein paar Stunden dabei zu sein. Es handelte sich um ein zehntägiges Seminar.

Wir durften also eine Gruppenübung beobachten, bei der es darum ging, diverse Hindernisse eines Klettergartens zu bewältigen. So weit, so gut und mittlerweile auch in Europa verbreitet. Das Frappierende an diesem Seminar war jedoch, dass die Trainer:innen die sportlich-körperliche Übung in ein Setting von Selbsterfahrung einbetteten. Ihre kompetente Art der Anleitung und behutsame Begleitung führte dazu, dass bei den Teilnehmer:innen spürbare innere Prozesse abliefen: Umgang mit Angst, Einschätzung ihrer Grenzen, Entdeckung neuer Facetten und Möglichkeiten, und vieles mehr. Meine Frau und ich waren zu Tränen gerührt.

Plötzlich erinnerte ich mich daran, dass ich einige Jahre zuvor im Rahmen meines Austauschjahres als Teilnehmer einen derartigen Klettergarten bewältigt hatte. Damals empfand ich diesen als Abenteuerspielplatz für Jugendliche und Erwachsene. Ich genoss das Erlebnis, es war „fun"! Es bewirkte aber kaum innere Prozesse, und daher hatte ich es bald wieder vergessen. Hingegen hatte das Erlebnis am Table Mountain nachhaltige Wirkungen in meinem Verständnis von Gruppenarbeit und Leitung von Organisationen, obwohl ich dort „nur" Beobachter war. Damals blitzte zum ersten Mal und sehr existenziell die Erkenntnis auf, wie meine Rolle als Leiter konstruktiv aussehen könnte. Mir wurde klar, dass es um mehr als meine Einsatzbereitschaft, mein Wissen und Können oder meine Führungsmethoden ging. Je besser es mir gelänge, ein Setting, also einen geeigneten Rahmen für gemeinschaftliches Tun zu schaffen, in dem jede:r seine und ihre Persönlichkeit, Begabungen und Schwächen ehrlich, kreativ und konstruktiv einbringen kann und will, umso wahrscheinlicher würden wir im Sinne unserer Ziele Früchte bringen.

Ein paar Jahre später entdeckte ich diese Art von Outdoor-Aktivitäten auch im deutschsprachigen Raum. In der katholischen Jugend Steiermark entwickelten wir ein aufwendiges Projekt, um mithilfe selbsterfahrungsbezogener und gruppendynamischer Outdoor-Aktivitäten erlebbar zu machen, worum es in der Bibel und im Leben ständig geht: Vertrauen oder Angst, Liebe oder Hass, Gewalt oder Empathie, Egoismus oder Gemeinschaft, Frieden oder Krieg, Spaltung oder Verbundenheit, Zärtlichkeit oder Brutalität, Leben oder Tod.

Durch unsere drei Kinder kamen wir später mit unterschiedlichen Ansätzen von Alternativpädagogik in Kontakt. Auch in diesen Bereichen konnte ich viel darüber lernen, was ich heute mit organisationaler Körpersprache auf den Punkt bringen möchte: Verkündigung der Frohen Botschaft ist heute mehr denn je eine Frage, wie eine christliche Gemeinschaft oder eine kirchliche Institution von den Menschen erlebt wird. Noch so sprachlich exzellente Worte oder Texte verblassen angesichts der Macht des Tuns und des Seins. Wie Kirche individuell und kollektiv *ist*, äußert sich auf vielfältige Weise und wird von den Menschen sinnenhaft wahrgenommen und bewertet. Wir sind Leib und dessen Ausdruck, die Körpersprache wirkt unausweichlich.

Als ein Beispiel für eine neue evolutive Organisation möchte ich abschließend das Premium-Kollektiv aus Hamburg vorstellen, dessen Gründer Uwe Lübbermann ich mehrmals persönlich treffen konnte.

Der banale Grund für die Gründung war, dass er gerne Cola trank, aber nicht die dominanten, aus seiner Sicht ausbeuterischen Weltkonzerne unterstützen wollte. Das tieferliegende Motiv war, eine Firmenkultur zu entwickeln, die radikal von der Gleichheit jedes Menschen ausgeht. Bei Premium sind daher alle Beteiligten eingeladen, mitzureden und mitzubestimmen, egal, ob es sich um Konsument:innen, Händler:innen oder Mitarbeiter:innen handelt: Alle dürfen und können ihre Meinung äußern und in einem konsensdemokratischen Verfahren mitentscheiden. Das Unternehmen arbeitet weitgehend hierarchiefrei und nahezu ohne feste Positionen. Völlig verblüffend ist die Tatsache, dass es einen Einheitslohn unabhängig von der Position gibt und alle Mitarbeiter:innen den Arbeitsort, ihre Arbeitszeit und den Stundenumfang frei wählen können.

Warum dieses Beispiel, das mit Kirche im traditionellen Verständnis gar nichts zu tun hat? Wie kann es sein, dass eine solche Initiative seit nunmehr über zwanzig Jahren ihren Weg geht, dabei eine lernende Organisation bleibt und mit einer solchen Kultur wirtschaftlich überlebt?

Mich beeindruckt, wie radikal und effizient Uwe Lübbermann und viele vergleichbare Initiativen im Profit- und Nonprofitbereich von der fundamentalen Einsicht ausgehen: Jeder Mensch ist gleich an Würde. Niemand darf diskriminiert oder ausgebeutet werden. Jede:r hat Rechte und Pflichten und es gibt keinen Grund, dass sich irgendjemand als wichtiger, besser oder herausragender empfindet als andere.

Als Christ bin ich überzeugt, dass solche Menschen und Initiativen mit ihrem Tun und ihrer Körpersprache die zentrale Glaubensaussage verwirklichen: Gott ist Vater und Mutter aller Menschen. Er hat jede:n geschaffen und erlöst, weil er jede:n einzelne:n als geliebtes Kind in sein Herz geschlossen hat. Pastorale Innovationen bereiten diesem Gott in der heutigen Zeit den Weg.

Nachwort

Sind Sie jetzt irritiert oder begeistert? Skeptisch oder angeregt? In all diesen Gefühlen steckt eine Quelle für Inspiration und Innovation. Mir geht es nicht darum, Sie von meiner Sichtweise zu überzeugen. Natürlich hoffe ich, dass ich meine Erfahrungen, Gedanken und Fragen so zur Sprache bringen konnte, dass Sie es nicht bereuen, dieses Buch in die Hand genommen und gelesen zu haben. Ob Sie sich meiner Sicht von Pastoralinnovation anschließen oder umso klarer und besser begründet Ihren eigenen Weg gehen, ist für mich sekundär.

Entscheidend ist, ob Kirchen, kirchlich engagierte Menschen und „Menschen guten Willens" das Versprechen glaubwürdig einlösen, das zum Beispiel in der Pastoralkonstitution *Gaudium et Spes* (Nr. 45) so beschrieben wird: „Die Kirche ist das ‚allumfassende Sakrament des Heiles', welches das Geheimnis der Liebe Gottes zu den Menschen zugleich offenbart und verwirklicht."

Diese Programmatik so umzusetzen, dass daraus verwandelnde Kraft für jede:n einzelne:n, spürbares Heil für alle und gute Früchte für die ganze Schöpfung erwachsen, das ist das Ziel von Pastoralinnovation. Dafür lohnt es sich, alles in Frage zu stellen, Sündhaftes – also alles, was uns von Gott und seiner Liebe trennt, zu bereuen und mit allen Talenten Exzellenz anzustreben. Und ich vertraue, dass Gottes Segen solches Tun begleitet und fruchtbar macht.

Nutzen Sie alle Möglichkeiten, die Ihnen geschenkt sind, und Sie werden nicht nur persönlich mit mehr Erfüllung und Freude ihren Dienst und ihre Arbeit machen können. Sie werden sich zudem immer stärker mit allen verbunden fühlen, die daran glauben, dass es nichts Schöneres gibt in diesem Leben als dem Reich Gottes den Weg und dem Heiligen Geist viele Landeplätze zu bereiten.

Verwendete Literatur

(Reihenfolge alphabetisch nach Nachnamen sortiert)

John L. Allen: Das neue Gesicht der Kirche. Die Zukunft des Katholizismus

Joachim Bauer: Das empathische Gen. Humanität, das Gute und die Bestimmung des Menschen

Edward K. Braxton: The Church and the Racial Divide. Reflections of an African American Catholic Bishop

Rutger Bregman: Im Grunde gut. Eine neue Geschichte der Menschheit

Rainer Bucher: Christentum im Kapitalismus. Wider die gewinnorientierte Verwaltung der Welt

Rainer Bucher: Pastoral im Kapitalismus

Emmanuel Carrère: Das Reich Gottes

Jim Collins: Good to Great. Why Some Companies Make the Leap and Others Don't (auf Deutsch: Der Weg zu den Besten)

Edith Eva Eger: Ich bin hier, und alles ist jetzt. Warum wir uns jederzeit für die Freiheit entscheiden können

Papst Franziskus: Enzyklika *Evangelii Gaudium*

Papst Franziskus: Enzyklika *Fratelli Tutti*

Martin Grunwald: Homo Hapticus. Warum wir ohne Tastsinn nicht leben können

Byung-Chul Han: Die Austreibung des Anderen. Gesellschaft, Wahrnehmung und Kommunikation heute

Yuval Harari: Eine kurze Geschichte der Menschheit

Franz Jalics: Der kontemplative Weg

Robert Kegan/Lisa Laskow Lahey: An Everyone Culture. Becoming a Deliberately Developmental Organization

Hildegund Keul: Verwundbar sein. Vulnerabilität und die Kostbarkeit des Lebens

Peter Klasvogt: Kirche neu erfinden. Lebendiger Organismus. Lernende Organisation

Frederic Laloux: Reinventing Organizations. Ein Leitfaden zur Gestaltung sinnstiftender Formen der Zusammenarbeit

Carey Nieuwhof: At Your Best. How to Get Time, Energy, and Priorities Working in Your Favor

Verwendete Literatur

Everett M. Rogers: Diffusion of Innovations
Hartmut Rosa: Resonanz. Eine Soziologie der Weltbeziehung
Hartmut Rosa: Unverfügbarkeit
Hans Rosling: Factfulness. Wie wir lernen, die Welt so zu sehen, wie sie wirklich ist
Fabian Scheidler: Der Stoff aus dem wir sind. Warum wir Natur und Gesellschaft neu denken müssen
Christian A. Schwarz: Farbe bekennen mit Natürlicher Gemeindeentwicklung. Wie kann ich mein Christsein kraftvoll leben und entfalten?
Christian A. Schwarz: Gott ist unkaputtbar. 12 Antworten auf die Relevanzkrise des Christentums.
Christian A. Schwarz: Die Energie-Trilogie. Band 1: Die Wiederentdeckung einer neutestamentlichen Realität; Band 2: Die Neuausrichtung unseres Gottesbildes; Band 3: Die Transformation des Christentums
Matthias Sellmann/Florian Sobetzko: Gründerhandbuch für pastorale Startups und Innovationsprojekte
Simon Sinek: Frag immer erst: Warum. Wie Führungskräfte zum Erfolg inspirieren
Simon Sinek: Finde Dein Warum. Der praktische Wegweiser zu deiner wahren Bestimmung
John Tierney/Roy Baumeister: Die Macht des Schlechten. Nicht mehr schwarzsehen und gut leben
Michael White/Tom Corcoran: Rebuilt. Die Geschichte einer katholischen Pfarre